간단명료! 단순명쾌!
직독직해
| 고급편 |

EIGOCHOUBUNKOUGI NO JIKKYOCHUKEI JOU/GE
By Moto Masahiro
Copyright ⓒ 1990 by Moto Masahiro
Original Japanese edition published by Gogaku Shunjusha Co.Inc.
Korean translation rights ⓒ 2002, DongDoWon Publishing Co.
Korean translation rights arranged with Gogaku Shunjusha, Tokyo
through Enters Korea Co., Ltd., Seoul, Korea

이 책의 한국어판 저작권은 엔터스 코리아를 통한
일본의 Gogaku Shunjusha Co. Inc.과의 독점 계약으로 도서출판 동도원이 소유합니다.
신저작권법에 의하여 한국 내에서 보호를 받는 저작물이므로
무단전재와 무단복제를 금합니다.

간단명료! 단순명쾌! 직독직해 (고급편)

개정판 3쇄 발행 · 2009년 6월 1일

지은이 Moto Masahiro | **펴낸이** 백운철 | **펴낸곳** 동도원
편집 이병란 | **디자인** 안정미 | **영업 마케팅** 이용호 | **관리** 황현주

등록번호 제21-493호 | **등록일자** 1993년 10월 6일
주소 서울시 서초구 서초3동 1550-6번지 태림빌딩 6층(137-873)
전화 (02)3472-2040 | **팩스** (02)3472-2041 | **이메일** dongdowon@paran.com
홈페이지 www.dongdowon.co.kr
ISBN 89-8152-084-4(13740)
ⓒ도서출판 동도원 2002, Printed in Korea

• 잘못 만들어진 책은 바꾸어 드립니다.

※ 일러두기
독자의 빠른 이해를 위해 (기초편)의 〈후치형용사〉를 우리말로 순화해 〈뒤에 놓인 형용사〉로,
〈문두부사〉를 〈문장 앞에 놓인 부사〉로 바꾸어 표기했음

책 머리에

이 책은 〈MOTO 영어교실〉에서 내가 강의했던 내용을 그대로 옮긴 것이다. 여러분은 이 책을 보고 기존의 독해 참고서와 관점이 전혀 다르다는 사실에 놀랄 것이다.

이 책은 여러분이 지금까지 가져왔던 영어관을 완전히 바꿔 버릴지도 모른다. 분명한 것은 오랫동안 자신만의 방법으로 '직독직해'를 해왔던 사람에게 자신감을 심어주고 구체적인 방법론을 제공할 것이며, 여러분이 대학입시나 취직시험을 비롯해 앞으로 닥치게 되는 각종 시험이 이젠 절대로 무섭지 않을 것이라는 사실이다.

이러한 이유로 이 책은 일본에서 지금까지 1,000만부 이상 팔렸으며, 영어를 공부하는 사람에게 '독해의 바이블'로 불리고 있다.

이 책은 영문독해를 혼자서도 공부할 수 있게 쉽고도 충분한 설명을 담고 있다. 그러므로 여러분도 지금까지 가져왔던 영어에 대한 두려움을 떨쳐버리고 자신감을 가지고 도전해보기를 바란다.

그럼, 이제부터 〈영문직독직해법〉이 과연 어떤 독해방법인지 그 기본 개념과 특색을 살펴보자.

1. 〈영문직독직해법〉은 '왼쪽에서 오른쪽으로(→)' 읽는다. 다시 말해 직독이라는 것은 바로 읽으면서 해석하는 것을 말한다. 이는 여러분이 지금까지 공부해온 방법, 즉 뒤에서 해석해서 앞으로 오는 방법과 달리 효율적으로 영어를 읽고 해석할 수 있게 해준다.

2. 의미 그룹(하나로 정리된 의미를 가진 언어의 모임)으로 끊어서 읽는다. 이때 어디에서 끊어 읽을지 그 방법과 이유를 확실히 익힌다.

> 3 〈영문직독직해법〉은 몇 가지 새로운 용어를 사용한다. 예를 들어 〈뒤에 놓인 형용사〉나 〈부사적 동격〉과 같은 용어(그러나 결코 어려운 것은 아니다)를 도입하여 이제까지 거꾸로 읽던 방법을 대신할 수 있는 새로운 방법론을 제시한다.
>
> 4 영문구조의 특징에 착안한 '변화법'과 '대조법'을 토대로 하여 영문을 음미할 수 있는 방법으로 '문장의 의도를 정확하게 파악'하거나, '모르는 단어의 뜻을 유추할 수 있는 방법' 등을 제시한다.

이 책은 모두 3권의 시리즈로 구성되어 있으며, 각 권의 수준은 다음과 같다.

〈기초편〉 영어에 특히 약한 수험생, 고등학교 1,2학년부터 공부할 수 있는 내용
〈중급편〉 상위권 대학 및 수능, TOEIC, TOEFL, 취직시험 등 각종 시험 대비용
〈고급편〉 명문대를 목표로 하는 수험생, TOEIC, TOEFL 고득점 취득 및 대기업 취직시험 대비용

부족한 문법 부분을 보충하거나 단어와 구문을 통째로 외우는 공부만으로는 독해문제의 긴 지문을 막힘없이 줄줄 읽어나갈 수가 없다. 그래서 결국 긴 지문이 들어간 독해문제에서 좋은 점수를 얻을 수 없기 때문에 문법이나 숙어 암기에 매달리는 악순환이 발생하는 것이다.

영어의 긴 문장에 강해지려면, 다소 쉬운 영문부터 가능하면 되짚음 없이 '왼쪽에서 오른쪽으

로' 이야기의 흐름을 파악하면서 조금씩 읽어나가는 것이 좋다. '무엇이 어디를 수식한다' 거나 '이런 구문은 이렇게 해석한다'는 문법에 얽매이면 평생 영문을 읽는 속도는 빨라지지 않는다. 또한 이야기의 흐름도 제대로 모르는 채 글자만 읽어가는 '감으로 읽기' 역시 곤란하다.

〈영문직독직해법〉은 단순히 단어의 뜻만을 해석해서 '어떻게든' 의미를 연결하는 방법이 절대로 아니다. 영어를 앞에서부터 읽으면서 해석하기 위해서는 반드시 나름대로의 '논리'가 필요하다.

그렇다면 우리말과 문법체계가 완전히 다른 영어를 '왼쪽에서 오른쪽으로' 읽고 해석하기 위한 '논리'는 무엇일까? 〈영문직독직해법〉에서는 이 논리를 '직독발상'이라고 부르며 가장 중요하게 생각한다. 즉 결국 '뒤의 것이 앞의 것에 어떤 영향을 주는가'가 아니라 '앞의 것이 뒤의 것에 어떤 영향을 주는가'라는 각도에서 영어를 보는 것이다.

대학 입시나 각종 시험을 준비하는 학생과 직장인은 물론이고, 영어를 한국어로 번역하기 위한 문법에 애먹은 사람이나 실용영어의 수준 높은 독해법을 원하는 사람에게 이 최강의 독해법을 강력히 추천한다.

CONTENTS

	책 머리에	004
	강의를 시작하면서	008
1장	직독직해의 원초적 본능, SV감각	014
2장	〈뒤에 놓인 형용사〉 누구냐 넌!	032
3장	시야는 항상 넓게	054
4장	직독직해로 가는 지름길	072
5장	동사로 이어지는 영어의 흐름	088
6장	연결마크	102
7장	변화법의 실마리 찾기	122
8장	영문을 엮어주는 씨실과 날실	142
9장	'해석'을 넘어 '감상'으로	162
10장	영문 구성의 다이내믹스	182
11장	직독으로 가는 지름길	202
12장	예측하는 힘, 직독 발상	224
13장	의미구역을 유연한 문장으로	248
14장	영어를 초월해서	268
	정답 및 해설	294

강의를 시작하면서

I. '직독법'이란 무엇인가?

예를 들어 It is true that he passed the test라는 문장을 보자.

기존의 방식에서는 It is ~ that의 강조구문이 오면 he passed the test를 먼저 파악한 후 '그가 시험에 합격했다는 것은 정말이다' 라고 해석한다.

물론 해석에는 문제가 없다. 그러나 이러한 방식의 결점은 시선이 오른쪽에서 왼쪽으로, 왼쪽에서 오른쪽으로 이쪽저쪽 움직인다는 점이다. 이에 비해 직독법은 왼쪽에서 오른쪽으로 시선의 이동과 함께 쭉 읽어 가기 때문에 독해 속도가 빨라진다. 이것이 바로 직독법의 중요한 포인트이다.

직독법에서는 슬래시(/)를 이용한다. 슬래시는 직독법을 위한 도구(수단)이므로 반드시 기억하자.

> It is true/

직독법에서는 It를 '그것' 으로 이해하기 때문에 It is true는 '그것은 정말이다' 라고 해석하자. 그렇게 되면 '무엇이 정말일까' 를 생각하게 되는데 이것이 바로 '직독직해' 를 도와주는 '직독 발상' 이다.

그 다음엔 that로 시선을 이동해서 passed 뒤에 슬래시(/)를 넣고 '그가 합격했다' 로 해석한다.

> that he passed/

마지막으로 '무엇에 합격했다는 것인가?'를 살펴보면,

> the test.

'그 시험에'라는 것을 알 수 있다.

'그것은 정말이다. 그가 합격한 것은, 그 시험에'라고 직독하면 이상한 해석이 될 수도 있지만 점점 이러한 방식을 사용하면 영어의 흐름에 익숙해진다.

II. 긴 영문에서 더 빛나는 직독법

She asked me~라는 문장이 있다고 가정해보자. 이는 완성되지 않는 문장으로 아직 무엇인가 남아 있다는 것을 추측할 수 있다.

그녀는 나에게 무엇인가를 물어봤을 수도 있고, 무엇인가를 부탁했을 수도 있다. 이 시점에서 ask의 의미는 어느 하나로 정할 수 없다. 따라서 직독법에서는 '그녀는 나에게 ask했다', 또는 '요청했다'라는 식으로 해석하는 것이 일반적이다. 그리고 나서 '무엇을 어떻게 했을까, 나에게 무엇을 ask했을까?'를 생각한다.

그 다음에 오는 단어가 a question이라면 그 시점에서 '질문을 했다'는 것을 알 수 있고, to go there가 온다면 '그곳에 가도록' 나에게 요청했다고 해석하면 된다. 직독법에서는 이 두 의미를 동일한 감각에서 파악하고 있는 것이다.

> She asked me a question ······ ①
> She asked me to go there ······ ②

종래의 방식대로라면 ①은 제4형식이며 ②는 제5형식으로 구별된다. 그러나 직독법에서는 동일한 리듬으로 해석한다. 물론 직독법에서도 〈S+V+O+O〉라든지 〈S+V+O+C〉 등으로 문장을 분석하지만 겉으로 달라 보이는 문형도 동일한 리듬에서 읽을 수 있다.

가령, 위의 문장은 모두 "What did she ask you?"에 대한 대답으로 볼 수 있다. 이 질문에 대해 "Well, she asked me a question."이라고 대답하면 질문을 ask한 것이고 "Well, she asked me to go there."라고 대답했다면 그곳에 가기를 ask했다는 뜻이 된다.

즉, 이 두 문장은 모두 What에 대한 대답인 셈이다. 바꿔 말하면, She asked me~라는 문장에서 ~부분이 잘 들리지 않았다면 네이티브 스피커는, "She asked you WHAT?"이라고 되물어 올 것이다.

"WHAT"에 대응하는 부분이 ①에서는 a question이고, ②에서는 to go there인 것이다.

따라서 두 문장 모두 리듬이 동일하다. ①은 제4형식 문형, ②는 제5형식 문형으로 형식은 다르지만 리듬 면에서는 동일하다고 볼 수 있다.

이처럼 지금까지 없었던 영문 해석 방법도 직독법으로는 가능하다.

III. 직독법의 테크닉

직독법의 테크닉은 계속해서 문장에 슬래시를 넣는 것이다. 하나의 슬래시에서 다음 슬래시까지의 구문을 의미구라고 하는데, 의미구란 '의미를 가진 말의 집합'이라고 정의할 수 있다.

직독법이란 영어를 구문으로 읽기보다 의미구로 읽는 것이다. 구문을 확실하게 이해하면 할수록 직독법이 가능해진다. 직독법에서는 단락마다 앞부분부터 의미를 잡아가는 방식을 취하고 있다.

1. SV감각 | 주어와 동사, 둘 사이엔 뭔가가 있다 |

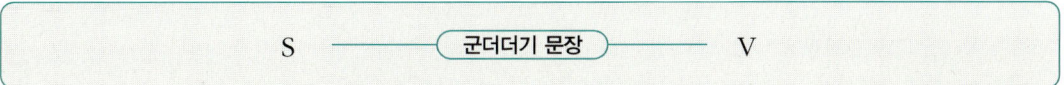

영어에서는 주어 다음에 주어를 설명하는 문장이나 단어가 오고, 그 다음에 동사가 온다.

이 순서를 확실하게 머리 속에 넣어두자. 주어가 오고 바로 뒤에 동사가 오는 형태는 드문 경우이며, 그 사이에 반드시 설명하는 무엇인가가 있다고 생각하자. 그렇게 되면 자연히 주어와 동사 사이가 벌어진다. 가령, 주어와 동사 사이에 관계사가 있어 그 안에 다시 동사(V´)가 들어 있다면,

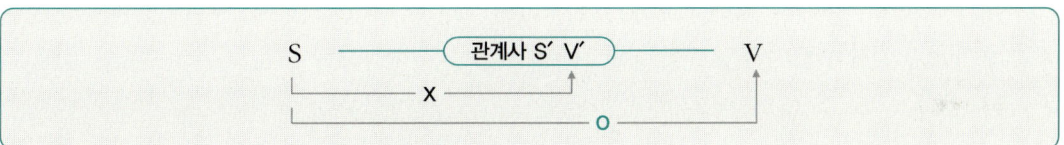

'S´가 V´했다'가 아닌, 'S가 V했다'로 해석해야 한다. 이것 하나만 알아 두어도 영문 해석이 확연하게 달라진다.

2. 뒤에 놓인 형용사 | 형용사는 앞이 아니라 뒤 |

S와 V사이에 오는 것 중 가장 빈도가 높은 것이 관계대명사가 이끄는 관계절이다. 그리고 그 다음으로 자주 오는 것이 과거분사이고, 그 다음이 ~ing형, 전치사구, to 부정사, 동격의 that절이다.

이 모든 것을 〈뒤에 놓인 형용사〉라고 부른다. 이 용어는 조금 낯설겠지만 개념을 파악해두면 영어가 아주 쉬워진다. 일반적으로 형용사는 앞에서 명사를 수식한다고 생각하겠지만, 이제부터는 영어에서 형용사는 '뒤에 오는 것이 일반적'이라고 기억하자.

3. 슬래시 | 토막내듯 탁탁 끊어주자 |

〈뒤에 놓인 형용사〉가 있는 문장은 슬래시로 끊어 읽는 것이 중요하다. 〈뒤에 놓인 형용사〉의 앞뒤를 슬래시로 끊어주자.

```
         S/ ─────( 뒤에 놓인 형용사 )───── /V
```

특히 〈뒤에 놓인 형용사〉 다음에 오는 슬래시는 상당히 중요하다. 그 이유는 다음과 같다.

① 관계절이 들어 있다면 관계절이 끝난다는 것을 나타낸다.
② 주어에 대응하는 술어가 온다는 것을 나타낸다.

IV. 직독법 활용하기

1. 역 영작의 중요성

영작만큼 중요한 것이 역 영작이다. 역 영작이란 영문을 보고 우리말로 영작하는 것으로, 우리말을 곧바로 영어로 연상하는 것을 뜻한다.

예를 들어 '바보 같은 소리하지 마' 라는 우리말을 영어로 표현할 때 Don't say a foolish thing 이라고 해서는 안된다. Don't say a foolish 또는 Don't be silly가 더 적당한 표현이다.

역으로 이러한 영어 표현을 보았을 때, 그 아래 '바보 같은 소리하지 마' 라고 써넣는 것이 역 영작이다.

2. 효율적인 영어공부

직독직해를 잘하기 위해서는 영어책을 전체적으로 통독한 후에 부분적인 표현 연구에 밑줄을 긋거나 사전을 찾아보면서 읽어야 한다. 통독할 때는 되도록이면 유추를 이용하고, 표현 연구의 단계에서 사전을 이용한다.

 통독은 속독이라고도 하는데, 영어라는 것을 잊고 표현이나 문법도 무시하고 '이 사람이 어떻게 했구나, 이 사람이 죽었구나, 살해되었구나, 두 사람이 결혼했구나' 등의 내용만을 생각하면서 읽는 것이다.
 표현 연구는 영어식 표현에 익숙해지는 단계로 역 영작과 관련이 있다.
 '곧 갈게. 시간은 얼마 안 걸려'라는 문장을 영어로 하면 I will not be long이다. '바로 갈게'라는 의미라면 I'll come back soon이 아니라 I'll be back soon라고 해야 한다. be 동사로서 표현하는 것이 영어다운 표현이기 때문이다. 이와 마찬가지로 '그곳으로 찾아가겠습니다'는 I'll be there이다. 이러한 영어에 익숙해져야 한다.

CHAPTER 01
직독직해의 원초적 본능, SV감각

Lesson 1 다음 글을 읽고 질문에 답하시오.

For centuries men living in the lands around the (가) sailed their tiny ships from side to side and from end to end of that sea — the sea they named the "Middle-of-the-World Sea." To these early sailors a voyage from one end of the Mediterranean to the other was literally a voyage to the (나) of the earth. Later, as seamen dared to go beyond the Pillars of Hercules into the (다) and up around the western shores of Europe, civilization spread. Before many centuries had passed, sailors from Spain and Portugal, from Scandinavia, Britain, Holland, and France, were sailing to and from ports all up and down the western side of Europe. The Mediterranean was no longer the (라) of the world.

In the fifteenth century men ventured (마) and explored the whole length of the Atlantic coast of Africa. Some were even bold enough to make the (바) voyage around its southern tip to the Far East, with its wealth of silks, spices, and exotic perfumes. And finally, in 1492, Christopher Columbus dared to search for the East by sailing west — into the (사).

The (아) man of the sixteenth century had only (자) ideas about geography. Maps were few and far from accurate. By the end of the century most people living around seaports probably knew that the world was round, for Magellan's expedition had circled the globe in 1519~22. Nevertheless, there was still much (차) in men's minds about what lands lay across the Atlantic. Columbus had called the natives there Indians, because he believed that he had reached India, and it is likely that many people did not yet know that a huge new world lay between Europe and Asia.

(게이오대학 공학부)

문 ❶ 다음 중에서 (가)~(차)에 가장 알맞는 단어를 고르시오.

① dangerous ② farther ③ ordinary ④ unknown
⑤ vague ⑥ center ⑦ confusion ⑧ end
⑨ Atlantic ⑩ Mediterranean

For centuries / men / living in the lands / around the (가) / sailed their tiny ships / from side to side and from end to end of / that sea / — the sea they named the "Middle-of-the-World Sea." To these early sailors / a voyage / from one end of the Mediterranean / to the other / was literally a voyage / to the (나) of the earth. Later, / as seamen dared to go / beyond the Pillars of Hercules / into the (다) / and up around the western shores of Europe, / civilization spread. Before many centuries had passed, / sailors / from Spain and Portugal, / from Scandinavia, Britain, Holland, and France, / were sailing / to and from ports / all up and down the western side / of Europe. The Mediterranean / was no longer the (라) / of the world.

For centuries men living in the lands around the (가) sailed their tiny ships from side to side and from end to end of that sea—the sea they named the "middle-of-the-World Sea."

SV감각 맛보기

우선 For centuries '몇 세기 동안' 다음에 오는 men에 S라고 표시하자. living in the lands는 men이라는 명사에 대한 〈뒤에 놓인 형용사〉로 ~ing

형태로 되어 있다. land는 '땅'이라는 의미도 있지만, 여기서는 복수의 s가 붙어 있으므로 '나라'라는 뜻이다. 따라서 '몇몇 나라에 살고 있는'이라고 해석한다.

the lands '그 나라들'은 around the (가)로 이어지는데, 이는 lands라는 명사에 대한 〈뒤에 놓인 형용사〉로써 전치사구이다.

(가) 주위의 나라들에서 (가)에 들어갈 정답의 단서는, sailed their tiny ships '작은 배를 저어'에서 sailed가 동사라는 점이다. sailed 밑에 V라고 표시한다.

왼쪽에서 오른쪽으로

주어인 men을 설명하기 위해 living in the lands라는 〈뒤에 놓인 형용사〉가 오고 다시 the lands를 설명하는 around the (가)라는 〈뒤에 놓인 형용사〉가 이어진다. 영어에서는 왼쪽에 있는 명사를 오른쪽에 있는 명사가 설명하는 경우가 많다. 이러한 감각은 반드시 익혀두자.

다음으로 sailed라는 동사로 이어지는 SV감각 역시 확실하게 파악해두자. 이는 아주 기본적이면서도 매우 중요한 부분이다.

sailed는 '항해했다', '배를 조종해서 앞으로 나아갔다'라는 의미로 their tiny ships를 움직여서 앞으로 나아갔다는 뜻이다.

셜록 홈즈 부럽지 않은 추리

from side to side '옆에서 옆으로' and from end to end '그리고 끝에서 끝으로'는 of that sea '그 바다의' 끝에서 끝을 의미하는 말이다. 그렇다면 어떤 형태로든 '바다'라는 내용이 나왔어야 한다. '(가) 주위의 나라들'이라고 나와 있으므로 (가)는 적어도 어떤 지명이면서 바다 이름일 것이다.

이 조건을 충족하는 것은 ⑨번의 Atlantic '대서양'과 ⑩번의 Mediterranean '지중해'이지만 세 번째 줄의 Middle-of-the-World Sea와 네 번째 줄을 참고하면 정답을 알 수 있다.

그리고 열일곱 번째 줄을 보면 콜럼버스가 아메리카 대륙을 발견했다는 내용이 나오는데, '대서양'은 (가)시기 이후에 발견되었으므로 '지중해'가 정답이다. 즉 (가)에는 ⑩번인 Mediterranean이 들어간다. 이로써 주어는 '지중해 주변 국가들에 살고 있는 사람들'이 되는 것이다. 그 사람들이 that sea '그 바다', 즉 '지중해'의 끝에서 끝으로 구석구석 항해를 했다는 말이다.

바꿔 말하자면~

of that sea 옆에 있는 대시(-)는 〈환언의 대시〉로 'A를 바꿔 말하면 B이다'라는 뜻이다.

the sea '그 바다' they named '그들은 이름 붙였다' the Middle-of-the-World Sea '세계의 한가운데 있는 바다'에서 Middle-of-the-World 전체가 하나의 형용사이므로 '세계의 한가운데 있는 바다로 이름 붙여진 바다'로 바꿔 말할 수 있다.

이것으로 (가) 부분에 '지중해'가 들어간다는 것이 확실해진다.

To these early sailors a voyage from one end of the Mediterranean to the other was literally a voyage to the (나) of the earth.

문장 앞에 오는 부사

부사구 To these early sailors '초기의 뱃사람들에게 있어'를 직독법에서는 〈문장 앞에 오는 부사〉라고 한다. 〈문장 앞에 오는 부사〉에서 가장 중요한 것은 그 다음에 주절이 온다는 점이다.

일단 a voyage '항해'에 S라고 표시한다. 그 다음에는 from one end of the Mediterranean '지중해의 한쪽 끝에서' to the other '다른 쪽 끝에'가 나온다. 여기서 the other 다음에 end가 생략되었다. 이 부분이 전치사구가 〈뒤에 놓인 형용사〉로 되어 있는 경우이다.

따라서, 정리하면 다음과 같다.

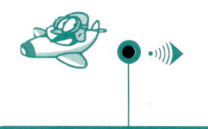

직독직해 tip

부사구(혹은 부사절)가 문장의 맨 앞에 와있는 것을 〈문장 앞에 오는 부사〉라고 한다. 〈문장 앞에 오는 부사〉가 길어지거나 혹은 부사구에서 부사절로 되었을 때는 그 직후에 슬래시를 넣어 해석하면 쉽다.

> To these early sailors / a voyage /
> 〔문장 앞에 오는 부사〕   〔S〕
> from one end of the Mediterranean / to the other /
> 〔S에 대한 뒤에 놓인 형용사〕
> was literally / a voyage / to the (나) of the earth.
> 〔V〕   〔바로 앞의 a voyage에 대한 뒤에 놓인 형용사〕

이것은 SV와 〈뒤에 놓인 형용사〉의 기본적인 형태로, 영문의 기본적인 구조와 리듬이 살아 있는 문장이므로 철저히 파악하길 바란다.

〈뒤에 놓인 형용사〉로서 관계절, 과거분사형, ~ing형, to부정사, 동격의 that절 등과 더불어 빈도수가 높은 것이 전치사구이다. 단, 이 경우는 voyage라는 명사를 설명하고 있기 때문에 부사적인 성격이 아니라 형용사적인 성격이라고 볼 수 있다.

문제 해결의 단서

다섯 번째 줄에 있는 literally '문자 그대로'에 밑줄을 그어준다. 문제 해결의 단서가 되는 이러한 단어는 매우 중요하다. was literally voyage는 '문자 그대로 항해였다'는 뜻이다.

to 이하는 voyage를 설명하는 〈뒤에 놓인 형용사〉로 연결된다. '문자 그대로 어떤 항해였는가?' 그것은 to the (나) of the earth '지구의 (나)를 향해 가는' 항해가 된다.

그러므로 '지중해의 끝에서 끝으로 항해하는 것은 문자 그대로 (나)'를 '세계의 끝'에 다다르는 항해라고 해석하기 위해서는 ⑧번의 end가 들어가야 한다.

직독직해 tip

end라는 단어에는 '문자 그대로'의 의미와 '비유적인 의미'가 있다. end의 문자 그대로의 의미는 '끝, 극한'이지만 시간적인 것의 비유적인 표현으로는 '영화나 소설 등의 마지막, 끝'을 의미하기도 한다.

Later, as seamen dared to go beyond the Pillars of Hercules into the (다) and up around the western shores of Europe, civilization spread.

직독직해 tip

어떻게 읽는지조차 모르는 단어들로 구성된 문장을 접했을 때, 어떻게든 풀어나갈 수 있게 자신감을 주는 것이 바로 〈문장 앞에 오는 부사〉이다.

모르는 부분이 나오면 전체적인 흐름을 파악하면서 읽은 후 세부적인 해석으로 들어가면 된다.

문장 앞에 오는 부사 활용하기

해석은 잠시 미뤄두고, 직독법에서 부사구를 활용하는 방법을 배워보자.

Later는 '나중에'라는 의미의 〈문장 앞에 오는 부사〉이고, as는 as 다음에 문장이 왔기 때문에 부사절이다. 그러나 직독법에서는 〈문장 앞에 오는 부사〉가 구든 절이든 특별히 구분하지 않는다. 즉 〈문장 앞에 오는 부사〉의 첫 번째가 Later, 〈문장 앞에 오는 부사〉의 두 번째가 as 이하인 것이다.

shores of Europe 뒤에 슬래시를 넣어주면 거기까지가 〈문장 앞에 오는 부사〉이다.

'무엇이(S) 어떻다(V)'라는 정말 중요한 부분이 그 다음에 온다. civilization(S) spread (V), 즉 '문명이 보급되었다'라고 말이다.

〈문장 앞에 오는 부사〉 덕분에 '처음에는 지중해 내부의 한쪽 끝에서 다른 한쪽 끝으로 항해했던 것이 그 후 어떻게 해서 문명이 확산되어 나갔다' 정도는 파악할 수 있다. 두 번째 〈문장 앞에 오는 부사〉는 뛰어넘어도 좋다.

부사적 동격

영어에서 같은 의미의 부사와 부사구(절)가 이어지는 현상을 부사적 동격이라고 한다.

직독직해 tip

이 부사적 동격에 의한 흐름 역시 매우 영어적인 개념으로, 이후에 자세하게 설명할 기회가 있겠지만, 그 '느낌' 혹은 '흐름'을 확실히 파악해두자.

영어는 먼저 대략적인 사항을 언급한 후 그것을 부연 설명하는 부분이 이어진다. 이 법칙에 따르면 Later, as seamen dared to go에서 Later가 대략적인 사항에 해당된다. 우선 Later에 네모를 친다. 첫 번째 줄의 For centuries에도 네모를 치고 열세 번째 줄의 In the fifteenth century와 열아홉 번째 줄의 sixteenth century에도 네모를 친다.

두 번째 단락은 15세기의 이야기이고 세 번째 단락은 16세기의 이야기이다. 그렇다면 첫 번째 단락은 그 이전의 이야기일 것이다. '몇 세기 동안 이러이러 했는데, 나중에 이렇게 되었다. 15세기에 접어들어 이렇게 되었고, 16세기가 되자 이렇게 되었다'라고 문장이 진행된다. 즉, 문장 구성이 시간의 흐름과 맞아떨어진다. 그러한 흐름 속에서 Later를 구체적으로 말하면 as 이하가 된다.

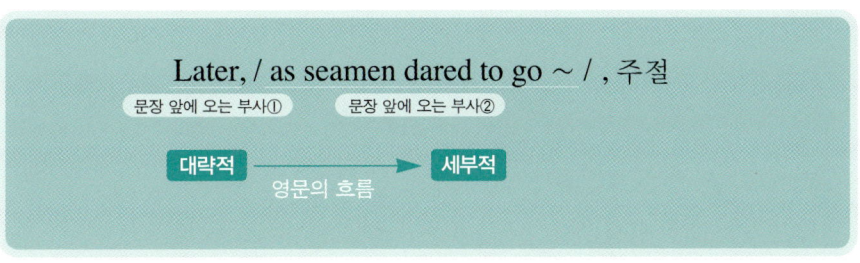

영어의 변신은 무죄

as seamen dared to go에서 seamen에 동그라미를 친다.

영어는 하나의 표현이 반복되는 것을 피하기 위해 계속해서 표현을 바꾸는 경향이 있다.

이를 변화법이라고 한다. 변화법을 알면 단어를 모르는 경우에도 앞뒤에 나오는 표현에서 그 의미를 추측할 수 있다.

일단, 본문 첫 번째 줄의 men과 네 번째 줄의 sailors에 동그라미를 친다. 첫 번째 줄의 men '지중해 주위의 나라들에 살고 있는 사람들 혹은 남자들' 이 네 번째 줄에 '이러한 초기의 뱃사람들' 로 바뀌었으며, sailors의 중복을 피하기 위해 여섯 번째 줄에선 seamen으로 바뀐 것이다.

직독법에서는 영문을 읽을 때 처음부터 변화법을 염두에 두고 읽어가야 한다.

결국 sailors '뱃사람들이' dared to go의 dare는 '위험을 무릅쓰고~하다' 이므로 '위험을 무릅쓰고 앞으로 나아가다' 라는 뜻이 된다.

직독직해 tip

as는 '~기 때문에'나 '~할 때' 등의 뜻도 있지만, 여기에서는 '~함에 따라' 로 해석하자.

복잡한 상황을 깔끔하게 정리해주는 R마크

그 다음은 약간 어려운 부분인 beyond the Pillars of Hercules를 살펴보자. 우선 beyond에 밑줄을 긋고 그 아래 ①이라고 써준다. 그 다음의 into에 밑줄을 긋고 ②, 그 다음 행의 and에 네모를 치고, up around에 밑줄을 그어 ③이라고 표시한다.

이것이 바로 영어의 대표적인 and를 둘러싼 형태, 즉 ①, ② and ③이라는 형태이다.

and는 '① and ②' 나 '①, ② and ③' 의 형태로 표현되는 경우가 대부분이다.

직독직해 tip

어려운 부분에는 이처럼 표시를 하면서 영어를 읽어 나간다.

그럼 ①, ②, ③을 어디와 연결시키면 좋을까? 우선 go라는 동사 밑에 R이라고 체크한다. R은 Retention '보유, 보전'이라는 단어의 약자로 연결마크이다.

> go beyond A into B and up around C
> R   ①   ②   ③
>
> A를 넘어 (①), B안에 들어가 (②), 그리고 C를 한바퀴 돌아 북상한다 (③)
>
> | go + ①, ② and ③ 의 형태 |

go는 동사이므로 그에 대해 ①의 부사구와 ②의 부사구를 부사적인 연결이라고 말한다. 이런 식으로 계속해서 부사적으로 연결해나가며 리듬에 익숙해지는 것이 중요하다.

이것을,

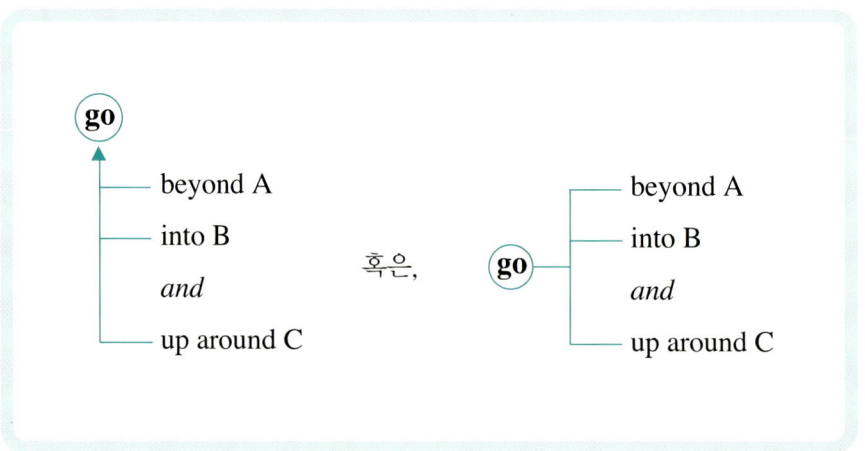

beyond the Pillars of Hercules '헤라클레스의 기둥을 넘어'에서 헤라클레스의 기둥이 무엇인지 대부분 잘 모를 것이다.

일단 '헤라클레스의 기둥'이라는 곳을 넘어, into the (다)라고 되어 있으므로, (다)의 안으로 들어간다고 정리해두자. (다)는 또 다른 단서를 통해 해결하면 된다.

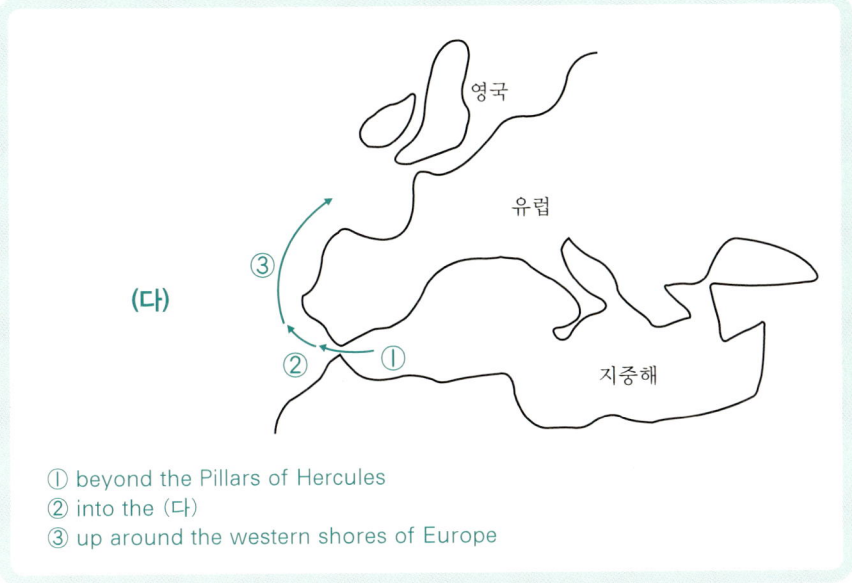

① beyond the Pillars of Hercules
② into the (다)
③ up around the western shores of Europe

up around the western shores에서 up은 부사로 '북쪽으로' 라는 의미이다. around는 '~를 한 바퀴 돌아' 라는 뜻인데 이 부분이 힌트가 된다.

즉, 지중해의 한쪽 편에서 다른 쪽 끝으로 간 사람들이 이곳을 나와 유럽의 서해안을 한 바퀴 돌아 북상해 간다는 뜻이다.

헤라클레스의 기둥을 나와 어딘가로 일단 들어간다고 하면, (다)에 들어갈 말은 ⑨번의 Atlantic이 된다. 그렇게 되면 지중해 안에서만 성행하던 문명이 밖으로 나온다는 의미이므로 당연히 주절에 나와 있는 바와 같이 civilization spread라는 문장과 맞아떨어진다.

Before many centuries had passed, sailors from Spain and Portugal, from Scandinavia, Britain, Holland, and France, were sailing

다음에 오는 Before many centuries had passed '몇 세기도 채 지나기 전

직독직해 tip

'from Spain and Portugal'에서 from은 '~출신'이라는 뜻이다.

에'는 〈문장 앞에 오는 부사〉이다. 그리고 sailors에 S라고 표시하고, were sailing에 V라고 표시하면, from Spain and Portugal~이 〈뒤에 놓인 형용사〉가 된다.

단순히 해석하기 위한 주어와 동사 구문으로 보지 말고, SV를 확실하게 파악하는 감각을 익혀야 한다.

from Scandinavia, Britain, Holland, and France는 스칸디나비아, 영국, 네덜란드 그리고 프랑스 출신이라고 해석한다.

to and from ports all up and down the western side of Europe. The Mediterranean was no longer the (라) of the world.

까다로운 문장도 R마크로 해결

다음으로 to and from ports를 보자. 이 문장은 상당히 까다롭게 보이지만 순서에 맞게 R 마크를 붙여보자.

and에 네모를 치고 to에 ①, from에 ②라고 쓴다. 그리고 to와 from이 어느 것과 연결되는지 찾아보자. 정답은 ports로 그 밑에 R마크를 한다.

그러면 ①이 '항구로 항해한다', ②가 '항구로부터 항해한다', 즉 '항구를 나온다'라는 의미이므로, to and from ports는 '항구를 오간다'는 뜻이 된다.

자, 그럼 all up and down the western side를 살펴보자. 일단 and에 네모를 치고 무엇과 무엇이 연결되어 있는지 생각해보자.

up에 ①, down에 ②를 표시하고, western side에 R마크를 해서 연결지어 보면 '유럽의 서해안을 북상하거나 남하해서' 항해를 했다는 것을 알 수 있다.

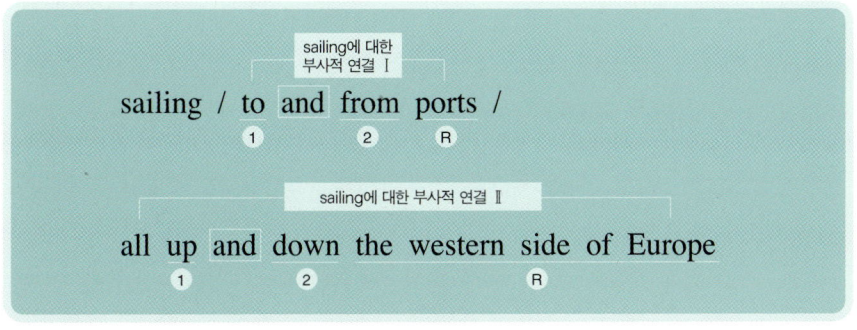

The Mediterranean was no longer '지중해는 이미' 에서 no longer는 결정적인 단서가 되므로 밑줄을 그어준다. 그리고 the (라) of the world '이미 세계의 (라)가 아니었다' 라는 말은 지금까지 계속 어떤 상황이었음을 암시한다. 첫 번째 줄의 For centuries를 감안하면 처음에는 몇 세기 동안 Middle-of-the-World Sea '세계의 중심 바다' 였던 지중해가 '이미 그렇지 않다' 라는 것을 알 수 있다.

따라서 (라)에는 middle의 의미와 가장 가까운 ⑥번의 center를 넣으면 된다.

직독직해 tip

up은 '북쪽으로' 라는 전치사이며 down은 '남쪽으로' 라는 전치사이다. 그 앞에 있는 all은 강조 부사로서 '빠짐없이, 구석구석' 이라는 의미이다.

In the fifteenth century / men ventured (마) / and explored the whole length / of the Atlantic coast / of Africa. Some were even bold enough / to make the (바) voyage / around its southern tip / to the Far East, / with its wealth / of silks, spices, and exotic perfumes. And finally, / in 1492, / Christopher Columbus / dared to search / for the East / by sailing west / — into the (사)

the whole length of the Atlantic coast of Africa.

In the fifteenth century '15세기에' men ventured에서 venture에 ad를 붙이면 adventure '모험'이 된다. adventure에서 연상되는 venture라는 단어는 '위험을 무릅쓰고, 모험을 해서 나아가다'라는 의미의 동사이다.

따라서 (마)에는 목적어 대신 부사를 써야하기 때문에, ②번의 farther '더 멀리'가 적당하다.

and explored의 주어는 men이고, explored '탐험했다'는 타동사로 목적어가 필요하기 때문에 the whole length of the Atlantic coast '대서양 연안의 전역을'이 목적어이다. 그리고 of Africa '아프리카 대서양 연안을' 탐험했다는 것은 지브롤터 해협에서 나와 아프리카로 계속해서 남하해 갔다는 말이 된다.

직독직해 tip

dared to go를 한 단어로 말하면 ventured이다. dare와 venture를 함께 기억해 둔다.

Some were even bold enough to make the (바) voyage around its southern tip to the Far East, with its wealth of silks, spices, and exotic perfumes.

to make the (바) voyage를 보자. 이 문장에서 목적어가 voyage '항해' 이므로 make는 '항해를 한다'로 해석한다. 따라서 (바)의 자리에는 '매우 위험한 항해를 할 정도로 용감한 사람들도 있었다'는 의미인 ①번의 dangerous가 가장 적합하다.

그 다음엔 voyage라는 〈뒤에 놓인 형용사〉가 이어진다. around its southern tip에서 tip은 '선단'이다. the dangerous voyage '그 위험한 여행' 이라는 것은 '아프리카의 남단을 돌아가는 여행'을 말한다. 즉, to the Far East 극동을 향하는 항해였던 것이다.

with의 용법

여기서는 with를 '함께'가 아닌 having '가지고 있는'으로 해석하자. 그렇게 하면 직독이 가능해진다. '함께' 라고 해석해서는 안 된다.

'가지고 있는' 이라고 해석하면 to the far east가 의미상 주어가 된다. 극동이 가지고 있는 것은 its wealth '부' 로 of silks '비단', spices '향료', and exotic perfumes '그리고 이국적인 향수' 등이 있다.

And finally, in 1492, Christopher Columbus dared to search for the East by sailing west—into the (사).

영어의 중요한 리듬

1492년에 콜럼버스가 찾은 것은 for the east였다. 여기에서 for는 '~를 찾아서' 라는 의미이다. 그리고 그 다음에 부사적 동격이라고 부르는 중요한 부분이 나온다. by sailing west에서 west에 밑줄을 그어준다. west는 '서쪽으로' 라는 부사이고 그 다음에 환언의 대시가 온 형태이다. into 이하는 부사적 성격을 띤 전치사구로서 west라는 부사를 환언한 것이다. 따라서 west와 into the~를 부사적 동격으로 본다.

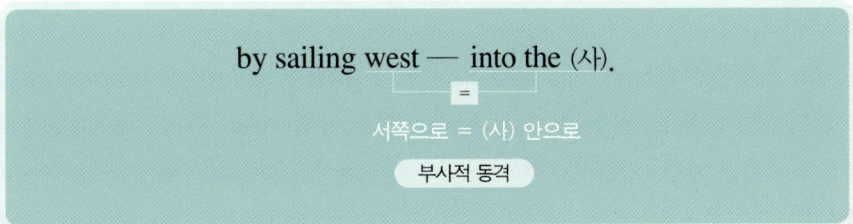

서쪽으로 간다는 것은 바다가 넓어진다는 의미로, 당시 사람들에게 서쪽은 미지의 땅이었다. 따라서 (사)의 정답은 ④번의 unknown '미지' 가 된다.

unknown은 형용사로 봐도 좋고 과거분사로 봐도 좋다. 중요한 것은 west라는 말을 먼저 해놓고, 자세하게 '미지의 곳으로' 라고 환언하고 있다는 것이다.

이 부사적 동격이 있는 문장이 앞에 오는 이유는, finally가 첫 번째 〈문장 앞에 오는 부사〉이며, in 1492가 두 번째 〈문장 앞에 오는 부사〉이기 때문이다. 앞에서 설명한 대로 처음에 대략적인 사항을 말해놓고 그 다음에 세부적인 사항을 부연하는 것이 영어의 중요한 리듬이다. 일단 문장 앞에서 '마침내'라고 말하고 나서 연대를 통해 구체적으로 '1492년'이라고 부연하는 방식이다.

> The (아) man / of the sixteenth century / had only (자) ideas / about geography. Maps were few / and far from accurate. By the end / of the century / most people / living around seaports / probably knew / that the world was round, / for Magellan's expedition / had circled the globe / in 1519~22. Nevertheless, / there was still / much (차) / in men's minds / about what lands lay / across the Atlantic. Columbus had called the natives there / Indians, / because / he believed / that he had reached India, / and it is likely / that many people / did not yet know / that a huge new world / lay / between Europe and Asia.

The (아) man of the sixteenth century had only (자) ideas about geography.

The (아) man of the sixteenth century에서 man을 수식하는 형용사는 ③번의 ordinary나 ⑤번의 vague 정도이다. 문맥상 ordinary '보통의'를 넣어보면 '16세기의 보통 사람'이라는 뜻이 되고 뒤에 나온 had는 동사가 된다.

had only (자) ideas에서 (자)에 vague를 넣으면 '부정확한 생각밖에는 갖지 못했다' about geography '지리에 관해' 가 된다.

Maps were few and far from accurate. By the end of the century most people living around seaports probably knew that the world was round,

Maps were few '지도 같은 것은 거의 없었다' 다음에 오는 and far from의 far from에 밑줄을 그어준다. far from은 기본적인 숙어로 '~와는 거리가 먼' 이라는 뜻이다. 그러므로 far from accurate는 '정확한 것과는 거리가 멀다' 라는 뜻이 된다.

By the end에서 by는 시간적인 by를 의미하므로 '~까지' 이다. 그 뒤의 어구 of the century '그 세기의 마지막까지' 는 16세기를 뜻하므로 '16세기의 마지막까지' 로 해석한다. 여기까지가 〈문장 앞에 오는 부사〉이다.

또 나왔다 SV감각

다음으로 most people이라는 주절이 시작된다. most people living around seaports probably knew~를 살펴보면 people이 주어, living around seaports가 〈뒤에 놓인 형용사〉, probably knew가 동사이다. 이는 반복적으로 나오는 SV감각이다.

그렇다면 보통 사람들이란 어떤 사람들을 의미하는가? 바로 '항구 주변에 살고 있는 사람들' 이다. 이러한 사람들은 probably knew '아마 알고 있었다' 어떤 것을? that the world was round '지구가 둥글다는 것을' 여기에서 the world는 '세계' 라는 의미보다 '지구' 로 보는 것이 타당하다. 변화법에 의거해, world를 환언한 것이 다음 줄의 the globe이므로 globe도 '지구' 라고 해석한다.

for Magellan's expedition had circled the globe in 1519~22.

~했기 때문에

for Magellan's expedition에서 for는 '~했기 때문에'이다. 그러므로 had circled the globe는 '지구를 일주했기 때문에'라고 해석한다.

in 1519~22는 '1519년에서 1522년에 걸쳐서'라는 뜻이다.

Nevertheless, there was still much (차) in men's minds about what lands lay across the Atlantic.

반전의 반전, 역접 표현

Nevertheless는 역접표현으로 이 단어의 앞뒤에는 반드시 말의 대비가 이루어진다. 즉, Atlantic '대서양'의 반대편에 어떤 나라가 있었는지, 처음의 '알고 있었다'와 대비해서 그다지 '알지 못했다'라는 내용이 이어져야 한다.

따라서 (차)에는 사람들이 잘 알지 못했다는 내용으로 연결되어야 하므로 ⑦번의 confusion '혼동'이 와야 한다. 이것이 대조법에 의한 문제 풀이법이다.

직독직해 tip

역접표현이란 앞의 글에서 예측되는 사실이 뒤의 글에서 실현되지 않는 것을 의미한다. 역접표현으로 but, however, and yet, yet, still 등이 있다.

Columbus had called the natives there Indians,

Columbus had called '콜럼버스는 불렀다', the natives there에서 there는 전형적인 〈뒤에 놓인 형용사〉로 natives라는 명사를 꾸며주고 있다. 따라서 '그곳', 실제로는 서인도제도 근처의 '원주민들'을 Indians라고 불렀다가 된다.

because he believed that he had reached India, and it is likely that many people did not yet know that a huge new world lay between Europe and Asia.

because he believed '왜냐하면 그는 믿었기 때문이다' that he had reached India '그가 인도에 도착했다고' 라고 바로 해석하자.

그 뒤에 오는 it is likely는 자주 나오는 표현으로 '다음 일은 있을 수 있는 일이다,' '아마도~이다' 라는 의미이다. 뒤에 오는 어구와 함께 해석해보면 '아마도' many people '많은 사람들은' did not yet know '아직 알지 못했다' that a huge new world '광대한 새로운 세계가' lay '펼쳐져 있다' 가 된다.

lay는 did not yet know라는 과거형과 시제를 일치시키기 위해 과거형으로 되어 있지만, 우리말에는 그러한 시제의 일치가 없기 때문에 that절은 현재형으로 해석해도 상관없다.

between Europe and Asia '유럽과 아시아 사이에는' 실제로 아메리카 대륙이 펼쳐져 있으나 아마 그때는 알지 못했다는 의미로 이해하면 된다.

CHAPTER 02

<뒤에 놓인 형용사> 누구냐 넌!

Lesson 2 다음 글을 읽고 질문에 답하시오.

The shocking message of "Safe Car You Can't Buy", an article by Ralph Nader, was that the auto industry thought much (a) style, speed, and cost in designing cars but that its concern with safety was no more than a <u>nod to a stepchild</u>.
(1)

During the 1950s, 40,000 people a year died in the 5 million yearly car accidents. <u>But because</u>, according to one
(2)
<u>industry representative, "a square foot of chrome sells ten times more cars than the best safety-door latch". Detroit spent more time and money tuning car-door slams than developing seat belts.</u>

<u>Actually, there was not much to develop. The safe car
(3)
referred to in the title of Nader's article already existed by 1959</u>. It was an experimental proto-type that shielded its occupants from all but little scratches in collisions. It had a strengthened body that didn't collapse into the passenger section during a crash, an interior without sharp and hard surfaces, and other safety devices.

University and private research organizations estimated

that from 20,000 to 30,000 lives could be saved every year if the prototype's safety features were used in mass-produced cars.

The popular myth was that traffic accidents and deaths were inevitable; that as (b) as people drove too fast, no car could be safe. However, a study showed it was poor [A], not speed, that killed. Researchers determined that even if no one drove above 100 kilometers per hour, three quarters of the serious injuries would still occur.

But it was [B] for the auto industry to blame the accidents on drivers than to change door design. Replacing style with safety as the major design aim would cost money. People didn't want safe cars anyhow, said the auto companies.

Nader argued that car makers had to supply safe cars whether the public wanted them or (c). The public didn't know how safe cars should and could be, because nobody told them. Under such conditions, Nader concluded the consumer must be protected at times from his own foolishness and vanity.

(쥬오대학 법학부)

문 ① (a)~(c)에 가장 적당한 단어를 아래의 ① ~ ⑦에서 골라 넣으시오.

① from ② of ③ to ④ long ⑤ not ⑥ at ⑦ did

문 ② 빈칸 [A]에 들어갈 명사를 본문에서 골라 넣으시오.

문 ③ 빈칸 [B]에 들어갈 형용사를 다음 중에서 골라 적당한 형태로 바꾸시오.

(prompt / cheap / fast / poor / vain)

문 ④ (1)의 내용에 가장 가까운 것을 다음의 ① ~ ④에서 고르시오.

① affectionate approval and encouragement
② childish nodding in a playful manner
③ unwilling attention and recognition
④ important and difficult decision

문 ⑤ (2)의 의미에 가장 맞는 것을 다음의 ① ~ ④에서 두 개 고르시오.

① Because useless ornaments attract more people, the car companies in Detroit spent their time and money improving details not directly concerned with the safety of passengers.
② Because chrome is cheaper than safety-door latches, the car companies in Detroit used chrome for seat belts instead of more time and money.
③ Because reliable door latches or improved safety belts are not important factors in persuading the consumer to buy a car, such safety measures were neglected by the car companies in Detroit.
④ Because a square foot of chrome is as good as ten safety-door latches, the car companies in Detroit spent much time and money improving more important aspects of the door.

문 ⑥ (3)을 해석하시오.

문 ⑦ (4)를 본문에 비춰 생각해볼 때, 구체적으로 무엇인지 25자 이내로 쓰시오.

Chapter 2 〈뒤에 놓인 형용사〉누구나 넌!

> The shocking message / of "The Safe Car / You Can't Buy,"
>   S
> / an article / by Ralph Nader, / was that the auto industry /
>   V C₁
> thought much / (a) style, speed, and cost / in designing cars /
> but that its concern / with safety / was no more / than a nod / to
>   C₂   S   V   (1)
> a stepchild.

The shocking message of "The Safe Car You Can't Buy" an article by Ralph Nader,

The shocking message '충격적인 메시지' of "The Safe Car"에서 따옴표와 S나 C 등의 대문자에 주의하자.

이어지는 You Can't Buy는 〈뒤에 놓인 형용사〉로 '당신이 살 수 없는 안전차' 라는 의미이다. 직독법에서는 관계대명사의 목적격 which가 생략되어 있다고 생각하지 말고, 명사에 대한 〈뒤에 놓인 형용사〉로 생각한다.

an article은 신문이나 잡지의 기사를 의미한다. by Ralph Nader는 사람의 이름이므로 이를 앞 문장과 연결하면 '당신이 살 수 없는 안전차' 라는 것은 랄프 네이더라는 사람이 쓴 기사의 제목이다.

직독직해 tip

영어에서는 인용문일 경우 따옴표를 써준다. 작은따옴표는 강조할 때 쓴다.

was that the auto industry thought much (a) style, speed, and cost in designing cars

직독직해의 8할은 SV감각

message에 S, was에 V라고 쓰고, SV감각으로 풀어나간다. 영문에서 S와 V가 떨어져 있는 것은 당연한 일이다.

was 뒤에 that이 왔기 때문에 충격적인 메시지란 '다음과 같은 것이다'로 이어진다.

우선 빈칸 (a)를 채워보자. that the auto industry thought much를 직역하면 '자동차 산업은 많이 생각했다'가 된다. thought '생각한다'와 어울리는 전치사는 보통 about이나 of이다. 그러므로 보기 중에서 of가 정답이다.

직독직해 tip

think much of~는 많이 생각한다는 것과 관련해서 '~를 중시한다'로 해석한다. 그 반대 표현은 think little of~이다.

but that its concern with safety was no more than a nod to a stepchild.

직독직해 테크닉, 대조법

대조법을 익히는 것이 이번 강의의 중요한 부분이다. 우선, 세 번째 줄의 but에 네모를 친다.

앞 장에서 말했듯이 'but, however, yet, and yet, nevertheless, still'이 나오면 반드시 앞뒤에 대비나 대조가 이루어진다. 그렇다면 앞에서 '중시한다'는 내용이 나왔으므로, but 다음엔 '경시한다'는 내용이 이어질 것이다.

스타일이라든지, 스피드, 혹은 가격을 in designing cars '자동차를 디자인 할 때' 중시하지만, but that 이후 부분엔 그것과 반대되는 내용이 나온다는 것을 대조법을 통해 알아야 한다.

크게 골격을 나누어보면, 첫 번째 문단은 the shocking message가 S, was가 V, that ①과 but의 다음에 오는 that ②가 보어로 구성되어 있다. 따라서 '충격적인 메시지는 ①이나 더욱 충격적인 것은 ②'로 해석할 수 있다.

Chapter 2 〈뒤에 놓인 형용사〉 누구냐 넌!

> The shocking message of ~ was that ① ~
>   S   V   C₁
> but that ②.
>   C₂
> 골격을 잡아보자. but이 이끌고 있는 것은 that ①과 that ②이다.

that ②쪽을 먼저 살펴보면 its concern '배려' 가 S, with safety가 〈뒤에 놓인 형용사〉로 '안전성에 관한 배려' 라는 뜻이 된다. 그러면 but의 대조법으로 볼 때, 이 배려가 경시당하는 것을 추측할 수 있다.

no more than은 '~보다 그 이상의 것은 결코 없다' 라는 뜻으로 '고작해야 ~에 불과하다' 라고 해석하면 된다. 그리고 than 이하의 a nod to a stepchild '의붓자식을 대하는 식으로' 라는 것을 '경시하는' 으로 이해할 수만 있다면 문제 4번은 ③의 unwilling attention and recognition '마지못해 하는 주의와 승인' 이 정답이 된다.

During the 1950s, / 40,000 people a year / died / in the 5 million yearly car accidents. But because, / according to one industry representative, / "a square foot of chrome / sells ten times more cars / than the best safety-door latch." / Detroit spent / more time and money / tuning car-door slams / than developing seat belts.

During the 1950s, 40,000 people a year died in the 5 million yearly car accidents.

이 문장은 During 1950s '1950년대에' 40,000 people a year '연간 4만 명의 사람이' died '죽었다' in the 5 million '500만 건이' yearly '해마다, 매년, 연간' car accidents '자동차 사고로' 라고 이어서 해석하자.

But because, according to one industry representative, "a square foot of chrome sells ten times more cars than the best safety-door latch".

because를 잊지마!

우선 because에 네모를 친다. 이것이 〈문장 앞에 오는 부사〉의 어려운 경우이지만, because라는 말이 앞에 나오면 다음 문장으로 옮겨가도 '~때문에'를 꼭 넣어야 한다는 사실을 염두에 두고 읽자.

삽입의 법칙

according to one industry representative라는 구문은 두 개의 콤마 사이에 들어가 있으므로 삽입구에 해당된다. 삽입구의 법칙은 일단 그 부분을 띄고 읽는 것이다.

a square foot of chrome '1평방 피트의 크롬' sell ten times more cars '10배 더 많은 자동차가 팔린다' than the best safety-door latch '최상의 안전문인 latch보다' 에서 latch를 모른다고 당황하지 말자. 'latch라는 것은 안전문의 일부분'이라는 정도만 짐작하면 된다.

than이 비교하는 것

than이 나왔다는 것은 무언가 두 개를 비교했다는 것이므로 비교된 두 가지

직독직해 tip

square는 '사각'이라는 뜻이고, square foot은 '평방 피트'이다

를 분명하게 파악해야 한다. 이것이 latch의 의미를 아는 것보다 훨씬 더 중요하다. 위의 내용은 크롬 합금과 안전문을 비교해볼 때, 크롬 합금 쪽이 더 많이 팔린다는 뜻이다. 즉, 합금은 스타일이나 외관을 뜻하며, 안전문은 안전성을 의미한다. 이 한 구절로 '차의 안전성'과 '차의 외관 혹은 스피드'를 대비적으로 서술하고 있다는 것을 알게 된다.

뒤에 Detroit spent라는 SV가 오기 때문에 But because부터 시작된 문장이 latch에서 끝난다는 것을 파악하자. 따라서 because '~때문에'를 넣어서 '외관에 돈을 투자하면 차가 많이 팔리기 때문에'라고 해석하자.

Detroit spent more time and money tuning car-door slams than developing seat belts.

Detroit spent '디트로이트는 투자했다' more time and money '보다 많은 시간과 돈을' tuning car-door slams '문 여닫을 때 나는 소리'에서 spent money ~ing을 보자. spend가 오면 우선 목적어로 '돈'이나 '시간'이 오고 그 다음 부사적인 연결로 ~ing형이 주로 온다.

직독직해 tip

tune은 '(소리나 전파수를) 조절한다'는 의미이고, slam은 문 닫을 때 '쾅' 혹은 '탁'하고 나는 소리이다.

비교와 변화

than developing seat belts '안전벨트의 개발보다'의 than에 네모를 쳐준다. '안전벨트의 개발'과 '자동차의 문소리 조절'이라는 두 가지를 비교하고 있다.

그리고 Detroit는 두 번째 줄의 auto industry의 변화다. 디트로이트는 미국의 자동차 산업을 대표하는 도시이므로 '미국의 자동차 산업'이라고 생각하자.

according to~

이제 according to~ 부분이 남았다.

industry 역시 두 번째 줄의 auto industry임에 틀림없으므로 one industry representative는 '어느 자동차 산업의 대표에 의하면' 이 된다.

안정성에 돈을 투자하는 것보다 외관에 돈을 쓰는 편이 훨씬 자동차 판매에 유리하므로, '안전벨트 개발보다 외관적인 소리의 크기 등에 많은 돈을 투자하고 있다' 가 된다. 따라서 문제 5번 역시 쉽게 풀 수 있다. ①은 잠시 넘어가고 일단 ②부터 살펴보자.

문 5 ② Because chrome is cheaper / than safety-door latches, / the car companies in Detroit / used chrome / for seat belts / instead of more time and money.

Because는 〈문장 앞에 오는 부사〉이다. chrome is cheaper '크롬 합금 쪽이 싸다' than safety-door latch '안전문의 latch보다' the car companies in Detroit '디트로이트의 자동차 회사는' 다음의 used chrome for seat belts에 밑줄을 긋는다. '크롬 합금을 안전벨트에 사용한' 이라는 것은 말이 안 되므로 ④로 넘어가자.

문 5 ④ Because a square foot of chrome / is as good / as ten safety-door latches, / the car companies in Detroit / spent much time and money / improving more important aspects / of the door.

Because는 〈문장 앞에 오는 부사〉이고 a square foot of chrome '1평방 피트의 크롬 합금은' is as good '~처럼 좋다' as ten safety-door latches '10개의 안전문의 latch' 라는 구문만 보면 어떤 의미에서 좋은 것인지 전혀 알 수 없다.

그럼 다음 문장을 보자.

the car companies in Detroit '디트로이트의 자동차 회사' 는, spent much

time and money '시간과 돈을 투자했다' improving more important aspects of the door '보다 중요한 문의 측면'이라는 것은 '안전성'에 해당된다. 바로 안전성 향상에 시간을 투자했다는 부분이 틀린 것이다. 따라서 ②와 ④는 제외되므로 정답은 ①과 ③이 된다.

Actually, / there was not much / to develop. The safe car / referred to / in the title of Nader's article / already existed / by 1959. It was an experimental prototype / that shielded its occupants / from all / but little scratches / in collisions. It had a strengthened body / that didn't collapse into the passenger section / during a crash, / an interior / without sharp and hard surfaces, / and other safety devices.

* ①에 대한 〈뒤에 놓인 형용사〉   ** ②에 대한 〈뒤에 놓인 형용사〉

Actually, there was not much to develop.

Actually '실제로' there was not much에서 much는 S이다. 따라서 much는 명사로 '그다지 없었음'이라는 뜻이다. to develop와 이어서 보면, '개발이라고 할 만한 것은 그다지 없었다'가 된다.

The safe car referred to in the title of Nader's article already existed by 1959.

주어진 단서로 추리해보기

The safe car가 S이고 referred to in the title of Nader's article이 〈뒤에 놓인 형용사〉이다. 그리고 already existed가 V이다. referred to는 외워둘 필요가 있는데, '언급하다'의 과거분사이다. 따라서 네이더의 기사 제목에서도 언급되어 있는 안전차를 가리킨다. 첫 번째 줄의 "The Safe Car You Can't Buy"가 바로 그 부분이다. 안전차는 already existed '이미 존재하고 있었다' by 1959 '1959년에' 가 된다.

모두 이어보면 '실제로는 개발이라고 할 만한 것은 못 되었다. 네이더의 기사 제목에서 언급되고 있는 안전차라고 하는 것은 이미 1959년에 존재하고 있었다'는 의미이다. 그렇다면 이미 나온 제품이 왜 소비자에게까지 미치지 않았는지에 대해 의문을 가져야 한다.

It was an experimental prototype that shielded its occupants from all but little scratches in collisions.

모르는 단어가 나왔을 때

우선 prototype이라는 단어는 proto와 type이 합성되었다는 점에 주목하자. 일단 proto는 방해가 되므로 지워 버리고 type으로만 해석하면 '실험적인 타입'이 된다.

지금까지 자동차에 관한 이야기를 해왔으므로 '실험차'의 의미라고 볼 수 있다. prototype은 '전형'과 같은 어려운 뜻으로, 실험적인 원형이라는 것은 다시 말해서 실험차를 의미한다.

다음으로 It이 무엇을 가리키는지 알아보자. 직독법에서는 It을 '그것'이라고 해석해도 무관하다.

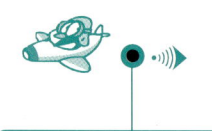

직독직해 tip

It~ that~ 형식으로 파악해서 바로 오른쪽의 that을 먼저 보지 말고, 왼쪽부터 차근히 직독법으로 해석해야 한다.

여기서는 앞 문장의 주어 The safe car의 반복을 피해 it으로 받고 있다. 즉 It was an experimental prototype는 '이 안전차라는 것은 실험차'라고 해석한다.

전치사 앞에 슬래시를 넣자

shield A from B는 'A를 B에게서 지킨다'라는 뜻이므로 실험차는 its occupants '승객'을 다음의 것에서부터 지켜준다는 의미가 된다.

그리고 from all but little scratches에서 but 앞에 슬래시를 넣어주자. 전치사구 앞에 슬래시를 넣어주는 것은 직독법에서 매우 중요하다.

여기에서 but은 전치사로 접속사 '그러나'가 아니라 except '~을 제외한'의 의미이다. 따라서 '아주 사소한 상처를 제외한 모든 상처로부터 승객을 지켜준다' in collision '충돌할 때'가 된다.

직독직해 tip

scratch는 '긁다, 할퀴다'라는 뜻이지만 여기에서는 '긁힌 상처'로 쓰였다.
collision은 '충돌'이라는 뜻으로 in을 시간적인 '~할 때'로 해석하자.

It had a strengthened body that didn't collapse into the passenger section during a crash, an interior without sharp and hard surfaces, and other safety devices.

대명사에 대입해봐

It had a strengthened body의 It에 네모를 치고 '이 안전차는'이라고 대입해본다. 바로 이것이 대입법이다. It은 이렇듯 매번 내용이 바뀌는 것은 아니므로 대명사가 나오면 앞에서 나온 명사를 대입하면 의미를 알기 쉽다.

그 실험차라는 것은 had a strengthened body '강화된 몸체를 가졌다' that didn't collapse '그 강화된 몸체는 충돌하지 않았다' into the passenger section '승객의 좌석 쪽으로'라는 뜻이다.

and, 너를 까발려주마

during a crash '충돌시' 다음 콤마가 있고 an interior '실내, 내부' without

직독직해 tip

during a crash에서 crash는 충돌이라는 의미로, 앞의 collision의 변화이다. collision과 crash는 여기에서 같은 의미이다.

sharp and hard surfaces '날카롭고 단단한 표면이 없는' 이라는 부분을 어떻게 연결해야 할까? 이때는 연결의 상태를 확인하는 작업, 즉 and의 분석이 필요하다.

and는 다음 두 가지 중 하나의 용법으로 쓰인다.

> ① and ②
> ①, ② and ③

and에 네모를 치자. 위의 첫 번째 줄의 body가 ①, 두 번째 줄의 interior가 ②이다. 그리고 and가 오고, safety devices가 ③이 되는데, 그러면 이 세 가지는 전부 it had의 목적어인 셈이다.

> It had~ ①, ② and ③.
> ®
> (공통)
>
> 그것은 ①, ② 그리고 ③을 가지고 있다.

그 안전차라는 것은 ① '강화된 몸체' 와 ② '돌출된 부분 없는 매끄러운 표면의 인테리어' 를 가지고 있고 ③ '그 이외에도 안전장치' 가 장착되어 있다로 '①, ② and ③' 의 패턴이다.

University and private research organizations / estimated / that from 20,000 to 30,000 lives / could be saved / every year / if the prototype's safety features / were used / in massproduced cars.

(S / V / 대비)

University and private research organizations estimated that from 20,000 to 30,000 lives could be saved every year

that절 앞에 슬래시를 넣자

University and private research organizations '대학이나 민간 연구 단체는' estimated '어림잡아 짐작했다' 에서 estimated에 일단 슬래시를 치자.

estimated that~ '짐작했다, 다음과 같이' 다음에 또다시 SV가 왔다. from 20,000 to 30,000 lives '2만 명에서 3만 명의 인명이' 에서 lives가 S이고 could be saved '구원받을 것이다' 가 V이다. every year는 '매년' 으로 해석하자.

직독직해 tip

직독법에서는 that절 앞에 슬래시를 넣는 것이 원칙이다.

if the prototype's safety features were used in massproduced cars.

직독법은 추리가 포인트

if '만약' the prototype's safety features '실험차의 안전상의 특징이' were used '사용된다면' in massproduced cars '대량생산된 자동차에' 에서 the prototype와 massproduced cars는 대비이므로 즉, 실험차 단계에서는 안전차라는 것이 있었지만 아직 대량생산되고 있지 않았다는 뜻이다. 그렇다면 그 배후에 어떠한 이유가 있기 때문인지 생각해야 한다.

변화법만 알면 모르는 단어도 OK!

safety features는 앞 단락 마지막 줄의 safety devices의 변화다. 변화법을 사용하면 어느 한 쪽 단어를 알고 있으면 다른 쪽 단어의 의미도 유추해낼 수 있다. 이 경우는 양쪽 모두 〈safety+명사의 복수형〉으로 되어 있어 형태도 동일하기 때문에 의미가 거의 같다. 따라서 devices를 모르고 features를 알면 and other safety devices를 '그리고 다른 안전상의 특징' 으로 해석하면 된다.

또한 safety features를 모르는 경우에는 이를 safety devices '안전장치' 로 추측해서 if the prototype's safety features were used in massproduced cars 를 '실험차의 안전장치가 대량 생산차로 사용되었다면' 으로 해석하면 된다.

The popular myth / was that traffic accidents and deaths / were inevitable; that as (b) as people drove too fast, / no car could be safe. However, / a study showed / it was poor [A], / not speed, / that killed. Researchers determined / that even if no one drove / above 100 kilometers / per hour, / three quarters / of the serious injuries / would still occur.

The popular myth was that traffic accidents and deaths were inevitable; that as (b) as people drove too fast, no car could be safe.

The popular myth에서 myth는 원래 '신화' 이지만 미국 영어에서 myth는 흔히 '잘못된 사고방식, 오해' 라는 의미로 쓰일 때가 많다. 따라서 '인기 있는 오해' 가 아니라 '세상 사람들이 흔히 하는 오해' 라고 해석하자.

was that '다음과 같은 것이었다' traffic accidents and deaths '교통사고와 그에 수반되는 사망은' were inevitable에서 inevitable은 '피하기 어려운, 어쩔 수 없는' 이라는 의미이다.

as long as~

The popular myth was that ① ~ ; that ② ~

이 구문은 '자주 있는 오해'의 첫 번째와 두 번째가 나란히 온 경우이다.

as long as~는 '~가 ~인 한'의 의미로 조건을 나타내므로 as (b) as people drove too fast에서 빈칸 (b)에 들어갈 단어는 long이다. 여기서는 '사람들이 그렇게 빨리 자동차를 운전하는 한' no car could be safe '그 어떠한 차도 안전하다고는 할 수 없다' 즉, 한 마디로 과속 운전이 사고와 사망의 원인이라는 설명이다.

However, a study showed it was poor [A], not speed, that killed.

대조법, 문제의 힌트

'과속 운전이 나쁘다'라는 설명 다음에 However가 왔다는 것은 '과속 운전이 원인이 아니다'라고 필자는 주장하고 있는 것이다.

However 뒤의 구문 a study showed '어느 한 연구가 보여줬다' it was poor [A], not speed, that killed '그것은 poor [A]이지 스피드 때문이 아니다'에서 주장의 단서가 나온다. that killed에서 kill을 '죽이다'라고 해석하지 말고, '인명을 빼앗는다'고 해석하자.

즉, '인명을 빼앗는 것은 스피드가 아니라 [A]인 것이다'로 해석하고 여기에서도 대조법, 즉 not을 사이에 두고 '스피드가 아니라 poor [A]인 것이다'라는 형태가 된다는 점에 주의하자.

따라서 문제 2번의 정답 [A]에 들어갈 적당한 단어는 첫 번째 단락에서부터 계속 강조했던 safety '안전성'이다.

직독직해 tip

여기서 poor는 '빈곤한'이라는 의미가 아니라 '하찮은, 불충분한'이라는 뜻으로, 인명을 빼앗는 것은 과속이 아니라 '불충분한 안전성'이다.

Researchers determined that even if no one drove above 100 kilometers per hour, three quarters of the serious injuries would still occur.

자연스럽게 해석하기

Researchers determined '연구자들은 결정했다' that '다음과 같이' even if no one drove above 100 kilometers per hour '설령 시속 100킬로미터 이상으로 운전하지 않았다고 해도' 라고 바로 해석하자. 여기에서 determined는 '결심했다' 보다 '결정했다' 의 의미이다.

이어지는 three quarters에서 quarters는 4분의 1이므로 three quarters는 '4분의 3' 이 된다. of the serious injuries '심각한 부상' would still occur '여전히 발생할 것이다' 는 과속 운전을 하지 않더라도 75%의 사고가 발생한다는 것은 그 근본 원인이 스피드가 아니고 안전성에 있다는 점을 말하고 있다.

직독직해 tip

미국의 경우는 도로가 넓기 때문에 시속 100킬로미터 이하는 느린 운전에 속한다. 따라서 여기서는 '그다지 속력을 내지 않았다고 해도' 쯤으로 해석하는 것이 자연스럽다.

But it was [B] / for the auto industry / to blame the accidents / on drives / than to change door design. Replacing style with safety / as the major design aim / would cost money. People didn't want safe cars anyhow, / said the auto companies.

(대비 / 비교의 대상 / 가정법 과거 / 주어 안에 가정 조건이 들어 있다)

But it was [B] for the auto industry to blame the accidents on drivers than to change door design.

But it was [B]의 문제도 대조법으로 해결하도록 한다.
it was [B] for the auto industry에서 for는 의미상 주어를 나타내지만, 때에

따라서는 '~에 있어' 라고 해석해도 무관하며 the auto industry는 '자동차 산업이' 라는 의미이다.

blame A on B는 'A를 B의 탓으로 돌리다' 로 to blame the accidents on drivers는 '사고를 운전자의 탓으로 돌리다' 로 해석한다.

그 다음에 오는 than은 to blame~과 to change door design이라는 두 개의 to부정사를 비교하고 있다. '자동차 문의 디자인을 바꾸기보다 사고를 운전자의 탓으로 돌리는 것이 [B]였다' 라고 해석한다.

Replacing style with safety as the major design aim would cost money.

영어는 어떤 문장이나 어구를 나중에 다시 설명하는 경향이 있다. Replacing style with safety에서 replace A with B는 'A를 B로 교체하다' 라는 뜻으로 조금 더 비유적으로 말하면 'A를 그만두고 B를 채용하다' 이다. 따라서 style with safety 'style에 치중하던 것을 그만두고 safety를 강조한다' as the major design aim '주요한 디자인의 목표로서' 그리고 그것은 would cost money '돈이 들 것이다' 로 해석한다.

가정법 과거

would는 가정법 과거이다. 가정을 의미하기 위해 If절을 대신해 주어 안에 '만약에 그러한 일을 한다고 해도' 라는 가정 조건이 포함되어 있다. 따라서 동사 부분에 가정법 과거인 would를 쓴 것이다. would cost money '만약에 이러한 것을 한다면 돈이 들 것이다' 라는 이 구문은 그 앞의 구문과 깊은 관계가 있다.

즉 이 문장과 [B]를 양쪽 화살표(↔)로 연결해보면 '이러이러한 일을 하게 되면 돈이 든다, 그러므로 운전자의 탓으로 돌리는 것이 [B]였다' 라는 대조가 된다. 그렇다면 문제 3의 정답으로 저절로 cheap라는 단어가 떠오를 것이다.

하지만 than이 있었으므로 –er을 붙인 비교급 형태 cheaper로 만들어야 완벽한 답이 된다.

People didn't want safe cars anyhow, said the auto companies.

anyhow는 '어쨌든' 이라는 의미로 이 문장은 '사람들은 어찌 됐든 안전차 같은 것을 원하지 않는다고 자동차 회사가 말했다' 로 해석된다.

Nader argued / that car makers / had to supply safe cars / whether the public wanted them or (c). The public didn't know / how safe cars / should and could be, / because nobody told them. Under such conditions, / Nader concluded the consumer must be protected / at times / from his own foolishness and vanity.

Nader argued that car makers had to supply safe cars whether the public wanted them or (c).

Nader argued '네이더는 다음과 같이 논평했다' that car makers '자동차의 제조사는' had to supply safe cars '안전차를 공급해야만 한다' whether the public wanted them or not '그러한 안전차를 원하든 그렇지 않든 간에' 라고 직독하자. 여기에서 car makers는 앞 단락 마지막 줄의 auto companies의 변화이며, them은 safe cars이다.

자, 그럼 문제 1을 보자. whether라는 단어는 whether~ or not이라는 용법으로 사용되므로 정답은 ⑤의 not이다.

직독직해 tip

argue를 모르거나 contend나 maintain, suggest, observe 등 모르는 단어가 나올 경우라도, 사람이 오고 동사가 오고 that절로 이어졌다면 동사를 '말한다' 라고 해석하면 80% 정도는 해결 된다.

The public didn't know how safe cars should and could be, because nobody told them.

우리말처럼 해석하기

The public didn't know를 '일반 대중은 알지 못했다' 처럼 과거형으로 해석하지 말자. 왜냐하면 public didn't know라는 구문도 Nader argued that에 이어지고 있기 때문이다.

Nader argued that~의 that절의 had to처럼 The public didn't know의 didn't know도 Nader argued와의 시제를 일치시키기 위해 과거형으로 되어 있지만, 우리말에는 시제의 일치 법칙이 없으니 굳이 과거형으로 해석할 필요가 없다.

따라서 '자동차 제조사는 안전차를 공급해야 한다고 주장했다' 라는 식으로 마지막 부분에서 중요 동사만 과거형으로 처리하면 된다. 또한 '대중은 다음의 것을 알지 못했기 때문에 라고 네이더는 주장했다' 라고 해석한다.

연결시켜 쉽게 풀기

how safe cars should and could be에서 should가 ①, could가 ②이다. 그것을 be와 연결시키면 should be와 could be가 연결된다. 그렇다면 ①의 how safe cars should be는 '안전차는 어떻게 해야 하는가' 라는 의무의 문제, 그리고 ②의 how safe cars could be는 '어떠한 것이 있을 수 있는가' 라는 가

능성의 문제이다. 따라서 이러한 것을 모르는 이유가 because nobody told them '누구도 그들에게 가르쳐주지 않았기 때문에' 가 되는 것이다.

Under such conditions, Nader concluded the consumer must be protected at times from his own foolishness and vanity.

내 안에 답 있다

Under such conditions는 〈문장 앞에 오는 부사〉와 유사해서 '그러한 상황에 있어서' 라는 뜻이다.

Nader concluded '네이더는 결론을 맺었다' the consumer must be protected '소비자를 보호해야 한다' at times '때때로' 에서 Nader concluded '네이더는 결론을 맺었다' 는 삽입 형태이다.

concluded에 밑줄을 긋고 비슷한 의미의 다른 두 개의 단어를 기억하자. conclude와 determined, decide는 '결론을 맺었다, 판단하다' 라는 의미로 변화 관계이다.

must be protected '보호하지 않으면 안 된다' 에서 protect라는 동사는 from이라는 전치사와 함께 사용한다.

protect A from B는 'A를 B로부터 보호하다' 라는 뜻으로 the consumer must be protected from his own foolishness and vanity는 '소비자는 그 자신의 어리석음과 허영심으로부터 보호되어야 한다' 라고 해석한다.

이제 문제 7번을 풀어보자. '밑줄 부분 (4)를 본문에 비춰 생각해볼 때' 무엇인지 '구체적으로' 서술하라고 했는데, '구체적으로' 라는 것에 대응할 수 있는 his는 '소비자' 를 가리킨다.

지금까지 우리가 살펴본 것은 소비자가 '안전성' 보다 '외관' 을 중시한다는

직독직해 tip

condition은 단수의 경우 '조건' 이라는 의미지만, 복수형의 경우에는 제반 조건이 모여 그러한 '사정, 상황' 혹은 '경우' 라는 뜻이다.

것이다. 어떤 것이 어리석으며 어떤 것이 허영심인가? 허영심이란 자동차의 재료나 스타일과 같은 '외관에 신경을 쓰는' 것이고, foolishness는 '안전성을 무시해버린다'는 뜻이다. 이것을 정리하면 정답이 된다.

CHAPTER 03

시야는 항상 넓게

Lesson 3 다음 글을 읽고 질문에 답하시오.

There is a well-known saying that everyone seems to know — and that many people use, often mistakenly : *the exception proves the rule*.

Today, the word 'prove' is chiefly used in one sense only : that is, to show clearly that something is true. As a result, many people these days seem to believe that for a rule to be true there has to be an exception. "Ah, that is the exception that proves the rule", they cry when someone points it out to them, and suppose that the exception is a proof of the truth of the rule. This is nonsense, for what an exception proves — in today's limited sense of the word — is that the rule cannot be true in all cases.

One of the several meanings of 'to prove' has always been 'to test'. If you put something to the proof, you test it. Something that is 'water-proof', for instance, has been tested and found not to let water in ; if a watch lets water in when it has been tested, it will be set aside as an exception. Watches that have passed the test, though, can then be depended upon.

An exception will, in fact, test a rule. If there are exceptions, however, a rule cannot be taken as being universally true — nor should the saying be taken to mean, as it so often is these days, that for a rule to be true there has to be an exception. Only after the exception has been set aside, can we depend upon the rule and then use it.

(전국 대학입학시험)

● 다음 문제의 빈칸에 넣을 가장 적당한 문장을 각각 아래의 ① ~ ④ 중에서 고르시오.

문 ❶ According to this passage, the saying, the exception proves the rule, tells us (   ).

① that all exceptions to a rule can be depended upon

② that for a rule to be true it must have one exception

③ that the truth of a rule will be tested by an exception

④ that any rule needs an exception before it can be proved to be true

문 ❷ If a room is 'sound-proof', we can suppose (   ).

① that sound is easily able to pass into or out of the room

② that sound cannot pass into or out of the room

③ that people will not be able to hear anything at all within the room

④ that people in the room will have to work in silence

문 3 A rule can be thought to be universally true (   ).

① only if no exception can be found to it

② only if there is at least one exception to prove its truth

③ only if it is put to the proof and found in most cases to be true

④ only if we find out that it can never be put to the proof

문 4 One conclusion the writer seems to suggest is (   ).

① that some sayings are sometimes exceptions to the rule

② that we must always try to use old sayings in present-day circumstances

③ that well-known sayings often prove to be excellent guides in daily life

④ that when we use familiar sayings we should think hard about what they mean

---

There is a well-known saying / that everyone seems to know / — and that many people use, / often mistakenly : / *the exception proves the rule*.

구체화의 콜론

There is a well-known saying that everyone seems to know

There is a well-known saying '잘 알려져 있는 속담, 격언이 있다' that everyone seems to know에서 that은 관계대명사로 목적격이다. 이 문구는 '누구나 다 알고 있는 격언이 있다'는 의미이다.

a well-known의 a에 네모를 친다. that절이 나중에 오면 선행사에 반드시 the가 붙는다고 생각하겠지만, 관계절이 선행사를 특정짓지 않을 경우에는

관사 a가 온다. 여기서는 모두가 알고 있는 격언 가운데 '하나의, 어느' 격언이라는 뜻이므로 a가 온 것이다.

따라서 이 that은 격언의 성질을 묘사하고 있을 뿐 '특정'은 아니라는 것이다.

— and that many people use, often mistakenly : the exception proves the rule.

이 어구에서 and는 that이 이끄는 관계절 두 개, that ①과 that ②를 연결하고 있다. 공통 요소는 선행사의 saying이기 때문에 그 아래에 R마크를 넣어 주자.

that many people use '많은 사람들이 사용하는'에서 that절은 특정의 that절이 아니다. often mistakenly '가끔 실수도 하는'이라는 부분은 그 앞의 문장 '많은 사람들이 사용하는'에 첨가해서 '게다가 가끔 잘못 사용하는 어떤 격언이 있다'고 해석한다.

구체화의 콜론

':'은 구체화의 콜론으로 '그 격언을 구체적으로 말하면, 즉'이라는 뜻이다. the exception proves the rule은 일단 '예외는 법칙을 증명한다'라고 해석하자.

Today, / the word 'prove' / is chiefly used / in one sense only : / that is, / to show clearly / that something is true. As a result, / many people these days / seem to believe / that for a rule / to be true / there has to be an exception. "Ah, / that is the exception / that proves the rule", / they cry / when someone points it out / to them, / and suppose / that the exception / is a proof / of the truth of the rule. This is nonsense, / for what an exception proves / — in today's limited sense of the word / — is that the rule cannot be true / in all cases.

Today, the word 'prove' is chiefly used in one sense only : that is, to show clearly that something is true.

단락 구성과 표시어

이 단락의 내용을 말해줄 만한 지표, 즉 표시어(index)를 찾아보자. 이 문장에서는 Today가 전체를 이끌어주는 단서가 된다.

Today '오늘날' the word 'prove' 'prove라는 말은' is chiefly used '주로 사용되어지고 있다' in one sense only '어떤 하나의 의미에 있어서만' 에 이어서 나온 구체화의 콜론과 that is '즉, 다시 말해서' 는 같은 기능을 한다.

one sense를 구체적으로 말하면 to show clearly '분명하게 명시하는 것' that something is true '무엇인가 올바르다는 것을' 이 된다.

As a result, many people these days seem to believe that for a rule to be true there has to be an exception.

직독직해 tip

첫 번째 단락은 서론으로 어떤 격언을 잘못 사용하고 있다고 말하고 있다. 두 번째 단락은 그 격언의 오늘날의 의미를, 세 번째 단락은 과거의 의미를 서술하고 있고, 마지막으로 네 번째 단락은 '결론', 혹은 '정리' 순으로 연결된다.
이것은 영문의 전형적인 형태로 다음에 올 내용을 파악하는데 많은 도움이 된다.

As a result '그 결과' many people these days '오늘날 많은 사람들이' seem to believe '다음과 같이 믿고 있는 것 같다' 이후에 that절이 이어진다.

for a rule to be true는 〈문장 앞에 오는 부사〉이니 여기서 일단 끊어주자. for a rule 다음의 슬래시보다 to be true 뒤에 오는 슬래시가 중요하다. 이 부정사는 〈목적〉을 나타내는 것으로 의미상 주어는 a rule이다. '어떤 규칙이 올바르기 위해서는' there has to be an exception '하나의 예외가 있기 마련이다' 로 해석한다.

직독직해 tip

대체로 〈문장 앞에 오는 부사〉가 to부정사일 때는 〈목적〉을 나타내는 경우가 많다.

the와 a의 차이

"**Ah, that is the exception that proves the rule**"

the exception의 the에 네모를 치자. an exception에서 a/an은 정해져 있지 않은 명사 앞에 쓰이며, 여기서는 상대방이 제기한 것 이외에도 몇 개의 예외가 있다는 뜻이다. the exception이라는 것은 이미 알고 있는 명사 앞에 쓰고, '소위~라는 것은' 의 의미로 쓰인다.

proves the rule은 '규칙이 옳다는 것을 증명하는 것' 으로 해석하자.

they cry when someone points it out to them, and suppose that the exception is a proof of the truth of the rule.

they cry '사람들은 외친다' when someone points it out to them '누군가 예외를 지적한다' 에서 point A out to B는 'A를 B에 지적하다' 로 쓰인다.

그 다음 어구 and suppose에서 and가 무엇과 무엇을 연결했는지 살펴보자. suppose가 동사의 원형이므로 동사의 원형인 cry를 찾아 ①로 본다.

그렇다면 '그들은 ①울부짖는다, 그리고 ②생각한다' 의 형태가 된다.

that the exception is a proof '예외라는 것은 증거이다' of the truth '진실

의, 진실성의' of the rule '법칙의' 즉, 그 법칙이 정당하다고 하는 하나의 증거라는 뜻이다.

This is nonsense, for what an exception proves — in today's limited sense of the word — is that the rule cannot be true in all cases.

첫 번째 단락의 often mistakenly와 This is nonsense 모두 '예외는 법칙을 증명한다' 라는 잘못된 가설에 대한 필자의 부정적인 판단을 나타낸다.

This is nonsense 뒤의 for는 '왜냐하면' 이라는 접속사로, '난센스이다' 라고 단정을 내린 것에 대한 이유를 설명한다.

what an exception proves는 '어떤 하나의 예외가 증명하는 것은' 으로 해석되는데, 여기에 in today's limited sense of the word라는 삽입 문장이 들어가 '오늘날에 한정된 의미에서만 해당되지만' 이라는 뜻을 추가한다.

뒤이은 어구는 is that '다음과 같다' the rule cannot be true '그 법칙은 진실일 수 없다' in all cases '모든 경우에' 라고 바로 해석하자. 즉, '그 법칙이 모든 경우에 진실일 수 없다는 것을 증명하는 것뿐이다' 라는 뜻이다.

One of the several meanings / of to 'prove' / has always been / 'to test'. If you put something / to the proof, / you test it. Something / that is 'water-proof', / for instance, / has been tested / and found / not to let water in ; / if a watch lets water in / when it has been tested, / it will be set aside as an exception. Watches / that have passed the test, / though, / can then be depended upon.

(뒤에 놓인 형용사)

One of the several meanings of 'to prove' has always been 'to test'.

One of the several meanings '몇 가지 어떤 의미들 중의 하나는' of to prove 'prove라는 말의' has always been '항상 지금까지' to test '테스트하는, 시험하는' 이라고 바로 해석하자.

직독직해 tip

prove는 '증명하다'가 아니라 test와 유사한 의미인 '시험하다'라고 해석해야 한다.

If you put something to the proof, you test it.

우선 put에 밑줄을 긋고, to the proof에도 밑줄을 긋자.

put~ to the proof는 '~를 시도해보다' 라는 뜻으로 영어권 사람들이 자주 사용하는 형태의 숙어이다. 이 표현에서 proof는 '시험' 또는 '시도' 라는 뜻이다. 여러분은 '무엇인가를 알아본다, 시험해보다' 는 표현을 일상 회화에서 자주 쓸 것이다. 그때의 의미는 보통 '테스트하다' 라는 의미이다.

Something that is 'water-proof' for instance, has been tested and found not to let water in ;

Something that is water-proof에서 Something은 S이고 that is water-proof가 〈뒤에 놓인 형용사〉, for instance가 삽입이며 has been tested가 V로, 이 문장이 바로 SV감각이다. water-proof는 '방수' 라는 뜻으로, 방수 시계나 방수 카메라 같은 것들이 has been tested '시험되었던 것이다' 라고 해석하면 된다.

R마크로 한번에 쫙~

and가 무엇을 연결하고 있는지 살펴보자. 일단 has been에 R마크를 한다.

해석하다가 막히면, 4가지만 생각하자.

① and의 분석 — 무엇과 무엇을 연결하고 있는가?
② or의 분석 — 무엇과 무엇을 나열하고 있는가?
③ but, however, and yet의 분석 — 무엇과 무엇을 대비시키는가?
④ than의 분석 — 무엇과 무엇을 비교하는가?

이 문장에서 and 뒤에는 found라는 과거분사, and 앞에는 tested라는 과거분사가 온다. 따라서 and가 이 두 동사를 연결하고 있는 것이다. 그렇다면 tested가 ①, found가 ②인 셈이며 뜻은 '테스트되었다' 그리고 '드러났다' 가 된다.

let water in은 '물을 통과시킨다, 물 속에 넣다' 라는 뜻인데 to부정사 앞에 not이 왔으므로 방수되는 어떤 물건에 '물이 들어가지 않게 한다는 사실이 드러났다' 라고 해석한다.

직독직해 tip

〈문장 앞에 오는 부사〉구나 부사절을 어디에서 끊는지, 어디부터 주절이 시작되는지의 감각은 SV감각과 마찬가지로 매우 중요하다. 우리말에서는 〈문장 앞에 오는 부사〉만으로도 논지를 전달할 수도 있지만, 영어에서는 주절을 말하지 않으면 내용을 말하지 않는 것과 같다.

if a watch lets water in when it has been tested, it will be set aside as an exception.

세미콜론 다음 문장을 보자. if a watch lets water in '만약에 시계 안에 물이 들어가면' when it has been tested '테스트 할 때' 에서 뒤의 절은 앞의 말을 보충 설명한다. 즉 '테스트할 때 물이 안에 들어가면' 이라는 뜻으로 여기까지가 〈문장 앞에 오는 부사〉이다.

〈문장 앞에 오는 부사〉다음에는 주절이 온다는 것을 기억하자.

문장 앞에 오는 부사	/	주절 (S + V)
서론		본론

시계에 물이 들어간다는 것이 드러나면, it will be set aside '옆으로 놓여질 것이다' 즉 '제외될 것이다' 가 된다. as an exception은 '예외적으로' 라는 뜻으로 '불량품' 이라고 생각하면 된다.

Watches that have passed the test, though, can then be depended upon.

SV감각 복습!

그 다음 문장에서는 Watches가 주어이고 that have passed the test가 〈뒤에 놓인 형용사〉, 그리고 though가 삽입, can then be depended가 동사로 이 역시 SV감각이다. 이어지는 that have passed the test '테스트에 통과한 시계는' though '하지만' can then be depended upon '신뢰할 수 있는 것이다' 라는 말은 물 속에 넣어도 물이 들어가지 않는다는 뜻이다.

직독직해 tip

여기에서의 though는 접속사로 however와 같은 의미인 '그러나' 이다. 종속절을 이끄는 문두의 though '비록 ~이지만' 하고는 다르다.

An exception will, / in fact, / test a rule. If there are exceptions, / however, / a rule cannot be taken / as being universally true / — nor should the saying be taken / to mean, / (as it so often is these days,) / that for a rule to be true / there has to be an exception. Only after the exception has been set aside, / can we depend / upon the rule / and then use it.

V + S + V

강조의 부사구

An exception will, in fact, test a rule.

An exception will, in fact, test a rule은 '실제로 예외는 어떤 법칙이 있다고 한다면 그 법칙을 테스트할 것이다' 라는 뜻이다.

문두의 An과 a rule의 a에 네모를 치자. a는 any와 one을 합친 의미이다. 그리고 첫 번째 단락의 이탤릭체로 되어 있는 부분에서 exception과 rule 앞에 the가 왔다는 것을 주의하자.

An exception will에서 an은 대표 단수로서 구체적인 어느 하나를 가리키지만, 앞에 나온 the exception은 총체적 용법으로서 '일반적으로 말해서' 라는 의미이다.

정리해보면, '몇 가지 예외를 생각해볼 수 있는 가운데, 어떤 하나의 예외가 있다면 그 예외는 해당 법칙의 진위를 테스트한다' 라는 의미이다.

If there are exceptions, however, a rule cannot be taken as being universally true —

이 문장은 결론으로 '정리' 를 해주고 있다. 여기서 however의 역할과 같은 것은 앞 단락의 though이다. If there are exceptions, however '그러나 거기에 예외가 있다면' a rule cannot be taken '어떤 법칙은 받아들여질 수 없다' 로 바로 해석하자.

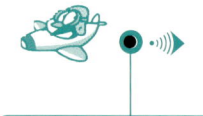

직독직해 tip

take A as B는 'A를 B로서 받아들이다' 라는 의미로 'A를 B라고 해석하다' 라고 해석한다. 동사 take는 다음 줄의 take A to mean~의 형태가 되기도 하는데, 이 경우에는 'A는 ~를 의미한다고 해석한다' 는 뜻이다.

그 뒤에 오는 구문을 함께 살펴보면, as being universally true '보편적인 진실이라고' 받아들여져서는 안 된다는 뜻이다. universally는 두 번째 단락 마지막에 있는 in all cases '모든 경우에' 의 변화이다. 따라서 예외가 있는 법칙이라면 그것을 완전히 보편적인 진실로 받아들여서는 안 된다는 뜻이다.

nor should the saying be taken to mean,

우선 nor에는 두 가지 요소가 있다. 첫 번째는 '부정'의 뜻으로 '~가 아니다'이고 두 번째는 '또'라는 의미이다. 따라서 '또한 ~도 아니다'가 되는 것이다. nor라는 부정의 부사가 문두에 있으므로 should the saying be taken이라는 도치구문의 형태를 취하고 있다.

이 어구는 nor should the saying be taken '또한 그 격언은 해석되어서는 안 된다' to mean '~를 의미한다고'라고 해석하자.

as it so often is these days, that for a rule to be true there has to be an exception.

삽입절 as는 일단 무시

일단 as를 무시하자. 그 이유는 두 개의 콤마 사이에 들어 있는 as는 삽입절로, 우리말로 해석하기가 난해하기 때문에 전체적인 흐름을 파악한 후에 as가 이끄는 내용을 추가하는 것이 가장 쉬운 방법이다.

이렇게 삽입절을 생략하면 mean과 that의 관계가 눈에 보일 것이다. '또한 그 격언이 that 이하의 것을 의미한다고 해석되어서는 안 된다'가 된다. that for a rule to be true '법칙이 진실이기 위해서는' there has to be an exception '예외가 하나 있어야 한다'라고 하면 해석이 다소 어색하지만, 어쨌든 마지막까지 살펴본 후에 as의 삽입절을 검토해보도록 하자.

Only after the exception has been set aside, can we depend upon the rule and then use it.

여기서 only는 강조 용법으로 쓰였다. only 다음에 명사가 오면, '~만'이라고 해석되지만 after~ 라는 말이 왔기 때문에 after의 의미를 강조해서 '~한 후에야' 라고 해석하자. after the exception has been set aside는 '예외가 제거된 후에만' 이라는 뜻이고 다음의 can we depend는 도치 문장이다. we가 주어이고 depend가 동사인데 can이 we 앞에 와 있는 것은 문장 앞에 있는 after 이하의 부사절이 only로 강조되어 있기 때문이다. 이것을 강조에 수반하는 리듬의 변화라고 한다.

뒤의 어구는 '예외가 제외된 경우에 대해서만 비로소 우리들은 신뢰할 수 있다' upon the rule '그 법칙을' and then use it '그리고 그 법칙을 사용할 수 있다' 로 해석할 수 있다.

그럼, 문제 1번에서 4번까지 풀어보자.

문 ❶ According to this passage, / the saying, / the exception proves the rule, / tells us / (　　).
① that all exceptions / to a rule can be depended upon /
② that for a rule to be true / it must have one exception
③ that the truth of a rule / will be tested by an exception
④ that any rule / needs an exception / before it can be proved / to be true

문제 1번의 According to this passage는 〈문장 앞에 오는 부사〉로 '이 글에 의하면' 이라는 뜻이다. 문제를 해석해보면 the saying, the exception proves the rule '예외는 법칙을 증명한다는 격언은' tells us~ '우리들에게 다음과 같은 것을 말하고 있다' 가 된다. 중요한 것은 According to this passage이다. '본문에 따르면' 이므로, 이것은 필자의 의견을 나타내야 한다. 일반적인 통념이나 상식을 이끌어내서는 안 된다.

①번은 that all exceptions to a rule '어떤 법칙에 대한 모든 예외는' can be depended upon '신뢰할 수 있다' 라고 해석되지만 이 문장이 좀 이상하기 때

문에 잠시 접어두고 넘어가자.

한 가지 기억해줬으면 하는 것은 all exceptions 다음에 온 전치사 to이다. 여기에 밑줄을 그어준다. 법칙에 대한 예외라는 뜻으로 of가 아닌 to를 써야 한다는 점에 주의하자.

②번의 that for a rule to be true '어떤 법칙이 진실이기 위해서는' 다음에 들어간 슬래시는 이 구문이 〈문장 앞에 오는 부사〉이기 때문이다.

it must have one exception '그것은 하나의 예외를 가지고 있어야 한다' 즉 이것이 바로 세상 사람들이 일반적으로 잘못 알고 있는 생각이다.

③번의 that the truth of a rule '어떤 규칙이 옳은지는' will be tested '테스트 받게될 것이다' by an exception '예외에 의해' 이것이 필자가 말하고 있는 내용이다. 특히 그 테스트를 받게 된다는 부분이 중요하다.

prove의 원래 의미는 '테스트하다' 이므로 그 격언의 prove를 '테스트하다' 라는 의미로 해석하고 능동태를 수동형으로 바꾸면 ③번 문장과 거의 동일해진다. 따라서 ③번이 정답이다.

나머지 ④번도 한번 살펴보면 that any rule needs an exception '어떠한 규칙도 하나의 예외를 필요로 한다' before it can be proved to be true '그것이 진실이라는 것이 증명되기 전에' 이 내용은 보기 ②번과 동일한 내용으로 틀린 문장이다.

문 ❷ If a room is 'sound-proof', / we can suppose / (　　　).

① that sound is easily able / to pass into / or out of the room
② that sound cannot pass into / or out of the room
③ that people will not be able / to hear anything at all / within the room
④ that people in the room / will have to work / in silence

(or의 분석)

문제 2번에서 If a room is는 '만약에 어떤 방이' 이고 sound-proof는 '방음' 이므로 여기까지 끊어보면 '방음되어 있는 어떤 방이 있다면' 이 된다. we can suppose '다음과 같이 생각해도 좋다' 에서 괄호 안에 들어갈 말을 찾아보자.

① that sound is easily able / to pass into or out of the room을 신속하고 정확하게 해석할 수 있을까? pass into or out of the room에서의 공통 관계를 파악할 수 있을까? 이것 역시 or의 분석에 해당한다.

우선, or에 네모 표시를 하고 into에 밑줄을 긋고 ①이라고 쓰고, out of에 밑줄을 긋고 ②라고 쓴다. 그리고 the room에 R마크를 한다.

먼저 pass into the room이라고 했으니 '방안에 들어올 수 있다' 이고 다음으로 pass out of the room은 '그 방에서 밖으로 나갈 수 있다' 가 된다. 그러나 만약 그런 식으로 소리가 전달된다면 이것은 방음되었다고 할 수 없다. 따라서 ①번은 답이 아니다.

② that sound cannot pass into or out of the room은 ①번과 정반대의 내용이다. '소리가 그 방에 들어갈 수도, 그 방에서 밖으로 나올 수도 없다' 이것이 바로 방음된 방을 말하는 것이므로 ②번이 정답이다.

③ that people will not be able to hear anything at all '방음이 된 방이라는 것은 사람들에게 아무 것도 들리지 않고 들을 수 없는' within the room '그 방안에서는' 으로 해석했다면 ③번을 정답으로 생각할 수도 있다. 그러나 방음이 되었다고 해서 그 방안에서 아무 소리도 듣지 못하는 것은 아니기 때문에 정답은 ②번이다.

문 3 A rule can be thought to be universally true (   ).

① only if / no exception can be found / to it

② only if / there is at least one exception / to prove its truth

③ only if / it is put to the proof / and found / in most cases / to be true

④ only if / we find out / that it can never be put / to the proof

문제 3번을 보면 A rule can be thought '어떤 법칙은 생각될 수도 있다' to be universally true에서 universally는 '100퍼센트' 라는 의미이다. 따라서 '모든 사례에 있어 보편적인 진실이다' 라고 생각할 수 있다.

①에서 only if '~의 경우에 있어서만' no exception can be found to it '그것에 대한 어떠한 예외도 드러나지 않을 때' 예외가 전혀 없으니 100퍼센트 사실인 셈이다. 따라서, ①번이 정답이고 나머지는 모두 틀린 보기이다.

문 4 One conclusion / the writer seems to suggest / is (   ).

① that some sayings / are sometimes exceptions / to the rule

② that we must always try / to use old sayings / in present-day circumstances

③ that well-known sayings / often prove / to be excellent guides / in daily life

④ that when we use familiar sayings / we should think hard / about what they mean

문제 4번을 보면 One conclusion이 주어이고 the writer seems to suggest를 〈뒤에 놓인 형용사〉로 보면 is가 동사가 된다. 이번 문제는 필자가 말하고자 하는 요지를 묻는 것이다.

①번부터 차례대로 읽어보면 that some sayings '어떤 종류의 격언은' are

sometimes '때때로' exceptions to the rule '법칙에 대한 예외이다' 격언이 법칙에 대한 예외? 무슨 말인지 전혀 의미가 통하지 않는다.

② that we must always try to use old sayings '우리들은 항상 옛날 격언을 사용해야 한다' in present-day circumstances '현대에' 이 역시 이상하다. 현재의 사람들은 그 격언을 잘못 사용하고 있다는 게 문제의 요지이므로 ②번 역시 틀린 문장이다.

③ that well-known sayings '잘 알려진 격언은' often '종종' prove to be '판명되다' 에서 prove to be~ '~라는 것이 판명되다' 를 기억해두자. 그렇게 되면 excellent guides '훌륭한 가이드' 라는 것이 판명된다. in daily life '일상 생활에 있어서', 즉 '잘 알려진 격언은 훌륭한 가이드이다' 가 되는데 이 역시 문제에서 빗나갔다.

그렇다면 ④번이 정답이라는 얘기인데, when we use familiar sayings에서의 familiar는 '잘 알려진' 이라는 뜻이다. '잘 알려진 격언을 사용할 때' we should think hard '우리는 곰곰이 생각해야만 한다' about what they mean '그러한 격언이 무엇을 의미하는지' 잘 생각하지 않으면 잘못 사용할 수 있다는 말이므로 ④번이 정답이다.

마지막으로 앞에서 무시하고 지나쳤던 스물세 번째 줄의 as절에 대해 알아보자. as it so often is these days에서 it은 the saying을 가리킨다.

> nor should the saying be taken to mean,
>
> as it so often is (taken to mean ●) these days,
>
> that for a rule to be true there has to be an exception.
>
> ① it = the saying
> ② as는 준관계대명사로,
>   (1) that for a rule to be true there has to be an exception을 가리킨다.
>   (2) 동시에 mean의 목적어이기도 하다.

괄호 안에 쓰여 있는 문장 taken to mean을 보충하지 않으면 의미가 통하지 않는다. '그 격언은 아주 가끔 다음을 의미한다고 해석되지만' 이 되는데, 이때의 as를 준관계대명사라고 한다. 해석할 때는 '~이지만 실제로는' 이라고 하면 된다. 그리고 이 as가 받는 것, 다시 말해 as의 선행사는 that 이하이다. 또한 동시에 as는 mean의 목적어이기도 하다.

필자는 nor should the saying be taken to mean '실제로 오늘날 그 격언은 아주 자주 that 이하의 것을 의미한다고 해석되고 있지만' 이라고 부연 설명하는 것이다. 즉 '법칙이 올바르기 위해서는 적어도 하나의 예외가 있어야 한다고 생각해서는 안 된다. 그러나 실제로 오늘날에는 종종 그러한 식으로 받아들여지고 있지만' 이라고 정리할 수 있다.

CHAPTER 04

직독직해로 가는 지름길

Lesson 4 다음 글을 읽고 질문에 답하시오.

Television in our modern age has become almost part of the air we breathe, or (A) least of the sights we see. We can hardly recall that prehistoric age when we had to make do without it — when we only had the radio to keep us (a) of current events and (b) with popular songs and plays. But as with our daily newspapers we have to take in the advertisements, so with our TV programme we have to take in the commercials. It just can't be (c) in this (i) age of ours. We have either to accept them, or to get along as best we can (B) television.

There are few people, I imagine, who watch television (C) the sake of their (ii) commercials; and few who even enjoy the commercials, while their main interest is (D) movie or ball-game. For most of us they are just annoying distractions, (d) at moments in the programme when we are least (e) to welcome them. Indeed, I often wonder at the stupidity of the sponsors, who are not content (E)advertising their products at the beginning and end of the movies or ball-game, but insist on intruding them right in the middle at the most (iii) moments. What (F) earth is the psychology behind such intrusions? Don't the sponsors realize they are merely arousing in the viewers an (iv) prejudice (G) themselves? — that they are associating their products with feelings of ire and indignation?

20

(게이오대학 법학부)

문 ① (A)~(G)에 알맞은 단어를 아래의 ①~⑦에서 고르시오.
① against ② at ③ withou ④ with ⑤ in ⑥ on ⑦ for

문 ② (a)~(e)에 알맞은 단어를 아래의 ①~⑤에서 고르시오.
① informed ② disposed ③ amused ④ inserted ⑤ helped

문 ③ (i)~(iv)에 알맞은 단어를 아래의 ①~④에서 고르시오.
① unreasoning ② commercial ③ exciting ④ favorite

Television / in our modern age / has become almost part / of the air / we breathe, / or (A) least / of the sights / we see. We can hardly recall / that prehistoric age / when we had to make do / without it / — when we only had the radio / to keep us (a) / of current events / and (b) / with popular songs and plays. / But as with our daily newspapers / we have to take in / the

73

advertisements, / so with our TV programme / we have to take in / the commercials. It just can't be (c) / in this (i) age of ours. We have either / to accept them, / or to get along / as best we can / (B) television.

* 환언의 대시(-) / ** 종속절 속의 〈문장 앞에 오는 부사〉 / *** 주절 속의 〈문장 앞에 오는 부사〉

Television in our modern age has become almost part of the air we breathe, or (A) least of the sights we see.

슬래시를 활용하자

Television '텔레비전' 은 S이고, in our modern age '현대에' 는 〈뒤에 놓인 형용사〉이다. 일단 of the air라는 전치사구 앞에서 끊어보자.

has become almost part는 '거의 일부가 되었다' 는 말인데 무엇의 일부가 된걸까? 그 뒤에 오는 of the air는 '공기의', we breathe는 '우리가 호흡하는' 이라는 뜻으로, 여기서 the air는 명사, we breathe는 〈뒤에 놓인 형용사〉이다.

즉 has become almost part of the air we breathe는 '우리가 숨쉬는 공기의 일부가 되었다' 라는 뜻이다. 여기에서 '공기의 일부' 라는 것은 비유적인 표현이다.

or '혹은' (A) least of the sights we see에서 sights는 '풍경' 이다. 즉 '우리들이 보는 풍경' 으로 해석하자. 이 문구는 of 앞을 끊으면 (A) least 부분이 부각되는데, ②번의 at을 넣으면 at least '적어도' 라는 숙어가 된다.

직독직해 tip

직독법에서 the air we breathe처럼 관계사를 이용하지 않는 표현을 〈접속절〉이라고 한다.

접속사 or의 분석

or에 네모를 표시한다. or가 무엇과 무엇을 연결하고 있는지 찾아보자.

of the air에 밑줄을 긋고 of 밑에 ①, of the sights에 밑줄을 긋고 of 밑에 ② 라고 쓴다. 이 두 가지가 or로 연결되어 있다. 텔레비전이라고 하는 것은 거의 공기의 일부가 되었고, 아니면 적어도 흔한 광경이 되었다는 말이다. 그렇다면 part가 공통 항목으로 R이 된다.

We can hardly recall that prehistoric age when we had to make do without it ―

that의 직독 발상

We can hardly recall '우리는 거의 기억하지 못한다' 에서 hardly는 '거의 ~하지 않는' 이라는 부정의 의미를 가진 부사이다.

that을 접속사로 보고 '다음의 것을 ~하다' 라고 가정한다. 이때 절대적인 법칙은, "that 다음엔 〈무엇이(주어), 어떻게(술어)〉라는 절이 와야 한다는 것이다. 하지만 이 부분에서는 that 다음이 SV 형태로 되어 있지 않은데, 그 이유는 that이 접속사가 아니기 때문이다.

일단 that에 네모 표시를 하고 '그, 예의' 라는 지시대명사로 해석해야 한다.

prehistoric age가 '선사시대' 이므로 that이라는 형용사를 포함해 '오랜 옛날, 선사시대' 정도로 보자. 그 다음 when에 네모 표시한다. 이것을 문법적으로 말하면 〈that+선행사+when〉의 형태이다.

직독직해 tip

remember, recall, recollect 는 모두 '기억하다' 라는 의미로 반드시 기억해두자.

> that prehistoric age when ⋯
> 1. that은 접속사가 아니라 지시대명사
> 2. that +(선행사)+ when~ 의 형태를 만든다.

that 이하는 그 다음의 관계사 when의 선행사이고 보통 when 이하가 관계부사로 그 앞의 선행사를 수식하도록 되어 있다. 따라서 We can hardly recall that prehistoric age는 '우리들은 그 선사시대를 기억해낼 수 없다' 라는 뜻이다. that을 '그' 라고 해석하고, '어떤' 선사시대인지를 구체적으로 파고 들어가면 된다. 그럼 바로 'when 이하가 그에 대한 풀이' 라는 것을 알 수 있을 것이다.

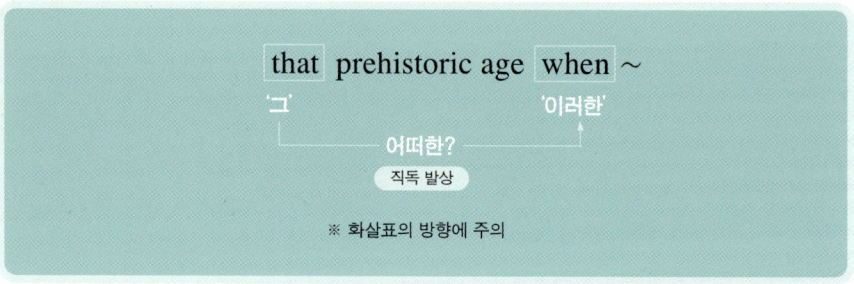

that은 '그' 라는 의미이고 명사가 온 후 이를 구체적으로 한정하기 위해 필요한 것이 when 이하라고 보면 된다.

when we had to make do에 나오는 make do는 반드시 기억하자. make는 사역동사이며, do는 보어로 '족하다', 혹은 '끝나다' 라는 의미의 자동사이다. 따라서 그 뒤의 어구 without it은 '텔레비전이 없어도 그것으로 족하다' 라는 느낌으로 해석하면 된다.

직독직해 tip

make do without~는 '~를 하지 않고 끝나다, ~하지 않아도 된다' 라는 뜻이다.

when we only had the radio to keep us (a) of current events and (b) with popular songs and plays.

일단 when we only had the radio에서 끊으면, '라디오밖에 없었던 시대' 라는 의미가 된다.

텔레비전 없이 살던, 즉 라디오밖에 없었던 시대를 일컬어 필자는 '선사시대' 라고 부르고 있다.

직독법의 이해

그럼 '번역' 차원이 아니라 '의미 해석' 면에서 살펴볼 때, when we had to make do without it 다음의 to keep 이하를 어떻게 풀이하는지 배워보자.

to keep us (a) of current events and에서 우선 and에 네모를 치고 무엇과 무엇을 연결하는지 분석한다. 문제 2번의 보기를 보면 전부 과거분사이다. 즉, 보기 자체가 〈keep+O+과거분사〉 형태이다.

keep us 밑에 각각 V와 O라고 쓴다. 그리고 (a) 밑에는 C1, (b) 밑에는 C2라고 쓴다. 각각 첫 번째와 두 번째 보어가 되는 것이다.

그러면 to keep us 과거분사 형태를 keep+O+C 'O를 C의 상태로 유지하다' 라는 구문으로 연결할 수 있다.

그런데 and 앞에 있는 current events라는 어구가 문제인데, '현대의 사건'이라는 이 표현은 뉴스나 시사적 사건을 뜻한다. 라디오는 세계 정세라든지 국내 정세 같은 것을 알려준다는 의미이다.

이것을 영어로 다르게 표현해보자.

> **The radio informs us of current events.**

informs 사람 of 사물은 '~에게 ~을 알리다' 는 뜻으로, 바꿔 말하면 tell 사람 of 사물이 된다.

다시 이 문장을 We를 주어로 해서 만들어보자.

> **We are informed of current events by the radio.**

조금 더 응용해서 라디오를 주어로 〈keep+O+과거분사〉 문장을 만들어보자.

> **The radio keeps us informed of current events.**
>   Ⓢ   Ⓥ   Ⓞ   Ⓒ

이럴 때는 '라디오는 우리들을 오늘날의 사건에 관해 알고 있는 상태를 유지시켜준다' 라는 의미 그대로 이해하는 것이 좋다. 직독할 때는 가능하면 영문을 있는 어순 그대로 풀어주는 자세가 중요하다. 따라서 (a)에 들어갈 말은 ①번의 informed이다.

이어지는 and 뒤의 표현을 보면, 라디오가 with 이하의 songs '노래' 나 plays '연극, 드라마' 는 어떻게 한다는 뜻인가? 이것들을 즐긴다고 해야 문맥이 통하므로 be amused with~ 라는 표현을 생각해낸다. 직역하면 '즐거움을 준다' 이고, 원래는 amuse 사람 with 사물 '~을 ~로 즐겁게 해주다' 라는 뜻이다.
〈도구·수단〉의 with를 이용해 목적어인 사람을 주어로 해서 문장을 만들어보자.

> We are amused with ~ by the radio.
> ⇄ The radio keeps us amused with ~.
> ※ 해석보다 이 전환이 막힘 없이(0.5초 이내) 되는 것이 훨씬 더 중요하다.

'우리는 ~로 즐거운 기분에 빠진다' 에서 '우리는~ 즐거워한다, 재미있어한다' 로 자연스럽게 이어갈 수 있어야 한다. 그러한 상태를 유지시켜준 것은 라디오밖에 없었다. 따라서 정답은 ③번의 amused이다.

But as with our daily newspapers we have to take in the advertisements,

중요한 상관어구
But '그러나' as with our daily newspapers에서 as ~ so는 상관어구로 순서대로 해석한다.

Chapter 4 직독직해로 가는 지름길

(just) as S' + V' ,   so S + V.

just as에서 just는 생략되기도 한다. 'S'가 V' 하는 것처럼(종속절), 이와 마찬가지로 S가 V한다(주절)' 라는 뜻으로 대응관계를 나타내는 표현이다.

as with our daily newspapers에서 또 하나의 관문은 전치사 with로 '~에 관해서' 혹은 '~의 경우' 라는 뜻이다. 따라서 with ~ newspapers는 그대로 직역하면 '일간 신문의 경우에' 가 된다. 그리고 직독법에서는 with our daily newspapers를 '종속절 안의 〈문장 앞에 오는 부사〉'로 보고, 다음 줄의 with our TV programme을 '주절 안의 〈문장 앞에 오는 부사〉'로 본다.

문장 앞에 오는 부사에 대해서

we have to take in the advertisements에서 take in에 밑줄을 긋는다. '~을 안에 도입한다' 는 표현은 숙어라기보다는 take in~의 문자 그대로의 의미이다. 따라서 take에서 끊지 말고 in 다음에서 끊는 것이 원칙이다. 그러나 여기에서의 in은 부사적인 성질로서 take in만으로 하나의 타동사구로 이용된다. '우리들은 광고라는 것을 도입시키지 않으면 안 된다', 즉 신문 광고에 대해 말하고 있는 것이다.

so with our TV programme we have to take in the commercials.

그 다음은 so 이하인데, so with our TV programme '바로 그와 같이 텔레비전 프로그램의 경우에도' we have to take in the commercials '광고라는 것을 받아들이지 않을 수 없다' 로 되어 있다.

종속절 안의 〈문장 앞에 오는 부사〉라는 표현을 앞에서 언급했는데, 종속절 자체를 〈문장 앞에 오는 부사〉로 처리할 수도 있다. 즉 보다 커다란 테두리에서 살펴보면 아래와 같다.

> But as with our daily newspapers we have to take in advertisements, / so with our TV programme S + V
>
> 문장 앞에 오는 부사
> 주절

It just can't be (c) in this (i) age of ours.

help를 이용한 숙어의 해석법

It just can't be (c)는 '하는 수 없다, 어찌할 방법이 없다'라는 숙어가 되어야 하므로 (c)에 들어갈 단어는 ⑤번의 helped이다.

여기에서의 help는 '돕다'가 아니라 '저지하다, 막다'라는 뜻으로 stop이나 prevent와 같다. 텔레비전에 관해서는 It '그것', 즉 광고를 '막을 수 없다'라는 뜻이다. 이 외에 I can't help laughing이라는 문장을 올바르게 해석하면 '웃는 것을 막을 수 없다'가 된다.

in this (i)에서 빈칸 (i)는 명사 앞에 있기 때문에 형용사이고 보기 역시 모두 형용사가 예로 나와 있다. (i)에 ②번 commercial을 넣으면 '상업본위의 현대시대에서'라는 문장이 된다.

직독직해 tip

Who can help laughing? 이라는 반어 형식의 문장도 '누가 웃음을 저지할 수 있을까?'에서 나아가 '누가 웃지 않을 수 있는가?'라고 자연스럽게 해석하자.

We have either to accept them, or to get along as best we can (B) television.

슬래시에 의한 문제 해법

우선 either와 여덟 번째 줄의 or에 네모를 치고, 왼쪽에서 오른쪽으로 순서대로 이해한다.

이 문장에서 We have의 have는 '가지고 있다'가 아니라, have to~ '~해야 한다'의 have이다. 그리고 either A or B 'A 혹은 B 중의 하나'라는 표현과 합치면 'A 혹은 B 중에 어느 한 쪽은 해야만 한다'가 된다.

여기서 them은 광고를 가리키고 accept는 take in의 변화이다.

다음으로 넘어가서 get along 뒤에 슬래시를 넣고 we can 뒤에 슬래시를 넣는다.

전치사 앞에 슬래시를 넣는 원칙을 다시 한번 기억하자.

그리고 as best we can을 하나의 의미구로 보고 이를 잠시 뛰어 넘으면, get along (B) television이라는 문장이 부각된다.

get along은 '어떻게든 잘 해내다'라는 의미로, 본문 세 번째 줄의 make do '어떻게든 끝내다, 족하다'와 비슷한 표현이다. 이 make do 다음이 without it이고 여기서 it은 television이므로 '텔레비전 없이도 족하다'라는 뜻이다. 따라서 (B)의 정답은 ③번의 without이며 get along without television '텔레비전 없이도 그럭저럭 산다'는 의미가 된다.

직독직해 tip

as best we can은 숙어이기 때문에 '가능한 한'이라든지 '되도록 ~이면'이라고 보자.

There are few people, / I imagine, / who watch television / (C) the sake / of their (ii) commercials / ; and few / who even enjoy the commercials, / while their main interest / is (D) movie / or ball-game. For most of us / they are just annoying distractions, / (d) at moments / in the programme / when we are least (e) / to welcome them. Indeed, / I often wonder / at the stupidity of the sponsors, / who are not content / (E) advertising their products / at the beginning / and end of the movies or ball-game, / but insist / on intruding them / right in the middle / at the most (iii) moments. What (F) earth / is the psychology / behind such intrusions? Don't the sponsors realize / they are merely arousing / in the viewers / an (iv) prejudice / (G) themselves? — that they are associating their products / with feelings / of ire and indignation?

There are few people, I imagine, who watch television (C) the sake of their (ii) commercials ;

눈치를 키우자

There are few people, I imagine '다음과 같은 사람은 거의 없다고 나는 생각한다'에서 imagine은 think와 같은 의미이다.

뒤의 표현을 이어보면 who watch television '텔레비전을 보는 사람은' 이 되지만 여기서는 '텔레비전을 보는 사람은 거의 없다'가 아니라 텔레비전은 많은 사람들이 보고 있는데, '어떤 식으로 보는 사람이 없다는 것일까' 라고 생각해야 직독이 가능하다.

(C)는 숙어로, for the sake of~는 '~때문에' 라는 〈목적〉을 나타낸다. 따라서 정답은 ⑦번의 for이다.

their (ii) commercials 부분은 일단 빈칸을 띄우고 읽으면, '광고를 목적으로 텔레비전을 보는' 사람이 거의 없다는 뜻이 된다. 그러므로 좀더 정확한 의미를 만들기 위해선 (ii)에 들어갈 단어는 ④번의 favorite '선호하는, 좋아하는' 이 적당하다.

and few who even enjoy the commercials, while their main interest is (D) movie or ball-game.

직독직해 **tip**

ball-game은 '야구'라는 뜻이다.

and few~ '그리고, 다음과 같은 사람도 거의 없다'에서 few 다음에는 people이 생략되어 있다. who even enjoy the commercials '광고를 즐겨 보는 사람조차' while their main interest is (D)에서 (D)에는 ⑤번의 in이 들어간다.

while의 용법

while은 '~하고 있는 동안'이라는 기본적인 의미 외에 '~인데 반해', '~임에도 불구하고'라는 〈대비·양보〉의 의미가 있다. 다음 예문을 암기하자.

- **He loves his daughter, while his wife hates her.**
  그는 딸을 사랑한다. 반면에 그의 아내는 딸을 미워한다. 〈대비〉
- **While his wife hates her, he loves his daughter.**
  그의 아내는 딸을 미워하지만, 그는 딸을 사랑한다. 〈양보〉

참고로, when에도 이와 비슷한 용법이 있으므로 주의하기 바란다.

- **He brought me coffee, when I had asked for tea.**
  내가 홍차를 시켰을 때, 그는 커피를 가지고 왔다. (×)
  나는 홍차를 시켰는데, 그는 커피를 가지고 왔다. (○)

For most of us they are just annoying distractions, (d) at moments in the programme when we are least (e) to welcome them.

For most of us '대부분의 사람들에게 있어'는 〈문장 앞에 오는 부사〉로 뒤에 주절이 온다. they are just annoying distractions에서 they는 앞 문장에 나온 광고를 가리키는데, 광고라는 것은 just '단지' annoying distractions에 불과한 말이다.

명사 중에서 모르는 단어가 나오면 일단 '(~한) 것'으로 간주하자.

모른다고 발뺌 말자

영문에서 모르는 단어가 나왔다고 해서 당황하지 말고, 단어들을 파악해 최대한 뜻을 알아내자.

annoy는 '~을 고민하게 만든다, 짜증나게 만들다' 라는 의미로 이 단어를 통해 distractions의 의미를 알아낼 수 있다.

distractions의 dis는 away '떨어뜨리다' 의 의미이고, tract는 '잡아당기다' 라는 뜻이다. 따라서 distract는 '방해하다, 불편을 끼치다' 라는 뜻이고, distractions는 '방해물, 피해' 라는 의미이다. 따라서 여기서는 '시끄러운 방해물' 이라고 해석하자.

문제 2번에 나온 보기가 전부 과거분사 형태이므로 (d)에는 과거분사형이 들어간다. 그리고 'distractions가 명사이고 (d)가 〈뒤에 놓인 형용사〉일 것이다' 라고 예상할 수 있어야 한다. '시끄러운 광고' 에 대해 형용사적인 의미의 과거분사가 오고, 그 다음을 연결해보면 at moments '순간순간에, 매 시간에' in the programme '프로그램 중간에' 어떻게 되어 있다는 말이다. 따라서 (d)에는 의미상 ④번의 inserted가 들어간다.

'삽입된' 이라는 말이 distractions에 걸려 있다고 해서 '삽입된 시끄러운 것' 이라고 해석하지 말고 '시끄러운 것이' 프로그램 중간 중간에 '삽입되어' 있다고 보자.

다음은 when 이하이다. (e) 부분을 일단 빼고 생각해보자. welcome은 '환영한다' 는 뜻이지만 least가 부정의 부사로서 '(거의) ~아니다' 라는 의미이므로, '환영하지 않는다' 가 된다. them은 광고를 가리키므로 '광고 같은 것을 환영하지 않을 때' 라는 의미가 된다.

추측해보자

when은 시간을 이끄는 표현이므로 앞줄의 moments에 대한 〈뒤에 놓인 형용사〉라고 이해한다. 광고가 삽입되는 순간에 대한 묘사가 when 이하이다.

빈칸 (e)에 들어갈 말을 살펴보면, 이것은 단어 문제에 지나지 않는다. 만약에 몰랐다면 이번 기회에 외워두도록 하자. 정답은 ②번의 disposed이다. pose '두다' 라는 동사에서 파생된 이 단어는 be disposed to~ '~하고 싶은 기분이 들다' 라는 숙어로 자주 쓰인다.

따라서 전체적인 의미로 볼 때, 역시 앞에서와 마찬가지로 '광고를 가장 환영할 수 없을 때' 가 된다.

Indeed, I often wonder at the stupidity of the sponsors,

이 문구는 Indeed '분명' I often wonder '이상하게 생각한다' at the stupidity '어리석음' of the sponsors '협찬사의' 라고 해석하자. 즉 '협찬사의 어리석음을 이상하게 생각한다' 는 의미이다.

직독직해 tip

at the stupidity에서 at은 〈대상〉을 나타낸다.

who are not content (E) advertising their products at the beginning and end of the movies or ball-game,

관계사의 커다란 특징

'왜 협찬사가 어리석은가' 를 염두에 두고 who 이하를 보면 who are not content~ '다음 사항에 만족하지 않기 때문' 이라고 나온다.

따라서 (E)에는 with가 들어간다. 무엇에 만족하지 않는가? advertising their products '제품을 광고하는 것에' 그 다음 at the beginning and end에서 and가 연결하고 있는 것은 beginning과 end라는 정반대의 단어이다. of the movies or ball-game까지 모두 이어보면 영화 프로그램이나 야구의 처음과 마지막에 광고하는 것에 만족하지 않는다는 뜻이다.

직독직해 tip

be content with~ '~에 만족하고 있다'

but insist on intruding them right in the middle at the most (iii) moments.

그 다음 but에 네모를 치고, 앞줄의 not에도 네모를 친다. not A but B 형태의 but은 '그러나'라고 해석하지 않는다. 즉 〈A가 아니라 B〉이다.

insist on intruding them에서 insist on ~ing는 '~하는 것을 주장하다, 어떡해서든 ~하려고 하다'는 의미이다. 또한 intrude는 '강요하다'이고 them은 commercials이기 때문에 '어떡해서든 광고를 내보내려고 계속 고집하고 있다'라는 뜻이 된다.

그리고 right in the middle '한가운데'에서 right는 right now와 동일한 의미로, in the middle이라는 전치사구의 일부라고 간주해서 하나의 의미구로 보면 된다. '한가운데'라는 것은 여기에서 '프로그램 중간에'라는 의미이다.

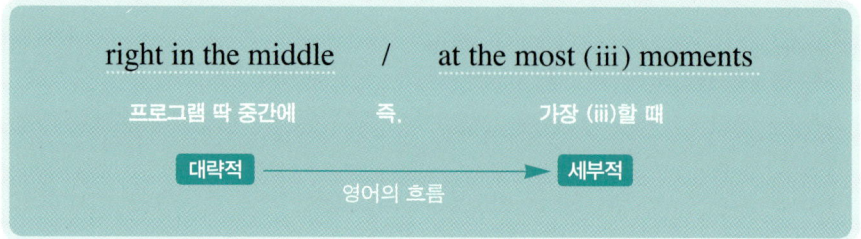

프로그램의 한가운데라는 것은 가장 재미있을 때를 뜻한다. 그래서 (iii)에는 ③번의 exciting이 들어간다.

What (F) earth is the psychology behind such intrusions?

What (F) earth는 '세상에'라는 의미의 강조 구문으로 (F)에는 on이 들어간다. 다음의 is the psychology에서 psychology는 '심리'라는 의미이고, behind such intrusions는 '프로그램에 광고가 반드시 나오는 이면에'라고 해석하자.

Don't the sponsors realize they are merely arousing in the viewers an (iv) prejudice (G) themselves?

Don't the sponsors realize '협찬사는 모르는 것일까' 와 they are 사이에는 접속사 that이 생략되어 있다. 즉 'that' they are merely '자신들은 단순히' 가 된다.

arousing에서 arouse는 arouse A in B 'B의 마음속에 A라는 감정이 솟아오르고 있다' 라는 형태이지만 A가 길어지면 문장 맨 끝으로 돌리는 경우가 많다. 여기에서는 arouse in B A로 쓰였다. 일단 prejudice 앞에 있는 빈칸 (iv)에 들어갈 형용사는 ①번의 unreasoning '무분별한, 불합리한' 밖에 없다. 따라서 an unreasoning prejudice는 '두말할 나위 없는 반감' 으로 해석하자.

(G)는 prejudice라는 단어의 성격에서 비추어볼 때, ①번의 against가 적합하다. 자신들, 즉 협찬사에 대한 반감을 심어준다는 뜻이 된다.

결국 '그저 텔레비전을 보는 시청자 마음속에 편견을 일으키게 할 뿐이라는 것을 눈치채지 못하는 것일까?' 라는 뜻이 된다.

— that they are associating their products with feelings of ire and indignation?

that 밑에 ②라고 쓰고 ①은 realize 다음에 that을 보충해서 ①로 본다. '협찬사들은 ①, 즉 환언하면 ②를 이해하지 못하는 것일까?'

②의 내용을 보면 that they are associating their products '그들은 자사의 제품을 연결시키고 있다' with feelings '감정과' of ire and indignation '노여움과 분노' 라는 뜻이 된다. 이런 사실을 협찬사들이 인식하지 못하고 있는지 필자는 의문을 던지고 있는 것이다.

마지막으로 환언의 대시와 함께 feelings of ire and indignation은 that ①절 속에 an unreasoning prejudice against themselves의 변화법이라는 점을 알아두자.

CHAPTER 05

동사로 이어지는 영어의 흐름

Lesson 5 다음 글을 읽고 질문에 답하시오.

Roger knew that he had to leave the old barn before dawn if he were to escape his pursuers. They were bound to search the barn in the morning. It was warm in the hay and from the upper room of the barn he had a good view and
5   could even watch the traffic crossing the bridge on the main road which was just to the southeast of the barn. Beyond it was Bolster's Forest rising away to the south. That was where he must go. He dared not go straight south to cross the road into the wood, for there was little cover and the
10   marshy area to the west of the river limited his approach and provided an extra hazard. He decided to run southeast to the footbridge and then head directly (1) across the field beyond and into Roderick's Wood so that he would have <u>cover</u> for part of his journey
15   south to the road. He could not risk taking the footpath even at night, for again he would <u>be exposed</u> for several hundred

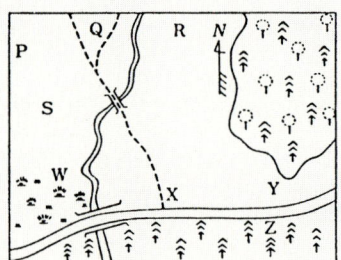

a clear, moonlight night.

"That last dash down to the road is the most dangerous part," he muttered to himself. The only point in his favor was that from the top of a very tall deserted windmill not far from the road he would be able to watch for the headlights of any cars approaching from the east or the west. He would also have a clear view of the bridge and all the way back to the barn if the men should come before he got safely into the Forest heading (2).

Roger breathed deeply, tightened the straps on his rucksack and (3) the barn.

(츄오대학 상학부)

◉ 각 문제의 ①~④에서 가장 알맞은 답을 고르시오.

문 ① Roger had to :

① leave the barn in the morning.
② leave for the barn before sunrise.
③ cease to remain in the barn until midnight.
④ go away from the barn during the night.

문 ② Roger wanted to run safely into :

① Bolster's Forest.   ② Roderick's Wood.
③ the old barn.   ④ the windmill.

문 3 The location of the old barn is shown with :

① the letter P.　② the letter Q.　③ the letter R.　④ the letter S.

문 4 The location of the windmill is shown with :

① the letter W.　② the letter X.　③ the letter Y.　④ the letter Z.

문 5 Fill (1) with one of the following words.

① north　　② south　　③ east　　④ west

문 6 Fill (2) with one of the following words.

① north　　② south　　③ northeast　　④ west

문 7 Fill (3) with one of the following phrases.

① stepped out of　② disappeared into　③ run out of

④ ran away with

문 8 Roger made up his mind :

① to approach the dangerous marsh.

② not to take the footpath.

③ to hide himself inside the windmill before dawn.

④ to ask somebody to give him a lift in an automobile.

문 9 In this passage 'cover' means :

① caves　　② darkness　　③ escape　　④ trees

문 10 In this passage 'be exposed' means :

① feel a sudden chill　　② be put into shelter

③ be robbed by a highwayman　　④ be put into plain sight

Chapter 5 동사로 이어지는 영어의 흐름

Roger knew / that he had to leave the old barn / before dawn / if he were to escape his pursuers. They were bound / to search the barn / in the morning. It was warm / in the hay / and from the upper room of the barn / he had a good view / and could even
⎯1⎯ ⎯2⎯
watch the traffic / crossing the bridge / on the main road / which was just to the southeast / of the barn. Beyond it / was Bolster's Forest / rising away to the south. That was / where he must go. He
   S   V   C
dared not go / straight south / to cross the road into the wood, / for there was little cover / and the marshy area / to the west of the river
                                    S
/ limited his approach / and provided an extra hazard. He decided /
  V   V₁
to run southeast to the footbridge / and then / head directly (1) /
R 1   2
across the field beyond / and into 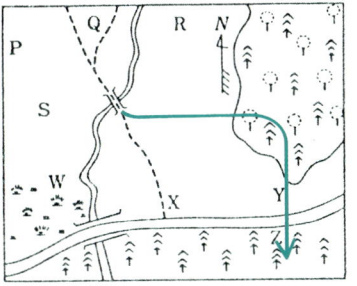 Roderick's Wood / so that he would have cover / for part of his journey / south to the road. He could not risk / taking the footpath / even at night, / for again / he would be exposed / for several hundred meters. It was a clear, / moonlight night.

Roger knew that he had to leave the old barn before dawn if he were to escape his pursuers.

인명, 고유명사는 동그라미

우선 Roger와 일곱 번째 줄의 Bolster's Forest와 열세 번째 줄의 Roderick's Wood에 동그라미를 표시한다. 지문이 소설이면 인명과 고유명사에 동그라미를 치자.

Roger knew '로저는 알고 있다'에서 무엇을 알고 있는지는 that 이하에 나와 있다. he had to leave the old barn '그가 그 오랜 농가의 헛간을 나와야 한다'에서 had to는 knew와 같은 과거형이지만 우리말에는 시제의 일치에 관한 법칙이 없으므로 굳이 과거형으로 해석할 필요가 없다.

dawn은 '일출, 새벽'의 뜻이므로 before dawn는 '날이 밝기 전에'라는 뜻이다.

if he were to escape '만약에 도망가고자 한다면' his pursuers '그의 추격자들로부터'라는 문장으로, 로저가 도망자라는 것을 알 수 있다.

They were bound to search the barn in the morning.

단어와 숙어를 맛있게 먹자

be bound to ~라는 숙어는 '반드시 ~한다'라는 뜻으로 '그들, 즉 추격자는 반드시 그 헛간을 뒤질 것이 분명했다'라고 해석하자. be bound to라는 숙어를 '반드시 ~한다'라고 외워도 좋지만 bound 자체의 의미를 알아두는 것이 더 좋다.

bound의 현재형 bind는 '감다, 묶다'라는 뜻이고, 과거형과 과거분사가 bound '묶여 있는'이다. 이것은 실제로 끈이나 천으로 묶인다는 의미가 아니라 비유적인 의미로 '반드시 ~함이 틀림없는'이라는 의미이다. 그러므로 to search the barn '헛간을 조사'한다는 뜻과 합치면 '헛간을 조사할 것이 틀림없었다'라는 의미가 된다.

직독직해 tip

예를 들어 She thought that he was telling a lie에서 was는 thought와 시제가 일치하지만, 우리말로는 '그녀는 그가 거짓말을 하고 있다고 생각했다'라고 해석하는 것이 좋다.

직독직해 tip

단어를 외울 땐, 5회, 10회 반복해서 소리내어 읽는 것이 좋다. 슬래시를 넣어 의미구에서 끊은 후, 몇 번이고 반복해서 읽으면 반드시 영어실력이 향상된다.

in the morning '아침이 되면'은 아직 날이 밝지 않았다는 뜻이므로 before dawn과 관계가 있다.

It was warm in the hay and from the upper room of the barn he had a good view

직독직해 tip

일반적인 숙어로 쓰이는 것도 가능하면 각각의 표현의 기저에 있는 단어의 느낌을 파악하는 것이 중요하다. 그때는 항상 〈문자 그대로+비유적〉이라고 생각하자.

새로운 의미 파악

It was warm '그곳은 따뜻했다' in the lay '마른 풀 속' and from the upper room of the barn '그리고 헛간 위의 방에서' 라고 해석하고, he had a good view '잘 보였다'에서 끊어주자. 보통은 have a good view 다음에 of~가 와서 '~가 잘 보인다'의 형태로 쓰인다.

and could even watch the traffic crossing the bridge on the main road which was just to the southeast of the barn.

and could even watch the traffic에서 could watch의 주어는 he이다. 바로 앞의 had가 ①, could가 ②이고 그 두 개를 and가 연결하고 있다. the traffic은 해석하기 어려울 수도 있는데 '사람이나 자동차의 흐름'을 의미한다.

다시 문장을 살펴보자. crossing the bridge '다리를 건너다'의 주어는 traffic 이다. 따라서 '자동차들이 다리를 건너는 것마저 보였다'라는 뜻이다.

계속해서 이어지는 on the main road는 bridge에 대한 〈뒤에 놓인 형용사〉이고, which was just는 다음의 to the southeast라는 문장을 강조한다. 따라서 just to the southeast '정확히 남동쪽으로' of the barn '그 헛간의' 이라고 해석하면 된다.

직독직해 tip

여기서는 traffic이 추상명사이기 때문에 many가 아니라 much가 온다. 따라서 '이 부근은 교통량이 많다'는 표현을 영어로 하면, There is much traffic around here이다.

Beyond it was Bolster's Forest rising away to the south.

앞을 알면 뒤도 알 수 있다

Beyond it '그 다리 저편에는' was Bolster's Forest '볼스터의 숲이 있었다'는 V+S 형태로 도치 문장이다.

rising away는 Bolster's Forest에 대한 〈뒤에 놓인 형용사〉로 rise는 '증가하다, 떠오르다'의 의미이며 away는 '점점 멀어지는'의 뜻이다. 즉 다리 저편에 볼스터 숲이 있고 그것이 점점 떠오른다는 것이다. away를 다시 말하면 to the south '남쪽으로'라고 할 수 있다.

That was where he must go. He dared not go straight south to cross the road into the wood,

that은 Bolster's Forest를 가리킨다. that이 S이고, was가 V, where he must go는 보어로 그 볼스터 숲이 where he must go '그가 가야 하는 곳'이라는 의미이다.

dare는 '용감히 ~하다'라는 의미로 dared not go는 '굳이 위험을 무릅쓰면서까지 앞으로 나아가지는 않았다'이다. 뒤에 오는 straight south '똑바로 남쪽으로' to cross the road '도로를 가로지르다' into the wood '볼스터의 숲 속에'와 함께 해석하면 '숲으로 용감히 잠입하는 것은 불가능했다'가 된다. He dared not '굳이 그렇게 하려고 하지 않았다' 다음에 오는 것은 전부 하지 않는다는 뜻이다.

직독직해 tip

'~하는 것은 불가능했다'에 해당되는 표현이 바로 dared not to이므로 반드시 기억해 두자.

for there was little cover and the marshy area to the west of the river limited his approach and provided an extra hazard.

문장의 시작을 기억하자

for '왜냐하면'은 접속사로 앞의 문장을 보충 설명하고, there was little cover에서 little은 부정어이므로 '왜냐하면 우선 몸을 감출 장소가 없었으며'가 된다.

and the marshy area '그리고 늪지' 까지가 and 다음으로 이어지는 주어이고 그에 대한 〈뒤에 놓인 형용사〉가 to the west of the river '강 서쪽으로' 이다. 그것이 limited '제한했다' his approach '그의 접근을' and provided an extra hazard '또 다른 위험을 주었다' 라고 해석하자.

직독직해 tip

처음에 나온 어구를 기억하는 습관을 기르면 영어 실력이 확연히 달라진다. 종속절도 처음에 시작되는 접속사를 주절이 나올 때까지 확실하게 기억하면 독해가 쉬워진다.

He decided to run southeast to the footbridge and then head directly (1) across the field beyond and into Roderick's Wood

부사적 동격 앞에서 끊어주자

to 부정사 앞에서 끊는 것이 원칙이므로 He decided '그는 결심했다' 에서 끊는다. to run southeast '남동쪽으로 달려가겠다' 뒤로 이어지는 to the footbridge '인도교 쪽으로' 는 부사적 동격이다. footbridge는 차로 건널 수 있는 작은 다리를 의미한다.

그 다음에 나오는 and then '그리고 나서' head '머리' directly '직접적으로' 를 바로 해석하면 그 의미를 잘 알 수 없다. 여기서 힌트는 head가 동사라는 것이다. head는 '머리를 향하다' 라는 동사의 뜻이 있는데, 여기에서 파생되어 '(~를 향해) 나아가다' 라는 의미가 되었다.

직독직해 tip

and provided an extra hazard에서 provide는 '주다' 이고 hazard는 '위험' 을 뜻한다. extra는 '여분의, 추가의' 라는 의미로 어떤 A가 있고 거기에 추가해서 B가 있을 때 extra라고 말한다.

직독직해 tip

우선 대략적인 사항 southeast를 말해놓고, 그 다음에 구체적으로 to the footbridge라고 언급하는 영어의 흐름을 몸에 익히자.

and에 네모를 치고, and가 연결하는 run에 ①, head에 ②라고 표시하자. 그러면 '그는 결심했다' ① '남동쪽 인도교 방향으로 달리자' 그리고 ② '앞으로 똑바로 나아가자'는 뜻이 된다.

그리고 beyond 다음에서 끊자. the field beyond '저편에 있는 들판'에서 beyond는 〈뒤에 놓인 형용사〉로 the beyond field라고 하지 않고, the field beyond라고 한다는 것을 기억하자.

and의 앞이 인도교였다. 인도교까지 가서 across the field beyond로 곧장 나아간다는 것은 '인도교의 건너편에 있는 들판을 가로질러서'라는 의미이다. 더욱이 and into Roderick's Wood를 해석하기 위해 지도를 다시 보면, Y 위에 둥글게 나무 표시가 되어 있는 곳이 로드릭 숲인 것을 알 수 있다. 따라서 다리에서 로드릭 숲으로 가려면 '동쪽으로' 가로질러야 하므로 문제 5번의 정답은 ④의 east이다.

so that he would have cover for part of his journey south to the road.

숨은 뜻 찾기

so that he would have cover는 so that~ would 구문이므로 〈목적〉을 의미한다. 즉 '왜 로드릭 숲으로 들어갔는가, 그 목적은'이라고 연결하면 된다.

for part of his journey에서 journey는 원래 '여행이나 여정'이라는 뜻으로, 여기에서 그는 지금 헛간에 있고 몸을 숨겨 건너편의 길까지 무사히 도착해야 하므로, 이를 '여정'이라고 표현한 것이다.

for part of his journey '그 여정의 일부를 위해' south to the road '남쪽에 있는 도로에 도착하기까지의' 전 과정에서 숨을 만한 장소가 없는데, 로드릭 숲에 들어가면 '당분간' 숨을 장소가 생긴다는 말이다.

He could not risk taking the footpath even at night, for again he would be exposed for several hundred meters.

could not risk는 여섯 번째 줄의 he dared not와 비슷한 표현이다. 여기서 risk는 '그는 ~할 위험을 걸지 않았다' 라는 뜻이다. 그리고 taking the footpath는 '두렁길로 가다' 라는 뜻으로 지도에서는 Q에서 X로 향하는 점선으로 표시된 길이다. 즉 '두렁길을 택하는 것, 혹은 그 길을 통과하는 것'은 너무 위험해서 불가능했던 것이다.

그 다음 어구를 보면 even at night '밤이라도' for '왜냐하면' again '또 다시' he would be exposed '그가 발각될 수 있으므로' for several hundred meters '수백 미터 이내에' 라고 나와 있는데, 이것은 다리에서 X까지가 수백 미터 정도 되기 때문에 가는 도중에 사람들 눈에 띌 수도 있다는 뜻이다. 뒤에 오는 문장 It was a clear '매우 밝았다' moonlight night '달빛 비치는 밤'을 통해 밤이 되었는데도 달이 떠 있어 추격자에게 노출될 위험이 있었다는 것을 알 수 있다.

직독직해 tip

expose의 ex는 '바깥으로' 이고 pose는 '두다' 이다. expose는 바깥에 둔다는 의미로 '노출하다, 발각되다' 라는 뜻이 된다.

"That last dash / down to the road / is the most dangerous part," / he muttered / to himself. The only point / in his favor / was / that from the top of a very tall deserted windmill / not far / from the road / he would be able to watch / for the headlights / of any cars / approaching from the east / or the west. He would also have a clear view / of the bridge / and

> all the way back to the barn / if the men should come / before he got safely / into the Forest / heading (2).

"That last dash down to the road is the most dangerous part," he muttered to himself.

직독법의 묘미에 빠져봅시다

That last dash에서 dash는 100미터 달리기처럼 '전력질주'를 뜻한다. down to the road는 〈뒤에 놓인 형용사〉이므로 '도로로 뛰어 내려가는 마지막 전력질주'라는 의미이고, is the most dangerous part '가장 위험한 부분이었다' he muttered to himself '그는 중얼거렸다' 라고 해석하자.

The only point in his favor was that from the top of a very tall deserted windmill not far from the road he would be able to watch for the headlights of any cars approaching from the east or the west.

이 문장은 The only point '유일한 점은' in his favor '그에게 유리한' was that~ '다음과 같았다' from the top '꼭대기부터' of a very tall '매우 큰' deserted windmill '버려진 풍차가' 라고 바로 해석하자. 여기서 not far from the road는 windmill의 〈뒤에 놓인 형용사〉로 from the top ~windmill과 연결하면 '도로에서 멀지 않고 매우 높이 솟아있는 버려진 풍차 꼭대기에서는' 이 된다.

풍차 꼭대기에서 he would be able '할 수 있을 것이다' to watch for the headlights '헤드라이트를 보는 일을' 이라고 일단 해석하고 뒤에 오는 of any cars의 any는 해석하지 않아도 된다. cars는 명사, approaching from the east or the west는 〈뒤에 놓인 형용사〉로 그 자동차는 '동쪽이나 서쪽으로부터 접근해 온다' 라고 해석할 수 있다.

any와 even, ever 이 세 단어는 무리해서 해석하지 않아도 된다.

He would also have a clear view of the bridge and all the way back to the barn if the men should come before he got safely into the Forest heading (2).

가정법을 이용한 문장

He would에서 would를 쓴 이유는 그는 아직 헛간에 있고 거기에서 계획을 세우고 있기 때문에 가정법을 이용한 것이다. 가정 조건을 염두에 두고 해석하면 '만약에 거기 풍차 오두막집의 꼭대기에 서 있다면' 이 되고 He would also have a clear view '확실하게 보일 것이다' of the bridge '다리를' 이 된다.

> He would also have a clear view of the bridge
>   Ⓡ   ①
> and all the way back to the barn.
>   ②
>
> R + ① 에서 '다리가 잘 보인다'
> R + ② 에서 '헛간까지 되돌아오는 길이 잘 보인다'

여기에서 중요한 것은 a clear view(R)에 대해 of the bridge가 〈뒤에 놓인 형용사〉 ①이며, all the way back to the barn이 〈뒤에 놓인 형용사〉 ②라는 점이다. all the way는 back과 더불어 부사구로 to the barn을 수식하고 있다.
if the men should come에서 men은 his pursuers를 이르는 말로서 '추격

자들'을 뜻한다. '만일 추격자들이 다가오면' before he got safely '무사히 ~ 에 도착하기 전에' into the Forest '숲 속으로' 라는 의미이다.

그럼 문제 6번을 보자. heading (2)는 '(2)를 향해' 라는 뜻이므로 지도에서 '로드릭 숲' 에서 Z의 '볼스터 숲' 으로 갈 수 있는 방향은 아래쪽이다. 여기에서 아래쪽이란 남쪽이므로 (2)번에 들어갈 정답은 ②의 south이다. heading south는 '남쪽으로 향해', 혹은 '남쪽으로 향함에 따라' 의 의미이다.

> Roger breathed deeply, / tightened the straps / on his rucksack / and (3) the barn.

Roger breathed deeply '로저는 심호흡을 했다' tightened the straps '가죽끈을 묶었다' on his rucksack '그의 가방에 있는' 에서 on은 〈접속〉의 전치사이다. 그리고 and는 〈①, ②, and ③〉 패턴으로 breathed ①과 tightened ②를 연결하고 있으며, 다음에 올 동사 ③은 (3)에 넣으면 된다.

이 문장은 드디어 계획을 실행에 옮기는 장면이기 때문에, 문제 7번은 ①의 stepped out of the barn '헛간을 나온' 이 정답이다.

나머지 문제를 풀어봅시다

나머지 문제의 정답을 체크해보면, 문제 1번의 정답은 ④, 문제 2번은 ①로 Bolster's Forest가 목적지이므로 Roderick's Wood와 혼동하지 않도록 주의한다.

문제 3번의 the letter를 '편지' 라고 해석하는 사람도 있겠지만, 여기에서는 그렇게 하면 안 되고 '알파벳 문자' 로 본다. 따라서 ①이 정답이다.

문제 4번, 풍차의 위치는 Y라고 씌어진 곳이므로 정답은 ③이다.

문제 8번의 정답은 ②, 문제 9번의 정답은 ④의 trees이고, 문제 10번은 ④의 be put into plain sight이 정답이다. 여기서 sight는 사람의 '시야'를 뜻한다.

CHAPTER 06

연결마크

Lesson 6 다음 글을 읽고 질문에 답하시오.

Man, even in the lower stages of development, possesses a faculty which, for want of a better name, I shall call Number Sense. This faculty permits him to recognize that something has changed in a (가) collection when, without his direct knowledge, an object has been removed from or added to the collection.

Number sense should not be confused with counting, which probably comes at a much later stage, and involves, as we shall see, a rather intricate mental process. So far as we know, <u>counting is an attribute exclusively human</u>, whereas some brute species seem to possess an elementary number sense akin to our own. At least, such is the opinion of competent observers of animal behavior, and the theory is supported by a weighty mass of evidence.

Many birds, for instance, possess such a number sense. If a nest contains four eggs (A) can safely be taken, but when two are removed the bird generally deserts. In some (나) way the bird can distinguish two from three. But this faculty is by no means confined to birds.

To give another example, a landowner was determined to shoot a crow which made its nest in the watch-tower of his estate. Repeatedly he had tried to surprise the bird, but in vain : at the approach of a man the crow would leave its nest. From a distant tree it would watchfully wait until the man had left the tower and then return to its nest. One day the landowner hit upon a (다): two men entered the tower — one remained within, the other came out and went on. But the bird was not deceived : it kept away until the man within came out. The experiment was repeated on the succeeding days with two, three, then four men, yet without (라). Finally, five men were sent : as before, all entered the tower, and one remained while the other four came out and went away. Here the crow lost count, Unable to distinguish between four and five it promptly returned to its nest.

(릿쿄대학 문학부)

문 ① 본문의 빈칸 (가)~(라)에 적당한 단어를 아래의 보기에서 고르시오.

(가) ① big　② proud　③ rich　④ scarce　⑤ small
(나) ① devoted　② ridiculous　③ stupid　④ unaccountable　⑤ wise
(다) ① crow　② job　③ nest　④ shooting　⑤ trick
(라) ① adventure　② crow　③ five　④ sense　⑤ success

문 2 본문의 빈칸 (A)에 들어갈 적당한 말을 영어로 쓰시오.

문 3 본문의 밑줄 친 부분을 해석하시오.

문 4 아래의 내용이 본문의 내용과 일치하는지 판정하시오.
① 미개한 인간이라도 간단한 수적인 감각은 가지고 있다.
② 새가 어느 정도 수적인 감각을 가지고 있는지에 대해서는 전문가의 의견도 나뉘고 있다.
③ 지주는 그 까마귀가 다른 새의 알을 훔치기 때문에 사살하려고 했다.
④ 그 까마귀는 4와 3의 차이를 알고 있었다.
⑤ 그 까마귀는 영리해서 사람이 탑 안에 있는 동안은 절대로 탑으로 돌아오지 않았다.

Man, / even in the lower stages of development, / possesses a faculty / which, / for want of a better name, / I shall call / Number Sense. This faculty permits him / to recognize / that something has changed / in a (가) collection / when, / without his direct knowledge, / an object has been removed from / or added to / the collection.

(S / A / V / enables / ① / ② / R)

Man, even in the lower stages of development, possesses a faculty which, for want of a better name, I shall call Number Sense.

일단 Man에서 끊자. Man은 S이고 even in the lower stages of development는 〈뒤에 놓인 형용사〉이자 삽입구이고 possesses는 V이다. 이 순서는 영어의 〈SV감각, 뒤에 놓인 형용사〉의 전형적인 예이다. 영어에서는 S와 V 사이에 반드시 무엇인가 들어가야 하는데, 대부분이 〈뒤에 놓인 형용사〉이다. 이 경우는 even in the lower~ 부분이 삽입구이므로 부사적인 성분으로 보아도 좋다.

관사, 이젠 헷갈리지 말자

이 문장에서 Man은 앞에 관사가 없으므로 '인간' 혹은 '인류'라는 의미로 쓰였다.

그 다음에 이어지는 even in the lower stages of development는 어려운 부분이다. '낮은 발달 단계에 있는 (인간) 조차'라고 해석되는데, 편의상 부사적으로 번역하면 '보다 낮은 발달 단계에 있어서조차'가 된다. 일단 이어지는 문장을 보며 변화법이나 대조법을 이용해 의미를 유추해보자. possesses a faculty에서 possesses는 '소유하다'라는 의미이고 faculty는 '능력'이라는 뜻이다. faculty는 특히 타고난 '보고 듣는 능력'의 의미로 노력해서 몸에 익히는 능력을 가리키는 ability와 비교된다.

직독직해 tip

The man은 '그 남자'라는 뜻이며, A man은 '어떤 남자', 혹은 '어떤 사람'이라는 뜻이다.

삽입구는 건너뛰자

which, for want of a better name은 삽입구다. 해석을 하다가 삽입구의 의미를 모를 경우에는 그대로 건너뛰자. 이것이 직독법의 중요한 노하우이다.

I shall call을 앞의 which에 바로 대입해서 a faculty를 call의 목적어라고 보면, '이 능력을 나는 부를 예정이다'가 된다. 필자가 부를 예정인 Number Sense는 '수적인 감각'으로 인간의 숫자에 대한 감각을 가리킨다. 그럼 다시 for want of a better name이라는 삽입구를 보면, for는 〈원인〉을 나타내는 전치사이므로 '보다 좋은 이름이 없기 때문에'라는 뜻이 된다. 따라서 '마땅히 부를 이름이 없어서 나는 당분간 수적인 감각이라고 부르고자 한다'라고 해석할 수 있다.

직독직해 tip

for want of~ '~의 결여로 인해'에서 want는 '결여'라는 의미이고 여기에서 '~을 원하다'라는 동사가 파생되었다.

This faculty permits him to recognize that something has changed in a (가) collection when, without his direct knowledge, an object has been removed from or added to the collection.

직독의 테크닉

This faculty '이 능력이' permits him '그를 허용한다' 라고 단순하게 해석하자. 직독법의 테크닉은 일단 앞에서부터 순서대로 의미를 파악해서 조금씩 수정하는 것이다.

그 다음에는 to recognize가 이어진다. 순서대로 읽으며 누가 recognize '인식하는'지를 생각해보면 당연히 주체는 '그'이다. 따라서 '그가 인식하는 것을 허용한다' 라고 수정해서 해석하자.

permit를 여기서는 '허용한다' 로 보았지만 실제적인 의미는 enable '가능하게 하다' 라는 뜻으로 allow와도 비슷하다. 따라서 permit 밑에 enable이라고 쓴다. 되도록 '이 능력은 인간이 다음의 것을 인식하는 것을 가능하게 한다' 라고 해석하며 이 문장만으로도 이어질 내용을 대강 짐작할 수 있어야 한다.

하지만 that something has changed '무엇인가 변해버렸다' 만 보면 무엇을 말하려는지 알 수 없다. in a (가) collection에서 우선 빈칸 (가)를 지나서 in a collection '어떤 결합' when '어떤 때' without his direct knowledge '직접적인 지식 없이, 직접적으로 아는 것 없이' 까지 읽어도 무슨 말인지 잘 모를 것이다.

연결마크

an object '어떤 물체, 어떤 것이' has been removed '제외되었다' from~ '~로 부터' 그리고 or가 오고 added to라는 다소 어려워 보이는 문장이 이어진다.

일단 or에 네모를 치고 무엇과 무엇을 나열시키고 있는지 알아본다. added to는 removed from처럼 〈과거분사+전치사〉 형태이므로 added to에 밑줄을 긋고 ②라고 하고, removed from에 ①이라고 한다. the collection이 ①과 ②를 연결시키므로 그 밑에 R 마크를 넣는다.

> an object has been removed from or added to the collection
>   ①   ②   R

직독직해 tip

앞에서 a collection이 두 번 나와 있으므로 the collection으로 바뀐 점에도 주의하자.

그러면 ① → R, ② → R로 읽으면 되므로 어떤 것이 ① '그 결합 (R)에서 제외될 때' 혹은(or) ② '그 결합 (R)에 첨가될 때' 가 된다.

수동형 ⇌ 능동형

① remove A from B 'A를 B로부터 제외하다' 의 수동형은 A is removed from B로 'A가 B로부터 제외되다' 이다.

② add A to B 'A를 B에 첨가하다' 의 수동형은 A is added to B 'A가 B에 첨가되다' 이다.

직독직해 tip

small이나 large는 '수가 적고 많을 때' 쓰인다. 예를 들면 '다수의~'는 a large number of~이고 '소수의'는 a small number of이다.

그러면 문제를 풀어보자.

일단 (가)에는 수나 양의 많고 적음을 나타내는 big, small 중 하나를 넣어야 한다.

①의 big collection이라면 999개 있는 것이 998개로 줄었을 때 그 변화를 알기란 쉽지 않으므로 정답이 될 수 없다. ②, ③, ④는 의미상 통하지 않으므로, ⑤번의 small이 정답이다.

Number sense / should not be confused / with counting, /
which probably comes / at a much later stage, / and involves, /
  R   ①   B   ②
as we shall see, / an rather intricate mental process. So far as

> we know, / counting is a attribute / exclusively human, / whereas some brute species / seem to possess / an elementary number sense / akin to our own. At least, / such is the opinion / of competent observers / of animal behavior, / and the theory is supported / by a weighty mass of evidence.

Number sense should not be confused with counting, which probably comes at a much later stage, and involves, as we shall see, a rather intricate mental process.

Number sense '수적인 감각은' should not be confused '혼동되어서는 안 된다' 에서 동사가 수동 형태지만 반드시 〈confuse A with B〉라는 능동태 형태로 기억해둔다.

사전을 보면 confuse A with B는 'A를 B와 혼동하다'로 나와 있고, confuse는 단독으로 사람을 목적어로 취할 때는 '누구를 혼동시키다'라는 의미로 쓰인다.

여기서 confuse '혼동하다'는 수동태이므로 '수적인 감각이라는 것은 물건을 세는 counting과 혼동되어서는 안 된다'는 뜻이다.

관계사에 대한 중요한 생각

which probably comes에서 which에 네모를 치자. 명사 뒤에 놓이는 관계사는 그 명사를 보충 설명하기 위해 앞의 내용을 받아 '이유'를 설명하기도 한다.

이 문장에서는 수적인 감각은 counting '셈하기'와 혼동되어서는 안 되는데, 그 이유는 '수를 세는' 것은 comes '발생한다' at a much later stage '훨씬 이후의 단계에서' 이기 때문이라고 설명하고 있다.

대비해보면 알 수 있다.

a much later stage에 선을 긋고 B라고 쓴다. 본문 첫 번째 줄의 the lower stages of development 밑에 A라고 쓰자. 이것이 〈대조〉이다. 즉, A만을 봐서는 모르지만 B와 대비시키면 이 문장이 개인의 '신체적인 발달단계'에 대해 말하고 있다는 것을 이해할 수 있다. at a much later stage로 보아 수를 세는 것은 '훨씬 나중 단계에서' 발생하는 것임을 알 수 있다. 본문 첫 번째 문장에서 development는 아마도 개인의 발달 단계를 의미하는 듯하다.

삽입구는 일단 넘어가자

involve는 '휘말리다'라는 뜻인데, 우선 가장 손쉬운 and부터 분석해보자.
and에 네모를 치고 involves의 〈3인칭 단수의 s〉를 근거로 이외에 3인칭 단수의 s가 붙어 있는 동사를 찾아보면 comes가 있다. 따라서 comes가 ①, involves가 ②가 된다. 이 두 동사를 여섯 번째 줄 앞에 있는 which와 연결시키자. 따라서 and는 comes와 involves를 연결하고 있다. 공통항목 (R)에 해당하는 것은 which이고, '수를 세는 것'이라는 〈이유〉를 나타내고 있다.

as we shall see는 삽입 문장이므로 일단 지나쳐서 a rather intricate mental process '상당히 intricate한 정신적인 과정'을 필요로 한다고 해석하자.

intricate의 의미를 문맥상 유추해보면 '복잡한'으로 해석할 수 있다. complicated와 동의어인데, 어미의 발음이 비슷하기 때문에 그 의미도 거의 동일하다.

as we shall see는 '나중에 보는 바와 같이'라고 해석하면 된다. 이와 같이 여기에서의 as는 '~와 같이'라고 해석한다.

직독직해 tip

involve는 '안에 포함하다, 휘말리다'는 뜻에서 '~를 필연적으로 포함하다', 나아가 '필요로 하다'라는 의미가 있다.

So far as we know, counting is an attribute exclusively human, whereas some brute species seem to possess an elementary number sense akin to our own.

모르는 단어는 유추를 이용하자

So far as we know는 '우리가 알고 있는 한' 이라는 〈문장 앞에 오는 부사〉이다. 일단 counting is an attribute에서 끊고, attribute와 exclusively를 모른다고 가정하자.

모르는 단어가 나와도 유추를 이용하면 쉽게 답을 얻을 수 있다. 여기서 exclude의 ex는 출구를 의미하는 exit처럼 '바깥으로' 라는 뜻이고 clude라는 것은 close '닫다' 와 비슷한 의미이다. 따라서 exclude는 '내쫓다, 제외하다' 라는 의미이다.

exclude와 관련지어 exclusively를 생각해보면 '다른 것을 제외시켜서' 이므로 '오로지, 독점적으로' 라는 뜻이 된다. 따라서 exclusively human은 '다른 것을 제외한 인간적인' 이 된다.

exclude의 반대는 include 로 '안으로 끌어들이다' 라는 의미이다.

직독법 노하우1 – 변화법

attribute는 〈변화법〉으로 접근해보자. 이 문장의 주어는 counting이다. counting과 같은 의미로 이미 언급된 단어가 세 번째 줄의 Number Sense이다. 이 글에서 필자가 Number Sense라고 부른 것은 두 번째 줄에 나와 있는 faculty '능력' 이다. Number Sense는 하나의 '능력' 이고 counting은 그보다 고도의 또 다른 '능력' 이라고 볼 수 있다. 따라서 attribute도 '능력' 으로 해석해야 한다.

다음으로 exclusively가 '제외하다' 라는 동사 exclude에서 파생되었다는 사실을 몰랐던 사람도 최소한 이것이 부사이며, human을 강조하고 있다는 것만큼은 알아야 한다. 부사라고 하는 것은 정도를 나타내는 것이므로 일단 '상당히' 정도로 이해하고 '수를 세는 것은 상당히 인간적인 것이다' 라고 해석하자.

attribute는 명사, human은 '인간적인' 이라는 형용사이므로 〈명사+뒤에 놓인 형용사〉 패턴이다. 이러한 어순은 영어의 일반적이고 자연스러운 패턴이므로 꼭 기억하자.

직독법 노하우2 - 대조법

exclusively는 whereas와 관련이 있는데 whereas는 where+as가 합성된 단어로 '~에도 불구하고, 한편'이라는 뜻이며 앞 문장과의 〈대조〉를 나타낸다. some brute species와 exclusively human이 대조를 이루고 있다는 점을 알아둔다.

〈대조법〉을 통해 어떠한 것을 알 수 있는지 정리해보자.

> **대조법**
> 1. whereas(where + as)는 〈대비〉, 〈대조〉를 나타낸다.
> 2. some brute species ⟷ human
>   　　　　　　　　　　대비
> 3. 따라서, some brute species는 '인간'에 대비되는 '동물'을 이르는 말이다. '몇 개의 야만적인 종(種)'이라는 의미가 아니다.

exclusively human은 '다른 동물에게 없고 인간에게만 있는'이라는 의미이다. whereas 전후에 counting과 an elementary number sense는 서로 대비되는데, 전자는 인간에게만 있고, 후자는 동물에게서도 볼 수 있는 특성이라고 할 수 있다.

건너뛰어서 열다섯 번째 줄의 for instance '예를 들면'으로 가보자. some brute species의 구체적인 사례로 many birds '조류'를 들었으므로 brute species를 우리말로 옮긴다면 '동물'이 적당하다. 동물에 대한 비유적 표현이 some brute species인 것이다.

밑줄 친 부분으로 되돌아가면 exclusively '제외해서'는 '다른 동물에게는 없는'이라는 뜻이고 더 나아가 생각하면, '오로지 인간에게만 볼 수 있는 능력이다'라는 의미가 된다. 여기에 attribute의 '특성'이란 뜻을 추가하면 '수를 헤아리는 것은 오로지 인간에게 한정된 특성이다'라고 해석할 수 있다.

직독직해 tip

attribute '특성'이라는 말은 exclusively라는 단어와 매우 깊은 인연이 있다. 다른 것을 제외하고 있기 때문에 '특성'이라는 뜻이 된다.

명사+뒤에 놓인 형용사

다음으로 넘어가서 whereas '한편' some brute species '어떤 동물은' seem to possess '소유하고 있는 듯하다' an elementary number sense '초보적인 수적인 감각을' 이라고 해석하자.

여기서 number sense는 명사이고 akin to는 〈뒤에 놓인 형용사〉이다.

이처럼 〈명사+뒤에 놓인 형용사〉 형식은 〈앞에 놓인 형용사+명사〉보다 훨씬 빈도가 높다. akin은 to와 함께 쓰여 akin to~ '~에 유사한' 이라는 뜻의 형용사이다. 따라서 이 사이에 관계사가 생략되어 있다고 보는 것보다 〈명사+형용사〉 패턴으로 파악하는 것이 훨씬 효과적이다.

akin to our own 다음에 number sense를 보충해서 '우리들 자신의 수적인 감각과 상당히 유사하다' 는 뜻으로 초보적이기는 하지만 수적인 감각이 동물에게도 있는 것 같다는 말이다.

At least, such is the opinion of competent observers of animal behavior, and the theory is supported by a weighty mass of evidence.

간단명료! 단순명쾌!

At least '적어도' such is the opinion of competent observers는 '그러한 것이 전문가의 의견이다' 라고 바로 해석하자. 여기서 '전문가' 란 competent observers '우수한 관찰자' of animal behavior '동물 행동의', 즉 '동물학자' 나 '동물 전문가' 이다. 여기에서 such는 보어이고 the opinion이 주어이므로 이 부분은 도치구문이다.

여기서 theory는 '이론' 보다 '가설' 정도로 생각하고, is supported '지지받고 있다' by a weighty '유력한' mass of evidence '유력한 증거에 의해' 라고 해석하자.

mass는 '대량' 이라는 의미이지만 여기에서는 특별히 해석하지 않는다.

weighty mass를 빼고 보면 실제로는 supported by evidence는 '증거에 의해 지지받고 있는' 으로 해석된다. 굳이 무리하게 해석하지 말고 weighty mass를 그저 '무게가 실린' 정도로 보자.

> Many birds, / for instance, / possess such a number sense. If a nest / contains four eggs / (A) can safely be taken, / but when two are removed / the bird generally deserts. In some (나) way / the bird can distinguish two / from three. But this faculty / is by no means confined to birds.
>
> = tell

Many birds, for instance, possess such a number sense. If a nest contains four eggs (A) can safely be taken, but when two are removed the bird generally deserts.

문장 앞에 오는 부사 감각

for instance는 for example과 유사표현이다.

Many birds, for instance '예를 들면 많은 새들은' possess such a number sense '그러한 수적인 감각을 소유하고 있다' 라고 해석하자.

If a nest~에서 nest는 '새의 둥지' 라는 말로, 사람의 경우라면 home에 해당된다. contains에서 contain의 tain은 keep, hold의 의미로, maintain이라는 말도 여기서 생겨난 것이다. 따라서 contain은 '지니다' 라는 뜻이고 그 목적어가 four eggs이므로 그 둥지가 '4개의 알을 가지고 있다' 로 해석한다. 여기에서 일단 끊고 이것을 〈문장 앞에 오는 부사〉로 본다.

문장 앞에 오는 부사 감각

four eggs까지를 〈문장 앞에 오는 부사 감각〉으로 보고 슬래시를 넣으면 빈칸 (A)에는 조동사 can에 대한 주어가 들어가야 한다. (A)는 can의 주어이기 때문에 (A) can safely be taken은 'A가 무사히 취해질 수 있다' 라는 뜻이다.

우선 but '그러나'에 네모를 치고, when two are removed '2개를 빼면'에서 끊는다. 이것 역시 〈문장 앞에 오는 부사〉이다.

removed는 물론 taken의 변화법이고 the bird generally deserts는 '새는 대체로 둥지를 돌보지 않는다' 라는 뜻이다.

generally는 usually로 환언할 수 있으며 '대체로, 보통' 이라고 해석하자.

그럼 (A)에 들어갈 정답은 '두 개라면 틀릴 수도 있으나 한 개 정도라면 무사히 꺼낼 수도 있다' 는 의미가 되어야 하므로 one이다.

직독직해 tip

but이 있다는 것은 전후에 〈대비〉가 이루어지고 있다는 점을 기억한다.

In some (나) way the bird can distinguish two from three.

단어의 산화와 환언

In some (나) way에서 some은 '몇 개의' 라는 뜻이 아니다. some 다음이 복수형인 경우, 예를 들어 some books라면 '책 몇 권' 이지만, 〈some+단수형〉인 경우에는 '어떠한, 어느' 라는 의미이다. somebody의 some, someday의 some과 같은 용법이다.

In some (나) way에서 끊는다. '뭔가 (나)의 방법으로' 라고 해석되는 이 부분은 〈문장 앞에 오는 부사〉이다.

the bird can distinguish two from three '(새는) 2와 3을 구별할 수 있다' 에서 distinguish A from B라는 숙어는 tell A from B와 의미가 같다.

직독직해 tip

distinguish를 〈환언〉하면 tell, tell을 〈산화〉하면 distinguish이다. 이와 같은 방법으로 단어를 암기하자.

```
distinguish  A  from  B
환언 ↓ ↑ 산화                    'A를 B와 구별하다'
      tell  A  from  B
```

1번 문제를 풀기 전에 일단 (나)의 보기 ④ unaccountable의 account에 밑줄을 긋자. 이것은 '설명하다' 라는 뜻으로, accountable은 '설명할 수 있는' 이라는 뜻이고, unaccountable은 '설명할 수 없는' 이라는 의미이다.

그러므로 (나)에 unaccountable이 들어가면 In some unaccountable way '과학자들도 설명할 수 없는' 이라고 해석할 수 있다.

But this faculty is by no means confined to birds.

직독직해 tip

4개와 3개를 구별하는 것을 ⑤번 wise라고 하는 것은 무리다.

But this faculty '그러나 이 능력은' is by no means '결코 ~가 아니다' 라고 해석하고, confined에 밑줄을 긋는다. confine의 fine을 보고 finish '끝내다' 나, define '정의하다' 와 같은 단어를 떠올리자. –fine이라는 것은 원래 '경계, 한계, 끝' 을 뜻한다.

여기서 confine은 confined라는 수동형으로, 전치사 to와 함께 쓰이고 있으므로 반드시 능동형인 confine A to B 'A를 B에 제한하다, 한정하다' 의 형태로 기억하자. 그렇다면 이 문장은 능력은 단지 '새에게만 한정된 것은 아니다' 라는 뜻이 된다.

다음으로 넘어가자.

To give another example, / a landowner was determined / to shoot a crow / which made its nest / in the watch-tower / of his estate. Repeatedly / he had tried / to surprise the bird, / but in vain / : at the approach of a man / the crow would leave its nest. From a distant tree / it would watchfully wait / until the man had left the tower / and then return / to its nest. One day the landowner hit upon a (다) : / two men entered the tower / — one remained within, / the other came out / and went on. But the bird was not deceived / : it kept away / until the man within / came out. The experiment was repeated / on the succeeding days / with two, three, then four men, / yet without (라). Finally, / five men were sent / : as before, / all entered the tower, / and one remained / while the other four came out / and went away. Here / the crow lost count. Unable / to distinguish / between four and five / it promptly returned / to its nest.

Chapter 6 연결마크

To give another example, a landowner was determined to shoot a crow which made its nest in the watch-tower of his estate.

To give another example은 '또 다른 예를 들어보면' 이라는 뜻으로 독립부정사라고 부른다.

another는 an+other로 구성되어 있으므로 another example은 '처음과 다른 예' 라는 뜻이다. 처음의 예는 열다섯 번째 줄의 for instance로 처음 예를 든 후에 여기에서 두 번째 예를 들고 있다.

직독발상

a landowner '어느 지주가' was determined에서 determine은 타동사로서 '결심시키다' 의 의미지만, 여기에서는 과거분사형인 형용사로 봐도 된다. 그러므로 was determined는 '결의가 굳었다' 라고 해석할 수 있는데, 어떤 결의를 했는지를 생각하는 것이 직독발상이다. 여기서는 to shoot a crow '까마귀를 쏘아 죽이려고' 굳게 결의했다는 것을 생각할 수 있어야 한다.

which에 네모를 치고 그 기능을 알아보자. 여기서 which는 〈이유〉를 이끄는 관계사의 용법이다. 왜 까마귀를 죽이려고 결심했는지에 대한 이유를 설명하는 것이 관계사의 역할이다. 그 뒤의 문구는 which made its nest '둥지를 만들었다' in the watch-tower '망보는 탑 안에' of his estate '그의 소유지의' 라고 해석한다.

Repeatedly he had tried to surprise the bird, but in vain :

이 문장을 Repeatedly he had tried '몇 번이고 그는 시도했다' to surprise the bird '새를 놀라게 하려고' but in vain '그러나 허사였다' 라고 해석했다면

117

잘못된 해석이다. 여기서 surprise는 '놀라게 하다' 라는 의미가 아니라 소총을 가지고 '기습하다' 라는 뜻이다. 그래야 문맥이 자연스럽게 이해된다.

at the approach of a man the crow would leave its nest.

would의 용법

at the approach of a man은 〈문장 앞에 오는 부사〉로 '사람의 접근에 대해' 라고 해석해도 좋고 of를 〈주격의 of〉, at를 when으로 봐서 '사람이 접근할 때' (=when a man approaches)라고 해석해도 좋다.

the crow would leave its nest는 '둥지를 날아갔다' 라는 의미로 would에 네모를 치자. 여기서 would는 조동사로 과거에 있었던 반복적인 동작을 나타낸다.

직독직해 tip

at noon '점심시간 때' 에 쓰인 at은 시간적인 의미이고, I was surprised at the news에서 at은 '~에 대해' 라는 뜻으로 〈대상〉을 나타낸다.

From a distant tree it would watchfully wait until the man had left the tower and then return to its nest.

From a distant tree '멀리 떨어진 나무에서' 는 〈문장 앞에 오는 부사〉이고, it would에서의 would는 반복의 의미로 몇 번이나 그러한 일이 일어났다는 뜻이다. 이 문구를 바로 해석하면 watchfully '주의 깊게' wait '기다린다' until the man had left the tower '사람이 탑에서 멀어질 때까지' and then return to its nest '그리고 나서 까마귀는 둥지로 되돌아왔다' 가 된다.

One day the landowner hit upon a (다): two men entered the tower — one remained within, the other came out and went on.

One day '어느 날' the landowner hit upon에서 hit upon~은 '~를 문득 생각해내다' 라는 뜻이다. 따라서 (다)에 ⑤번의 trick을 넣으면 '어떤 속임수를 하나 생각해냈다' 라는 의미가 된다.

이어지는 문장도 바로 직독해보면, two men entered the tower — one remained within '두 명이 탑 안에 들어갔다가 한 명은 그 안에 남았다' the other came out and went on '다른 한 사람은 밖으로 나와서 가버렸다' 가 된다.

But the bird was not deceived : it kept away until the man within came out.

But the bird was not deceived '그러나 까마귀는 속지 않았다' it kept away '둥지에 가까이 다가오지 않았다' 라는 의미이다. 그 뒤에 이어지는 until the man within came out에서 the man은 명사로 주어이고 within은 〈뒤에 놓인 형용사〉로 '안에 있던 남자가 밖으로 나올 때까지' 라고 해석하자.

직독직해 tip

went on의 on은 〈계속〉의 의미로 멈추지 않고 그대로 가버렸다는 뜻이다.

The experiment was repeated on the succeeding days with two, three, then four men, yet without (라).

The experiment was repeated '그 실험은 반복되었다' on the succeeding days에서 succeed를 모른다고 해도 나머지 on the days만으로 며칠 동안이나 반복되었다는 것을 유추해 낼 수 있다. 이에 succeed가 '계속하다' 라는 의미이므로 '계속해서 며칠 동안이나' 라는 의미가 된다. with two, three, then four men이라는 것은 둘, 셋, 네 명으로 그곳에 보내는 사람의 수를 늘려갔다는 뜻이다.

변화법으로 풀어간다

yet without (라)의 괄호에 들어갈 정답은 ⑤번의 success이다. '성공하지 못했다' 라는 말에 점선을 그어준다. 이것은 열아홉 번째 줄의 but in vain의 변화법인 것이다. 따라서 in vain이 떠오르지 않으면 but without success나 yet without success를 대신 쓰면 된다.

Finally, five men were sent : as before, all entered the tower, and one remained while the other four came out and went away.

이 문구는 Finally '마지막으로' five men were sent '5명의 사람이 보내졌다' as before '이전과 마찬가지로' all entered the tower '전원이 탑에 들어갔다' and one remained '그리고 1명이 남았다' 라고 바로 해석할 수 있다.

그 다음에 이어지는 while은 접속사로 '한편' 이나 '그 동안' 이라고 해석할 수 있다. the other four came out는 '다른 4명의 사람이 밖으로 나왔다' 라고 해석하고, and went away에서 went away는 스물일곱 번째 줄의 went on의 변화법에 해당하는 표현으로 '가버렸다' 는 뜻이다. 즉 다른 사람은 나오고 한 명만 남아 있었던 것이다.

Here the crow lost count.

Here '이 시점에서' 는 〈문장 앞에 오는 부사〉이므로 끊어준다. the crow lost count '까마귀는 수를 알 수 없게 되었다' 에서 lost count도 하나의 관용구이다.

Unable to distinguish between four and five it promptly returned to its nest.

Unable to distinguish between four and five '4와 5의 구별을 못해서'에서 끊자. 이 역시 〈문장 앞에 오는 부사〉로 Unable은 '못하다' 라는 뜻이다. 이어지는 it promptly returned to its nest는 '까마귀는 재빨리 둥지로 돌아왔다' 라고 해석하자.

CHAPTER 07

변화법의 실마리 찾기

Lesson 7 다음 글을 읽고 질문에 답하시오.

The term president has its roots in America's colonial past. A president was the officer who presided over (A) councils. Later the word was used to describe the presiding officer in the sessions of the Continental Congress and in the Congress established by the Articles of Confederation.

But the presidency as it is now understood was really a creation of the Constitutional Convention of 1787. The framers of the Constitution saw the need for a president who would be elected separately from Congress and who would not only preside over the (B) branch of government but would also manage <u>crises</u>, direct the military in times of war, and serve as symbolic leader of the nation.

The original description of <u>the job</u> came about as a result of compromise. Some of the founding fathers wanted a presidency very close to a monarchy, with (C) powers and life tenure. Others, however, were distrustful of placing significant powers in the hands of one person and one office. Basically the fear of a monarchy growing up on

American soil guided the design of the U.S. presidency. In a sense the founders were not exactly sure how much power they wanted in the presidency. But if they created an office with limited powers, they well knew that there would be an (D) problem. This was because George Washington, the most likely person to be the first president, was an especially (E) person. The founders wanted a presidency that would stay clear of factions and parties, that would stay above the battle. A president, they decided, would enforce the laws passed by Congress, deal with foreign governments, and help the states put down disorders. They seemed to have in mind — and that is pretty much the way George Washington acted — that a president should be a temporarily elected king with substantial personal influence, acting above parties.

The delegates considered but rejected a collective or (F) executive. They considered but rejected tenure for life, or even a seven-year term for the office. The term would be for four years, with presidents able to seek reelection.

(아오야마학원대학 경제학부)

문 ① (A)~(F) 안에 들어갈 가장 적당한 형용사를 아래에서 고르시오.

① executive   ② extensive   ③ immediate
④ influential   ⑤ plural   ⑥ provincial

(※ 같은 단어는 한 번만 사용한다.)

문 ② 밑줄 친 (1) crises의 단수형을 쓰시오.

문 ③ 밑줄 친 (2) the job이 무엇을 의미하는지, 본문의 단어로 답하시오.

문 ④ 밑줄 친 (3) 을 해석하시오.

문 ⑤ 본문의 내용을 올바르게 전달하고 있는 문장을 하나 고르시오.

① 대통령이라는 말은 식민지 시대부터 오늘날과 동일한 의미로 쓰여지고 있다.
② 헌법 제정자들은 국회에서 대통령을 선발해야 한다고 생각했다.
③ 건국자들은 어느 정도까지 대통령에게 권한을 부여해야 좋은지 확실하게 알지 못했다.
④ 그들은 처음에 대통령의 임기를 7년으로 했으나 나중에 4년으로 바꾸었다.
⑤ 조지 워싱턴은 독재적인 대통령이 될 위험이 있었다.

The term president / has its roots / in America's colonial past. A president was the officer / who presided / over (A) councils. Later / the word was used / to describe the presiding officer / in the sessions / of the Continental Congress / and in the Congress / established / by the Articles of Confederation.

The term president has its roots in America's colonial past.

외래어는 그대로 속독

The term president 'president라는 말은' has its roots '근간을 두고 있다' 에서 roots는 문자 그대로 '뿌리' 라는 의미가 아니라, 비유적인 의미 '근원' 이라는 뜻이다.

in America's colonial past에서 colony는 '식민지' colonial은 colony의 형용사로서 '식민지 시대의' 라는 뜻이다. 따라서 '과거 미국의 식민지 시대로' 라는 뜻이다. 아직 미국이 식민지였던 그 무렵에 president라는 말이 근간을 두고 있다는 말이다.

직독직해 tip

The term president에서 term은 중요한 어구이자 여러 가지 의미를 담고 있으므로 반드시 사전을 찾아 확인하기 바란다. 여기에서는 '용어' 라는 뜻이지만, 이외에도 '기간, 임기, 조건' 이라는 의미도 있다.

A president was the officer who presided over (A) councils.

A president는 대표 단수로 'president라는 말은' 이라고 해석한다. 그 뒤에 나오는 officer는 일단 '오피서였다' 라고 외래어 그대로 속독하자.

Officer는 군대에서는 '장교' 라는 뜻으로, 관공서에서는 '고급 관리' 란 의미로 쓴다. 이에 대한 〈뒤에 놓인 형용사〉가 who presided over (A) councils 이다.

우선 presided over에서 preside라는 말은 원래 side에서 온 것으로 -side는 어원적으로 sit '앉다' 라는 뜻이다. pre는 '앞에' 라는 뜻이므로 preside는 '앞에 앉다' 라는 의미가 된다. 거기에서 나아가 '사회를 보다, 의장을 역임하다' 라는 의미가 된 것이다. '거주' 라는 뜻인 residence 역시 '앉다' 는 말과 관계가 있다.

사회자는 한 단 높은 곳에 있다는 듯의 물리적인 상하 관계가 아니더라도 집단 전체를 총괄하는 사람이므로 전치사 over와 함께 사용할 수 있다.

직독직해 tip

councils는 '평의회' 나 작은 '모임' 을 뜻하는 단어로 세 번째 줄의 sessions '모임, 회의' 와 유사하다.

일단 '(A)의 평의회 의장을 했다, 혹은 사회를 봤다' 라고 해석하자.

Later the word was used to describe the presiding officer in the sessions of the Continental Congress, and in the Congress established by the Articles of Confederation.

문맥을 파악하는 키워드

여기서 Later는 however나 but이라는 단어처럼 문맥을 파악하는 열쇠이다. Later는 이전에는 이러했는데 그것이 나중에는 이렇게 되었다는 〈대비〉 문장을 이끈다. Later가 오면 '나중에' 어떤 변화가 발생했다고 생각하자.

the word was used '그 말은 사용되었다' 의 the word는 첫 번째 줄의 The term의 변화법으로 term의 뜻을 몰랐던 사람도 두 번째 줄의 'the word' 가 president이니까 term도 단어라는 뜻이라고 유추할 수 있다.

to describe the presiding officer에서 presiding officer는 '의장' 이라고 해석한다. sessions는 '회의' 라는 의미이므로 in the sessions는 '의회의 의장' 이고 of the Continental Congress는 '대륙 의회' 라는 뜻으로 고유 명사이다. 각각의 단어가 대문자로 되어 있는 점을 체크하자.

and in the Congress에서 and는 ① in the sessions of~를, ② in the Congress~를 연결한다. 즉 in ①, and in ②의 의장을 역임한 사람을 가리킨다.

the Congress는 단순히 의회를 뜻하는 것이 아니라 미국 의회를 가리킨다. established 이하는 그 Congress라는 명사에 대한 〈뒤에 놓인 형용사〉로서 established는 과거분사로 '설립된, 만들어진' 이라는 뜻이다.

Article의 의미

Articles는 '헌법', Confederation은 '연방' 의 뜻으로 '연방 정부의 헌법' 이 된다. 따라서 established by the Articles of Confederation은 '연방 헌법에 의

해 만들어진, 제정된 의회' 라는 뜻이다. Articles를 지금은 '헌법' 이라고 해석했지만, 헌법의 각 조항을 가리키거나 헌법 자체를 뜻하기도 한다.

Later의 대비

Later를 다시 한번 살펴보자. Later 이후를 보면 알 수 있듯이 president라는 말이 '비교적 커다란 의회의 의장' 을 가리키는 말로 사용되고 있다. 그렇다면 이와 대비적으로 그 이전에는 비교적 '작은 의회' 의 의장이었음을 알 수 있다.

그러면 문제 1번의 보기를 보자. 보기의 예문 자체가 어렵기 때문에 단어의 뜻을 모르면 좀 힘들 수도 있을 것이다.

①의 executive는 '중역' 이라는 의미도 있지만, 여기에서는 '행정의' 라는 뜻이다. 사법, 입법, 행정 중에서 '행정' 을 가리키는 말이다.

②의 extensive는 extend '확장하다' 라는 동사의 형용사형으로 '광범위한, 폭넓은' 이라는 뜻이다.

③의 immediate는 immediately '바로, 즉시' 라는 부사의 형용사이다. '직접적인, 즉각적인, 바로' 라는 뜻이다.

④의 influential은 '유력한, 영향력 있는' 이라는 의미이다.

⑤의 plural도 상당히 중요한 단어로 '복수의' 라는 뜻이다.

⑥의 provincial은 province가 '지방, 속주' 라는 뜻이므로 '지방의' 라는 의미로 이것이 (A)에 들어갈 정답이다. 즉, 나중에는 커다란 의회의 의장을 의미하게 되었으나 처음에는 '지방의 평의회 의장' 이었다는 말이다.

직독직해 tip

Article은 기본적으로 '분리된 낱개' 라는 어감을 갖고 거기에서 여러 가지 의미가 파생된다. Article은 이외에도 '물품', '기사' 와 같은 중요한 의미가 많이 있다.

직독직해 tip

Later를 중심으로 생각해보면 이것으로 〈대비〉가 성립된다. 이러한 구성을 이해하기 위해서는 provincial이라는 단어를 알아야 한다.

> But the presidency / as it is now understood / was really a creation / of the Constitutional Convention / of 1787. The framers of the Constitution / saw the need / for a president / who would be elected / separately from Congress / and who would not only preside / over the (B) branch of government / but would also manage crises, / direct the military / in times of war, / and serve / as symbolic leader of the nation.

But the presidency as it is now understood was really a creation of the Constitutional Convention of 1787.

변화법에 의한 확인

But the presidency '그러나 대통령직은' 에서 the presidency는 'president의 지위는' 이라는 뜻으로 이 문장의 S이다. as it is now understood는 삽입으로, 뒤에 오는 was가 V이므로 S와 V 사이에 들어간 〈뒤에 놓인 형용사〉가 된다.

〈as+명사〉는 '~로서, ~로서의' 라는 뜻이 있는데, 지금의 경우는 〈as+절〉이지만 as의 기능은 거의 비슷해 '~와 같은 것으로서' 라는 뜻이다.

it은 the president를 가리키므로 '현재 이해되고 있는 의미에서의 president의 지위는' 이 된다. '오늘의 대통령직은' was really '사실을 말하면' a creation '산물, 창조물' 이다.

of the Constitutional Convention에서 Constitution '헌법' 의 형용사가

Constitutional이므로 Constitutional Convention은 '헌법제정의회' 로 해석한다.

따라서 이 문장은 현행의 대통령직은 '1787년의 헌법제정의회의 산물이었다' 즉 높은 정치가들이 모인 회의에서 탄생되었다는 것을 말하고 있다.

직독직해 tip

convene는 '모이다' 라는 의미의 동사이고, 명사형 convention은 '대회, 집회' 라는 뜻의 명사이다.

The framers of the Constitution saw the need for a president who would be elected separately from Congress and

이 문장은 The framers가 주어, of the Constitution이 전치사구로 〈뒤에 놓인 형용사〉이다. frame은 테를 의미하는 것으로 '기본 테두리' 이다. 따라서 framer는 '기본 테두리를 만드는 사람' 을 뜻한다. of the Constitution을 포함해서 '헌법의 기본 테두리를 만드는 사람' 이라고 해도 좋지만, '헌법의 입안자' 라고 해석하는 편이 좋을 듯하다.

존재의 see

saw the need에서 see는 〈존재의 see〉이기 때문에 '필요성을 보았다' 라고 해석하면 어색해진다.

영어에서는 무엇인가가 존재할 때, I see~라고 표현하는 경우가 있다. 예를 들면, '천장에 파리가 한 마리 붙어 있다' 를 영작할 때, 〈존재의 see〉를 알고 있다면 I see a fly라는 발상이 생긴다. 영어 그대로 보면 이것은 '나는 파리를 본다' 라는 뜻이지만 내가 본 시각에서도 파리 한 마리가 있는 상황을 충분히 표현할 수 있다. 그 다음으로 a fly '한 마리의 파리가' on the ceiling '천장에' 라고 연결하는데, 〈접속〉의 on을 이용해 천장에 붙어 있는 파리를 나타낸다.

직독직해 tip

〈존재의 see〉를 이용한 예를 들면, '가까운 장래에 불경기가 될 거라고 많은 사람들이 생각하고 있다' 를 Many people see a depression in the near future라고 간단히 말할 수 있다.
'중국이 좀더 변하기를 바란다' 의 경우도 I want to see a greater change in China라고 하면 된다.

슬래시를 넣으면 독해 끝

the need for a president는 '대통령의 필요성을 느꼈다' 는 뜻이다.

직독직해 tip

전치사 앞에 부사가 왔을 때, 전치사와 연결해서 부사 앞에서 끊는 경우가 있다.

who would be elected에서 would be는 동사이므로, who는 주격이다. separately from Congress에서 separately 앞에 슬래시를 넣는다. 전치사 from 앞에서 끊어버리면 elected separately '(의회에서) 분리되어 선출된다' 가 되어 의회에서 선출된다는 것인지 그렇지 않다는 것인지 헷갈리기 쉽다.

여기서 separately from은 하나의 문구를 이루고 있어 '의회로부터 독립해서' 대통령이 선출된다는 의미이다.

다음으로 이어지는 and에 네모를 친다. and의 연결 상태를 보면 바로 다음에 오는 who가 ②이고 그 앞줄의 who가 ①이다. R마크는 who ① 앞의 president에 넣어준다.

> R(선행사) + who ~ and who ~ 의 형태
>   ①   ②

who would not only preside over the (B) branch of government but would also manage crises, direct the military in times of war, and serve as symbolic leader of the nation.

who would not only에서 not only에 네모를 치고 나중에 but also가 나올 것이라는 것을 예측한다. 〈not only ~but also~〉가 나왔을 때는 전반에는 당연한 일, 후반에는 필자가 강조하고자 하는 말이 나온다.

not only preside over the (B) branch of government에서 preside over는 '지휘하다, 통솔하다' 의 뜻이므로 지휘할 뿐만 아니라 but 이하의 일도 행한다고 이해하자.

대통령은 행정부의 수장이므로 대통령이 지휘하는 것은 행정부문이다. 그렇다면 (B)에 들어갈 가장 적당한 형용사는 ①의 executive '행정의' 이다.

'행정부를 지휘하는 것뿐만 아니라' but would also '다음과 같은 것도 행

직독직해 tip

동사 execute는 '집행하다' 의 뜻이다.

한다' manage crises '위기를 관리한다' direct the military '군대를 지휘한다' in times of war '전쟁 중에' 라고 바로 해석하고 그 다음에 오는 and에 네모를 치고 and의 연결을 확인해보자.

not only A but also B

①, ② and ③

and의 전형적인 패턴으로 ①, ② and ③ 형태에 각각 해당하는 단어를 넣어 보면 ① '위험관리를 한다' ② '군대를 지휘한다' ③ '재직한다' 이다.

③은 serve as~ 이므로 '~로서 일한다' 라는 뜻이다. 뒤이은 문구를 해석하면 symbolic leader '상징적 리더로서' of the nation '국가의' 라는 뜻이 된다.

The original description / of the job / came about / as a result of compromise. Some of the founding fathers / wanted a presidency / very close to a monarchy, / with (C) powers and life tenure. Others, / however, / were distrustful / of placing significant powers / in the hands / of one person / and one office. Basically / the fear of a monarchy / growing up on American soil / guided the design / of the U.S. presidency. In a sense / the founders were not exactly sure / how much power / they wanted / in the presidency. But if they created an office / with limited powers, / they well knew / that there would be an

(D) problem. This was because / George Washington, / the most likely person to be the first president, / was an especially (E) person. The founders wanted a presidency / that would stay clear / of factions and parties, / that would stay / above the battle. A president, / they decided, / would enforce the laws / passed by Congress, / deal with foreign governments, / and help the states / put down disorders. They seemed / to have in mind / — and that is pretty much the way / George Washington acted / — that a president / should be a temporarily elected king / with substantial personal influence, / acting above parties.

직독직해 tip

description은 이미 본문 세 번째 줄에 나와 있는 describe의 명사형으로 '묘사'라기보다 '기술' 내지는 '정의'이다.

The original description of the job came about as a result of compromise.

original은 '원래의' 라는 뜻인데 The original description을 '원래의 묘사'라고 하면 해석이 이상하므로 description을 '정의' 정도로 의역하자.

the job은 변화법으로 두 번째 단락의 시작 부분에서 서술하고 있는 단어를 가리킨다. 따라서 the job은 다섯 번째 줄의 the presidency를 가리키는 것으로 문제 3번의 정답은 the presidency이다.

그 뒤의 문구 came about은 '발생했다'로, as a result of compromise는 '타협의 산물로, 타협의 결과로서'라고 해석하고 compromise에 네모를 치자.

compromise가 의미하는 것

우리말로 타협이라고 하면 왠지 패배적인 느낌을 주지만, 영어에서는 보다 건설적인 의미가 포함되어 있다. A라는 의견과 B라는 의견이 있고, 그 타협의 결과로 C라는 의견이 발생한다는, 매우 변증법적인 단어가 탄생하는 것이다.

Some of the founding fathers wanted a presidency very close to a monarchy, with (C) powers and life tenure.

some과 others

즉 compromise라는 단어를 보는 순간, 무엇과 무엇의 타협의 산물인지 생각해낼 수 있는 것이 매우 중요하다. 이것을 눈치 챈 사람은 Some of the founding fathers를 어떻게 해석할지만을 놓고 애먹을 것이 아니라, 이 문장과 열세 번째 줄의 Others로 이어지는 두 개의 문장을 한눈에 보며 두 문장의 대립을 눈여겨볼 것이다.

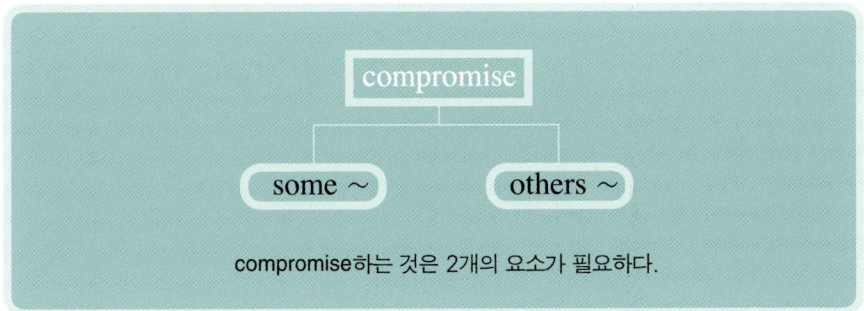

compromise하는 것은 2개의 요소가 필요하다.

compromise라는 단어가 나와 있는 이상 두 개의 의견이나 견해가 있는 것이므로 처음인 Some과 열세 번째 줄의 Others에 네모를 친다. compromise만으로도 알 수 있지만 여기서는 〈대비〉를 나타내는 however가 있어 상반되는 두 개의 견해가 있었다는 것을 의미한다. 이런 식으로 문맥을 파악해 가면 보다 쉽게 이해할 수 있다.

the founding fathers에 점선을 그어준다. '건국의 아버지들' 이라는 것은 변화법 차원에서 보면 여섯 번째 줄의 '헌법의 입안자들' 과 일맥상통한다. 따라서 독립 전쟁에서 공을 세운 군인들, 즉 각 주를 대표하는 사람들을 의미하는 것이다.

wanted a presidency는 '대통령직을 희망했다' 는 뜻이고 어떻게 라는 부분을 〈뒤에 놓인 형용사〉로 처리했다. presidency라는 명사에 대한 〈뒤에 놓인 형용사〉가 very close to a monarchy이므로 'monarchy에 매우 가까운 대통령직' 을 희망했다고 해석할 수 있지만, 해석하는 것뿐만 아니라 의미를 생각해볼 필요가 있다.

단어 추측하기

monarchy의 mono-는 '단일', 즉 '하나' 라는 뜻이고 -archy는 '정치제도' 를 의미한다. 따라서 한 사람이 나라를 다스리는 '군주제' 를 가리키는 것이다.

monarchy의 명사형은 monarch로, king, queen, emperor 등을 모두 포함한다. 그 권한은 매우 큰데 그 정도로 큰 권한을 가진 대통령을 희망했다는 뜻이다. 따라서 빈칸 (C)에는 '강력한' 이라는 의미와 가장 유사한 extensive '광범위한' 이 적당하다.

and life tenure에서 life는 '일생동안' 이고 tenure는 '직책에 있는 것' 이다. 즉, '광범위한 권한' 과 '평생 대통령직에 취임할 권리' 를 지닌다.

with는 having의 의미이다. 나중에 다시 나오겠지만, 특히 사람이 나오고 그 다음에 ~with가 오면 대부분 having의 의미로 '지닌다, 갖는다' 라는 뜻이다.

Others, however, were distrustful of placing significant powers in the hands of one person and one office.

Others, however '그러나 다른 사람들은' were distrustful '의심했다' of

placing '두는 것에' significant powers '권력을' in the hands of one person '단 한 사람의 손안에' 즉 권력집중을 의심했다는 말이다. 그리고 and one office에서 and가 연결하는 것은 the hands of person과 one office이다.

여기에서 office는 '사무실'이 아닌 '임무, 직책'이라고 해석한다. 그래서 one office는 '하나의 직책에' 라는 뜻이 된다.

Basically the fear of a monarchy growing up on American soil guided the design of the U.S. presidency.

목적격 of

Basically '기본적으로' 다음에 중요한 것이 하나 있다. the fear of a monarchy에서 끊고 growing up on American soil에서 다시 끊어준다. 이 문장은 fear가 주어이고, 〈뒤에 놓인 형용사〉가 이어지고 guided가 동사인 〈SV 감각〉의 기본 형식이다.

the fear of a monarchy에서 fear는 '공포' 가 아니라 '불안, 우려'라고 해석한다. 전치사 of 역시 〈목적격의 of〉로 '~을 무서워하는 것'이라고 해석한다. 그러므로 '군주제에 대한 불안감'이라는 의미가 된다.

a monarchy '군주제' growing up '증대해갔다' on American soil '미국의 토양에서' 즉 '미국에서 커져갔던 군주제에 대한 우려'가 guided the design '입안 설계를 이끌었다' of the U.S. presidency '미국 대통령직의' 라고 바로 해석하자.

In a sense the founders were not exactly sure how much power they wanted in the presidency.

In a sense '어떤 의미에서' the founders '건국자들은' were not exactly

sure '분명히 확신하지 않았다' how much power '어느 정도의 권한, 권력을' they wanted '자신들이 희망하고 있는지' in the presidency '대통령직 안에' 라는 의미는 다시 말하면 대통령에게 어느 정도의 권한을 부여해야 좋을지 알지 못했다는 것이다.

But if they created an office with limited powers, they well knew that there would be an (D) problem.

But '그러나' if they created an office with limited powers '제한된 권한만을 행사할 수 있는 대통령을 만들어낸다면' they well knew '그들은 충분히 알고 있었다' there would be an (D) problem은 '(D)의 문제가 발생할 것이라는 것을.' 그렇다면 (D)에 무엇을 넣으면 좋을까?

권한이 너무 커서는 안 되고 그렇다고 해서 권한이 너무 작아도 문제가 발생할 것이라는 뜻이다. 보기를 차례대로 넣어보면, ③의 immediate '즉각적인' 문제가 발생한다고 보는 게 좋을 듯하다. 즉, '직접적인 문제'가 발생한다.

This was because George Washington, the most likely person to be the first president, was an especially (E) person.

This was because '왜냐하면' George Washington '조지 워싱턴이라는 사람'은 the most likely person '가장 가능성이 높았던 사람' to be the first president '초대 대통령이 될'이라고 바로 해석하자. 그렇다면 이 말은 '유력한, 영향력 있는' 사람일 경우 그 권한이 제한 받으면 곤란하게 될 거라는 의미이므로, (E)에 들어갈 말은 ④의 influential이 된다.

The founders wanted a presidency that would stay clear of factions and parties, that would stay above the battle.

a+명사+that절

The founders wanted a presidency '건국의 아버지들은 다음과 같은 대통령직을 희망했다' 에서 a와 다음의 that에 네모를 친다. 여기에서 that절은 선행사를 〈한정〉하는 것이 아니라 종류를 나타내고 있다.

〈특성의 묘사〉나 〈종류〉를 나타내고 있는 경우에는 that절이 와도 관사는 a를 쓴다. 게다가 이 시점에서는 아직 대통령직이 확실하게 정해져 있지 않으므로 부정관사인 a를 썼다.

that would stay clear of factions and parties '파벌이나 정당과는 별개로 존재하는' 에서 일단 stay clear 다음에서 끊자.

이어지는 문장으로 그들이 대통령직으로 바랐던 것은 that would stay above the battle '파벌이나 정당의 당쟁에서 초월한' 이라는 것을 알 수 있다.

직독직해 tip

clear는 '떨어져있는, 별개의' 라는 의미이고 of는 '~로 부터' 의 뜻으로 from에 가깝다.

A president, they decided, would enforce the laws passed by Congress, deal with foreign governments, and help the states put down disorders.

decide의 용법

they decided는 삽입 형식이다. decide는 '결심하다' 라는 뜻이지만 여기에서는 '결정하다' 라고 해석하자. 그리고 decided that S+would [should]~의 형태를 확인하자. 이 would는 가정법이 아니라 decide라는 동사에 수반된 that절의 일부이다.

따라서 A president '대통령이라는 것은' they decided '그들은 결정했다' would enforce the laws '법을 집행한다' 라고 해석할 수 있다. the laws에 대

한 〈뒤에 놓인 형용사〉가 passed by Congress '의회에서 통과된' 이고, deal with foreign governments '외국 정부와 교류한다' and help the states에서 and에 네모를 치면 enforce가 ①, deal with가 ②, help가 ③으로 역시 ①, ② and ③의 패턴이다.

또한 help the states의 states는 건국 당시의 13개 주를 말한다. the states 밑에 (s), put down 밑에 (v)라고 쓰고 〈의미상의 SV 관계〉가 발생했다는 사실을 확인하자.

help의 목적어 다음에 의미상의 동사가 오면, '~를 돕는다' 를 수정해서 '~가 (S)~하는 (V) 것을 돕는다' 로 고쳐 생각한다. 따라서 대통령 직권으로 정한 것에는 '13개의 각 주가 동란, 폭동을 진압하는 것' 도 포함되었다.

They seemed to have in mind — and that is pretty much the way George Washington acted — that a president should be a temporarily elected king with substantial personal influence, acting above parties.

have in mind는 'A를 마음속에 두다' 라는 뜻으로, 여기서는 A에 해당하는 것이 두 번째 대시 (—) 뒤의 that 이하이다. 즉 They seemed to have in mind 는 They seemed to think '그들은 다음과 같이 생각했다' 로 바꿔 생각할 수 있다. 대시 다음에 어떤 문장이 있고 또 다시 대시가 오면 그것은 삽입이다.

that a president '대통령이라는 것은' should be a temporarily elected king '일시적으로 선출된 국왕이어야 한다' temporarily elected가 〈앞에 놓인 형용사〉인데 반해, with substantial personal influence는 〈뒤에 놓인 형용사〉 ①이다. with 밑에 ①이라고 하고 뒤의 acting에 ②라고 쓰면 '대통령은 상당히 개인적인 영향력을 가지고(뒤에 놓인 형용사①), 당파를 초월해서 행동하는 (뒤에 놓인 형용사②), 일시적으로 선출된 (앞에 놓인 형용사) 국왕이어야 한다' 가 된다. substantial은 '실질적인' 이라는 의미도 있지만 여기에서는 '상당히' 라는 뜻이다.

이제 대시 사이에 있는 삽입절을 살펴보면 that is pretty much '그것이 바로' the way George Washington acted '조지 워싱턴이 실제로 행동한 방식이다' 가 되는데, 바꿔 말하면 '실제로 조지 워싱턴은 그와 같은 행동을 했는데' 라는 문장이 삽입되어 있는 것이다.

> The delegates considered / but rejected / a collective or (F) executive. They considered / but rejected / tenure for life, / or even a seven-year term / for the office. The term would be for four years, / with presidents / able to seek reelection.

The delegates considered but rejected a collective or (F) executive.

The delegates '대표자들은' 의 delegates는 변화법으로 '미국 13개 주의 대표들' 이자 '건국의 아버지들' 이며 '헌법 입안자들' 을 뜻한다.

이처럼 여러 가지 표현을 고루 사용하는 것이 영어의 특징이다. 그만큼 단어가 많기 때문이다. The delegates considered but rejected '대표자들은 생각했다. 그러나 거부했다' 에서 but에 네모를 친다. 이 부분은 〈but의 분석〉에 해당되므로 ①이 considered, ②가 rejected이고 a collective or (F) executive 전체가 공동 목적어 R마크에 해당된다. 즉 이러한 것을 고려해보았으나 결국은 취하했다는 뜻이 된다.

> ### but 와 or 의 분석
>
> The delegates considered but rejected
> ①   ②
>
> a collective or (F) executive.
> 1'   2'   R'
>   Ⓡ
>
> (1) R이라는 것을 고려했으나 결국은 그만두었다.
> (2) R 중에서도 〈or의 분석〉을 할 수 있다. ①' 혹은 ②' 전체가 R'에 대한 〈앞에 놓인 형용사〉이다.
> (3) or는 '반대'의 의미가 아니라 '유사'한 것을 나열한다.
>   따라서 (F)에는 collective와 유사한 plural을 넣는다.

or의 분석

(F)의 풀이는 〈or의 분석〉으로 해결되는데, or에는 다음 두 가지 형태가 있다.

'A와 B가 정반대' 인 경우

'A와 B가 유사' 한 경우

〈정반대〉나 〈유사〉 둘 중의 하나로, 여기에서는 〈유사〉라고 보자. collective or (F)의 or는 '바꿔 말하면', '즉' 과 같은 의미이므로 '집합적인, 바꿔 말하면 (F)' 가 된다. 따라서 (F)에 들어갈 말은 collective에 가장 가까운 ⑤의 plural '복수의' 이다.

They considered but rejected tenure for life, or even a seven-year term for the office.

They considered but rejected는 앞 문장과 같다. tenure for life '종신 대통령' 에 대해서도 고려해보았으나 그만두었다. or even '혹은~조차' a seven-year term for the office '대통령직을 7년 임기로' 하는 것도 생각해보았으나 그것조차 그만두었다는 의미이다.

The term would be for four years, with presidents able to seek reelection.

The term would be에서 would에 네모를 친다. would만을 떼어서 해석하지 말고 본문 스물일곱 번째 줄의 they decided '건국의 아버지들은 결정했다'에서 그 decided의 영향이 아직까지 남아 있는 것으로 생각하는 것이 좋다.

The term would be four years는 '임기는 4년'이라고 해석하고 그 뒤에 나오는 with에 주목하자. 여기서 with는 전형적인 〈부대 상황의 with〉로 with X Y의 형태는 'X가 Y라는 상황에서'라고 해석한다. 즉 with presidents able to seek는 '단지' 부대 상황으로서 '대통령은 재선할 수 있는 것으로 한다'라는 의미가 된다.

CHAPTER 08
영문을 엮어주는 씨실과 날실

Lesson 8 다음 글을 읽고 질문에 답하시오.

A man of sixty has spent about twenty years in bed. It seems a lot. It seems a great waste of time. A man of the same age has spent over three years in eating. It seems a lot. It seems like greediness. But we need not be alarmed at these figures. I doubt if they really indicate either laziness or greed.

And as regards bed, the answer to all lamentations is that if the man had not spent the time in bed he would probably have spent it in some activity far worse. There are, I believe, idlers on earth, but they are not relatively numerous. <u>Leaving them out of count</u>(1), <u>I should say that people take the amount of sleep they instinctively need.</u> That is if they can get it ; which they often can't.

I do not deny that large numbers of persons could maintain health upon a smaller quantity of sleep than they permit themselves. Some of the most <u>ardent workers</u>(2) have contrived to exist richly on four hours' sleep in twenty-four ; though on the other hand some of the most ardent workers have been terrific sleepers. As a rule, if a man strongly wishes to accomplish big things he will cut down his sleep.

But the majority of us do not want to accomplish big things. We want an average quiet and secure life, and I do not see how we can be blamed for not wanting more than this. If we were all strivers, the general pace of indi vidual competition would merely be quickened, and mankind as a whole would be in the same case as nations who persistently arm against one another, and who are no safer when they expend 100,000,000 a day on defence than when they spend 100,000,000 a year to the same end. What is the point of depriving oneself of agreeable and harmless repose if one has no overmastering desire to use the saved hours in a particular way? A man might rise at six instead of at eight, only to find that he did nothing but kill time. This indeed has often happened. It is better to sleep than to commit murder.

(와세다대학 정경학부)

문 1 (1)을 해석하시오. 단, them의 내용을 명시하시오.

문 2 (2)와 같은 뜻의 한 단어를 본문에서 찾아 해석하시오.

문 3 (3)이 가리키는 것을 해석하시오.

문 ④ (4)를 영어로 표기하시오.

문 ⑤ (5)의 구체적인 내용을 10자 이내로 쓰시오.

문 ⑥ (6), (7)과 바꿔 쓸 수 있는 가장 적당한 말은 아래의 ① ~ ⑫ 중에서 고르시오.

① answer ② arm ③ blame ④ cut ⑤ desire ⑥ repose
⑦ rise ⑧ rule ⑨ sleep ⑩ use ⑪ want ⑫ waste

문 ⑦ 아래의 (a)~(t) 중에서 제 2음절에 강세가 없는 단어를 5개 고르시오.

(a) accomplish (b) activity (c) commit (d) competition
(e) contrive (f) defence (g) encouraging (h) indicate
(i) individual (j) instead (k) instinctively (l) maintain
(m) majority (n) numerous (o) oneself (p) particular
(q) persistently (r) relatively (s) secure (t) terrific

A man of sixty / has spent / about twenty years / in bed. It seems a lot. It seems / a great waste of time. A man of the  same age / has spent / over three years / in eating. It seems a lot. It seems / like greediness. But we need not be alarmed / at these figures. I doubt / if they really indicate / either laziness / or greed.

두 번째 단락의 lamentations로 이어진다

어법

A man of sixty has spent about twenty years in bed.

수정도 독해의 한 부분

일단 A man을 '어떤 남자' 라고 해석한 후 이상하면 수정하자. 그러면 A man of sixty '60세가 된 어떤 남자가' has spent '썼다' about twenty years '약 20년을' in bed '침대에서' 라고 해석하자. 즉 오랫동안 병에 걸려 20년 동안이나 병상에 누워있었다는 것을 예상할 수 있다.

It seems a lot. It seems a great waste of time.

It seems a lot '그것은 대단해 보인다' 라는 부분도 바로 느낌이 오지 않을 것이다. It seems a great waste of time '그것은 엄청난 시간의 허비라고 여겨진다' 에서 It이 가리키는 내용은 twenty years in bed '20년 간의 침대 생활' 이다.

A man of the same age has spent over three years in eating. It seems a lot. It seems like greediness.

A man '어떤 남자가' of the same age '같은 나이의' 에서 나이는 처음에 제시했던 60세를 가리킨다. 계속 해석해보면 has spent '허비했다' over three years '3년 이상을' in eating '먹으면서' 라고 해석할 수 있다. 이어지는 문장 역시 It seems a lot '그것은 많은 것처럼 보인다' It seems like greediness '탐식처럼 보인다' 라고 해석할 수 있다.

이제, 여기서 '어떤 남자' 라고 해석했던 A man을 일반적인 사람으로 수정하자. 이 문단에서는 우리가 인생의 3분의 1을 잠자는 것으로 보내고, 아침, 점심, 저녁을 먹는 시간을 합치면 3년이 넘는다는 것을 말하고 있다. 3년 동안이나 먹는다고 치면 그거야말로 탐식 같다는 의미이다.

직독직해 tip

over는 '~를 넘어서' 라는 의미로 more than으로 바꿀 수 있다.

But we need not be alarmed at these figures. I doubt if they really indicate either laziness or greed.

단락 구성의 패턴

But we need not be alarmed '그러나 우리는 놀랄 필요가 없다' at these figures '이러한 숫자에'라고 바로 해석하자. 그리고 첫 번째 문단의 마지막 문장을 보자.

I doubt는 '다음(=if 이하)을 의문으로 여긴다'는 뜻이다. if they의 they는 figures이므로 '이러한 숫자가' really '정말' indicate '나타내고 있는지'를 말하고 있다.

⟨either A or B⟩는 'A 혹은 B'라는 뜻으로, laziness '게으름'이거나 greed '탐식'을 가리키고 있는지 의문스럽다는 뜻이다.

suspect와 doubt의 용법

I doubt if는 I don't think와 동일한 표현으로 봐도 좋지만, 조금 더 공부해 보자.

다음 두 문장의 차이를 알아보자.

① I suspect that he is lying.

② I doubt that he is lying.

①은 '그는 거짓말을 하고 있는 것 같다'로 suspect는 feel에 가까운 어감이다.

②는 '그가 거짓말을 하고 있다는 것을 의심하다', 즉 '그가 거짓말을 하고 있지 않다고 생각한다'라는 의미로 deny에 가깝다. deny that~은 'that 이하의 것을 부정하다'는 의미이다.

따라서 ①과 ②를 환언해서 정리하면 다음과 같다.

① ≒ I think that he is lying.

② ≒ I don't think that he is lying.

즉, 내용적으로 보면 ①은 긍정, ②는 부정이다. suspect나 doubt 모두 '의심스러운' 느낌이 드는 단어지만 사실은 정반대이다.

직독직해 tip

단락 구성에서 흔히 볼 수 있는 논리의 전개 방식은 앞머리에 필자의 의견을 내놓는 패턴과 구체적인 숫자를 본론의 준비 단계로서 내놓고 나중에 필자의 논지를 밝히는 패턴이 있다. 여기에서는 후자에 해당해서 But 이하에 필자가 말하고자 하는 것이 명시되어 있다.

이에 또 하나 주의해야 할 것은 ②에서처럼 긍정문에서 '~는 의심스럽다'는 의미를 나타내고자 할 때는, doubt that~이라고 하지 않고 다소 완곡적인 표현인 doubt if~를 사용한다. doubt that~처럼 that를 사용하는 경우에는 '~란 있을 수 없다'의 의미로 매우 강한 불신을 나타내는 어감이 된다. 단, 부정문·의문문에서는, I don't doubt that it is true '그것이 진실이라는 것을 의심하지 않는다' 처럼 that을 사용한다. 꽤 까다로운 부분이지만 suspect와 doubt의 구별은 중요하므로 잘 암기해두어야 한다.

다시 본문으로 돌아와서, laziness는 무엇에 대응하고 있는가? 이것은 침대, 즉 수면을 가리키고 있다. 20년간 잠자며 보낸다고 해서 그것이 '게으름'을 의미하는 것은 아니며 또한 3년간 먹으며 보냈다고 해서 greed '탐식'의 개념으로 보아서는 안 된다고 필자는 주장하는 것이다.

And as regards bed, / the answer / to all lamentations / is that (구체적으로 말하면?) / if the man had not spent the time in bed / he would probably have spent it / in some activity (명) / far worse (뒤·형). There are, / I believe, / idlers on earth, / but they are not relatively numerous. Leaving them / out of count, / I should say / that people take the amount of sleep / they instinctively need. That is / if they can get it; / which they often can't.

And as regards bed, the answer to all lamentations is

as regards~는 '~에 관해서는'라는 뜻으로 about의 어려운 표현으로 자주 나오는 숙어이며 concerning~도 같은 표현으로 '침대에 관해 말하면', 즉 '수면에 관해 말하면'이라고 해석한다. 뒤에 오는 the answer가 S, to all lamentations가 〈뒤에 놓인 형용사〉, is가 V로서 〈SV감각〉이다.

lamentations의 의미를 알고 있는 사람이라도 사전에 나오는 식으로 '애도, 비탄'이라고 해석하면 '이러한 모든 비탄에 대한 해답은'이 되어 무슨 말을 하려는 건지 알 수 없게 된다.

변화법

첫 번째 단락에서 '비탄, 애도'와 비슷한 단어를 찾아보자. 첫째 줄의 It seems a lot. It seems a great waste of time에 점선을 긋고 거기에서 lamentations까지 화살표를 그어준다. 20년간이나 자고 있으니 상당한 시간의 허비이고 이것은 '비탄'한 일이라는 뜻이다. 그리고 세 번째 줄의 It seems a lot. It seems like greediness도 3년 동안이나 먹고 있으니 탐식이라고 할 수 있고 이 역시 '비탄'이다.

'비탄'이라는 뜻이라고 무조건 '모든 비탄에 대한 해답은'이라고 해석하지 말고 '수면과 식사에 대한 비난에 대한 해답은'이라고 해석하자.

해답은 that 이하에 나와 있다.

that if the man had not spent the time in bed he would probably have spent it in some activity far worse.

that if the man '가령 그 사람이, 좀 전의 60세의 사람이' had not spent the time in bed에서 the time은 첫 번째 줄의 20년간을 받고 있다. 그러므로 '만약에 20년 동안 자지 않고 보낸다면' he would probably have spent it '그는

아마도 시간을 보낼 것이다' in some activity '어떤 활동에' 라고 해석하고, activity 밑에 명사의 '명', far worse 밑에 〈뒤에 놓인 형용사〉의 '뒤·형' 이라고 쓰고 이 패턴이 얼마나 자주 발생하는지 주목한다.

사실 some far worse activity라고 해도 좋지만, 영어에서는 조금만 길면 형용사 성분은 뒤로 보내버리는 경향이 있다. '훨씬 더 나쁜 활동' 이 무엇보다 나쁘다고 비교하는지 살펴보면 '수면, 즉 잠자는 것보다 훨씬 나쁜 활동에 시간을 허비하게 될 것이다' 라고 나와 있다. 따라서 잠자지 않고 어차피 좋은 일도 못 한다면 차라리 잠자는 편이 낫다는 필자의 주장이 암시되어 있다.

직독직해 tip

〈뒤에 놓인 형용사〉 부분에는 일반적으로 형용사, 과거분사, ~ing형, 관계절, 전치사구, to 부정사 중에 하나가 온다.

There are, I believe, idlers on earth, but they are not relatively numerous.

I believe '내가 믿기로는' 라는 삽입 문장을 제외하면, There are idlers '게으름뱅이도 있다' on earth '지구상에, 세상에는' 이 된다.

but they의 they는 idlers이고, numerous는 '수가 많은' 이라는 형용사이다. 즉 '하지만 상대적으로 게으름뱅이의 수는 많지 않다' 가 된다.

Leaving them out of count, I should say that people take the amount of sleep they instinctively need.

문제 1번은 Leaving them out of count, I should say that people take the amount of sleep they instinctively need라는 문장을 'them의 내용을 명시' 해서 해석해야 한다.

여기서 them은 바로 앞 문장에 분명하게 있는 idlers '게으름뱅이' 이다.

leave A out of B는 'A를 B에서 제외시키다' 라는 숙어로, 여기서 leave는 '~의 상태로 두다' 이고 count는 '수를 헤아리는 것, 계산' 이라는 뜻이므로

'A를 계산(=B)에서 제외시키다, 계산에 넣지 않다' 라는 의미이다.

count를 사전에서 찾아보면 보통은 〈leave ~out of account〉로 되어 있다. 이 숙어와 정반대의 숙어는 take ~ into account '~을 계산에 넣다' 이다.

다음으로 세부적인 어구를 살펴보면, I should say는 하나의 정해진 표현으로 이것은 I think의 소극적인 표현으로 '생각한다, ~인 것 같다' 는 표현이다. 해석할 때는 '~라고 말하고 싶다' 로 해석하자. 이어지는 문장을 살펴보면, people take '사람들은 취한다' the amount of sleep '다음과 같은 양의 수면을' they instinctively need '그들이 본능적으로 필요로 하는' 이라는 의미가 되고, 이 부분이 바로 주절이다.

분사 구문

Leaving them out of count는 분사 구문이다. 분사 구문은 항상 주절에 대한 넓은 의미에서의 부대 상황을 나타낸다.

따라서 우선 주절의 내용을 보고 분사 구문의 내용을 보며 주절과 분사 구문이 어떤 관계에 놓여있는지 문장의 상황에 따라 판단할 수밖에 없다. 경우에 따라서는 〈시간〉의 의미로 쓰이기도 하고, 〈이유〉의 의미로 쓰이기도 한다.

이 경우에는 가정 조건으로 세상에는 게으름뱅이도 있지만 문맥상 '잠을 많이 자는 사람' 을 가리키는 '게으름뱅이' 를 계산에 넣지 않으면 '나는 ~라고 생각한다' 가 된다. 이것으로 밑줄 친 부분 (1)은 '게으름뱅이를 계산에 넣지 않는다면 사람은 자신들이 본능적으로 필요한 만큼의 수면을 취하고 있다고 나는 생각한다' 라고 해석된다.

That is if they can get it ; which they often can't.

that is if~

that is if~는 '그것은 즉 ~의 얘기지만' 이라는 표현으로 전체 문맥에서 보면, 게으름뱅이라고 할 만큼 잠자는 것을 좋아하는 사람을 제외하면 대부분의 사람은 본능적으로 필요한 양의 수면을 취하고 있다고 나는 생각한다. '단, 그러한 사람들이 그 만큼의 수면을 취하고 있을 때의 얘기지만' 이라는 뜻이 된다.

; which they often can't에서 can't 다음에 get를 보충해서 이해하자. which의 선행사는 it이고 it는 the amount of sleep~ 이므로 '그들은 종종 수면을 충분히 취하지 못했지만' 이 된다.

I do not deny / that large numbers of persons / could maintain health / upon a smaller quantity of sleep / than they permit themselves. Some of the most ardent workers / have contrived / to exist richly / on four hours' sleep / in twenty-four ; / though on the other hand / some of the most ardent workers / have been terrific sleepers. As a rule, / if a man strongly wishes / to accomplish big things / he will cut down his sleep.

무엇과 무엇을 비교하고 있는가?
(2) 변화법을 묻는 문제
대비의 세미콜론
반대
〈환언〉으로 보자
= reduce

I do not deny that large numbers of persons could maintain health upon a smaller quantity of sleep than they permit themselves.

I do not deny '나는 다음의 것을 부정하지 않는다' that large numbers of persons '많은 사람이' could maintain health '건강을 유지할 수 있다는 것을'

직독직해 tip

여기에서 smaller는 현실적으로 스스로 허용하고 있는 것은 7시간이지만 그보다 훨씬 적은 양, 예를 들면 4시간이나 5시간으로 건강을 유지할 〈가능성〉이 있다고 말하는 것이다.

에서 deny는 어법상 doubt와 바꿀 수 있다는 것은 이미 말한 바 있다.

smaller는 비교급 형태이므로 than을 의식해서 upon a smaller quantity of sleep는 '~보다 적은 양의 수면으로'라고 해석한다. 그리고 upon은 '~에 기초해서'라는 의미로 〈근거〉 혹은 〈의거〉를 나타낸다.

than they permit themselves는 '자신들에게 허용한 것보다' 적은 양의 수면으로라는 뜻이다.

비교급에 숨어 있는 영어식 사고

일단 〈비교급+than〉을 잘 모르면 무엇과 무엇을 비교하고 있는지를 파악한다. 또 하나 중요한 것은 could에 점선을 긋는다. 여기에서 could는 추상적으로 말하면 〈가능성〉을 나타내고, than 뒤의 they permit themselves '그들이 스스로 허용한다'를 추상적으로 말하면 〈현실〉을 의미하는 것이다. 즉 〈현실〉과 〈가능성〉을 비교하는 형식이다. 이처럼 영어에서는 흔히 〈현실과 가능성〉, 〈현실과 이상〉, 〈현실과 미래〉, 〈현실과 과거〉 등을 비교·대비하는 경우가 많다.

Some of the most ardent workers have contrived to exist richly on four hours' sleep in twenty-four

Some of the most ardent workers '가장 열심히 일하는 몇몇 사람들은' 부분에서 몇몇 사람이라고 해석했지만 실제로 수십 명이 될 수도 있고 수백 명이 될 수도 있다. 영어에서는 이 모든 것을 some으로 표현한다.

ardent workers는 '열심히 일하는 사람'이라는 뜻으로 여덟 번째 줄의 idlers와 반대되는 의미이다.

다음의 have contrived로 넘어가자. contrived는 '고안하다' 혹은 '짜내다'라는 의미지만, to 부정사의 경우에는 contrive to~ '궁리해서 ~하다'로 해석된다. 환언법에 의해 밑에 managed라고 써준다. manage to~는 '그럭저럭~하다, 어려움에도 불구하고 어떻게든 해나가다'이다. 여기에서는 매우 열심히 일하는 사람은 어떻게든 to exist '존재' 할 수 있다가 된다.

richly를 '부자들에게' 라고 해석하면 뒤의 표현 on four hour's sleep '4시간의 수면으로' in twenty-four '24시간 중에' 와 연결하면 이상해진다.

여기서 richly는 enough와 비슷한 뜻이다. 따라서 '부자로 지내는' 이 아니라 '훌륭하게, 충분히' 라고 해석하는 것이 자연스럽다. 24시간 중에 4시간의 수면으로도 '충분히' 생활할 수 있다는 뜻이다.

; though on the other hand some of the most ardent workers have been terrific sleepers.

세미콜론의 용법

여기에서 ;(세미콜론)의 역할은 〈대비〉이다. 대비라는 것을 확인하는 근거로 그 다음에 on the other hand '한편' 이라는 문구가 나와 있다.

though는 '단지' 라는 뜻으로 그 이하를 〈단서〉로 읽으면 직독할 수 있다. on the other hand '한편' some of the most ardent workers '매우 열심히 일하는 사람들 중에는' have been terrific sleepers에서 terrific sleepers를 주의 깊게 살펴보자.

형용사의 환언 방법

terrific sleepers는 단어 자체는 그다지 어렵지 않지만 그 뜻이 금방 생각나지 않는다. 우선, 이 terrific과 유사형인 terrible은 모두 terror '공포' 라는 말에서 파생된 형용사이지만 terrible은 항상 부정적인 개념인 반면 terrific은 항상 긍정적인 개념이다. 즉 terrific은 good, terrible은 bad로 환언할 수 있다.

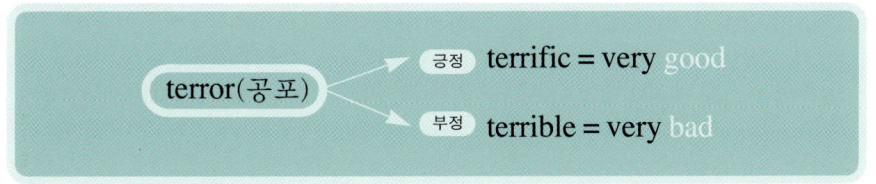

직독직해 tip

I feel terrible today라고 하면 몸 상태가 최악이라는 뜻이고, I feel terrific은 기분이 너무 좋을 때 쓴다.

그러면 terrific sleepers는 good sleepers이다. 열일곱 번째 줄의 four hours' sleep과 열아홉 번째 줄의 terrific sleepers에 반대를 나타내는 화살표를 연결한다. '4시간밖에 자지 않고도 열심히 일하는 사람이 있는 반면 일 잘 하는 사람 중에는 아주 많이 자는 사람도 있기는 하지만' 이라는 뜻이다.

As a rule, if a man strongly wishes to accomplish big things he will cut down his sleep.

이 문장은 As a rule '대체로' if a man strongly wishes '어떤 사람이 강하게 원하면' to accomplish big things '큰일을 달성하고 싶다고' he will cut down his sleep '수면을 줄일 것이다' 라는 뜻이다.

I do not deny와 스물한 번째 줄의 But에 네모를 치자. I do not deny로 시작하는 세 번째 단락은 〈양보〉이고 그에 반해 But이 있는 네 번째 단락이 필자가 말하고자 하는 부분이다. 따라서 수면은 줄이려면 얼마든지 줄일 수 있다, '그러나~' 로 이어지는 진행이다.

cut down은 숙어로 '삭감하다' 라는 뜻이다.

But the majority of us / do not want / to accomplish big things. We want / an average quiet and secure life, / and I do not see / how we can be blamed / for not wanting more than this. If we were all strivers, / the general pace of individual competition / would merely be quickened, / and mankind / as a whole / would be in the same case / as nations / who

(why와 바꿀 수 있는 how)
〈이유〉 '~라고 해서'
이것은 무엇의 변화법?
직독법으로 읽어라!

persistently arm / against one another, / and who are no safer /
　　　　　　　　　　　　　　　　　　　　　　　　　　② 　　강한 부정
when they expend 100,000,000 a day / on defence / than when
　　　　　　　　　(4)　　　　　　　　　　대응
they spend 100,000,000 a year / to the same end. What is the
　　　　　　　　　　　　　　　　　　(5)
point / of depriving oneself / of agreeable and harmless repose /
(6)
if one has no overmastering desire / to use the saved hours / in a
　　　　　　모르는 단어를 유추하는 방법은?
particular way? A man might rise at six / instead of at eight, /
only to find / that he did nothing / but kill time. This indeed / has
　　이것만으로도 '~이지만, 결국'이라는 어감이 있다　　(7)
often happened. It is better to sleep / than to commit murder.
　　　　　　　　　　　　　　　　　　　　　　드라마틱하게 연출된 결론

But the majority of us do not want to accomplish big things.

드라마틱하게 연출된 결론

이 문장은 But the majority of us '그러나 우리 중 대다수는' do not want to accomplish big things '큰일을 달성하고 싶어 하지 않는다' 라고 해석하자.

여기서 But는 직접적으로 열아홉 번째 줄의 As a rule '대체로' 에 호응하며, '대체로, 일반적으로 말하면, 뭔가 큰일을 하고 싶어 하는 사람은 수면을 줄일 것이다, 그러나~' 가 된다. 좀더 큰 안목에서 보면 열네 번째 줄의 I do not deny~에 연결되는 But이기도 한다. 즉, 세 번째 단락 전체가 〈양보〉, 그리고 네 번째 단락이 그에 대한 〈반론〉이다.

We want an average quiet and secure life, and I do not see how we can be blamed for not wanting more than this.

how를 why처럼

We want an average quiet and secure life는 '우리들은 평범하며 조용하고 안정된 삶을 원하고 있다' 라는 뜻이다.

뒤에 오는 how는 '어떻게' 라고 해석하면 의미가 통하지 않으므로 why처럼 생각한다. how we can be blamed for는 why we should be blamed for~ 라는 문장과 거의 동일하다. '왜 우리들이 비난받아야 하는지' 이해할 수 없다가 된다.

여기서 for는 〈이유〉를 나타내는 전치사로 비난받는 것에 대한 〈이유, 근거〉를 나타낸다.

not wanting more than this '이 이상의 것을 바라는 것이 아니다' 의 this는 '평범하고 안정적인 생활' 이다. 따라서 I do not see how~ 이하의 의미는 그 이상의 것을 바라지 않는다고 해서 왜 비난을 받아야 하는지 이해할 수가 없다, 그러한 것으로 비난받아야 되는 것은 아니지 않은가, 하는 반론이다.

If we were all strivers, the general pace of individual competition would merely be quickened, and mankind as a whole would be in the same case as nations who persistently arm against one another,

If의 가정과 주절

If we were all strivers '만약에 우리들 전원이 strivers라면' 에서 striver는 '노력하다, 분투하다, 최선을 다하다' 라는 동사 strive에 –er를 붙여 '노력하는 사람' 을 뜻한다. 이것은 ardent workers의 동의어이며, 여덟 번째 줄의 idlers의 반대어이다. 문제 2번은 변화법을 묻는 문제이고 정답은 strivers이다.

　the general pace '일반적인 페이스가' of individual competition '개인간의 경쟁의' would merely '단순히' be quickened '빨라질 것이다' and '그리고' mankind as a whole '전체로서의 인간, 인류 전체가' would be in the same case as nations '국가와 같은 경우에 빠지고 말 것이다' 에서 가장 중요한 것은 스물한 번째 줄의 and가 연결하고 있는 것이 If의 가정에 대한 두 개의 주절이라는 점이다. 즉 the general pace~ be quickened라는 문장과 mankind 이하의 문장 두 개가 주절을 이루는 셈이다. the same case as nations 다음에는 어떤 국가인지가 who로 연결되어 있다.

직독법의 위력

　직독법에서 너무 복잡한 문장이라면 who 이하는 일단 버리도록 한다. 그 국가란 who persistently arm '군비를 지속적으로 증강한다' 인데, 이때 arm은 '군비를 증강하다' 라는 동사이다. against one another '서로 대항해서' 에서 알 수 있듯이 서로 군비를 증강하는 국가, 군 확충에 열심인 국가와 같아진다는 말이다.

　본문 스물일곱 번째 줄의 and에 네모를 치고 무엇과 무엇을 연결하는지 살펴보자. 스물여섯 번째 줄로 올라가 '국가라는 것은 who ①이고 또한 who ②이다' 로 연결한다.

　국가는 군 확충을 계속하지만(who ① persistently~) 조금도 안전하지 않다(who ② are no safer~)라는 문장 형식인데, 이 부분을 잘 모른다면 who ②는 그대로 건너뛰고 앞으로 나아가도 된다.

직독직해 tip

차례대로 읽어 가는 것이 원칙으로, 뒤에서부터 앞으로 해석하지 않는다.

and who are no safer when they expend 100,000,000 a day on defence than when they spend 100,000,000 a year to the same end.

⟨no+비교급+than⟩의 처리

일단 no safer에 네모를 친다. ⟨no+비교급+than⟩은 기본적으로는 다음과 같다. ⟨no+비교급+than⟩의 형태에서 no는 다음의 비교급 단어를 강하게 부정하고 있다. 따라서 no safer는 '보다 안전한 것은 조금도 없다' 라는 뜻이다. when 이하는 숫자를 포함한 다소 불필요한 비교구문이다. than에 네모를 치고 than이 무엇과 무엇을 비교하고 있는지 파악한다.

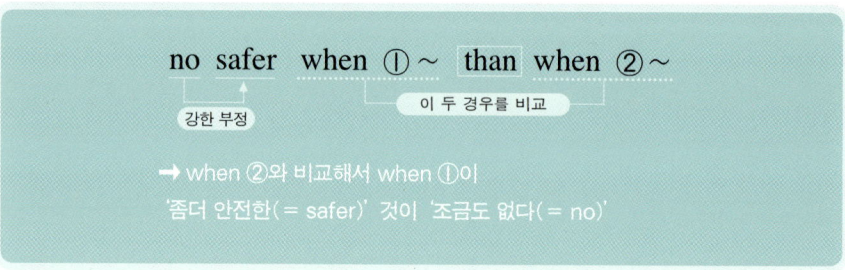

when ① 안에 expend가 있는데, 변화법으로 보면 when ② 문장에서의 동사 spend이다. 동사를 제외하면 when ①과 when ②는 완전히 동일한 문장이므로 expend와 spend는 같은 의미라고 파악할 수 있어야 한다. 지출을 영어로 expenditure나 expense라고 하는데, 어원은 spend '지출하다' 와 같다.

다음으로 100,000,000이라는 숫자는 공통이다. 그 다음의 a day에 주목하자. when ②에서는 그것이 a year로 되어 큰 차이를 보인다.

밑줄 (5)번의 to the same end '같은 목적에' 는 when ①의 on defence에 대응하는 표현으로 '국방에, 방위에' 라는 뜻이다.

그러면 다른 점을 살펴보자. when ①은 '하루에 1억의 돈을 국방비에 사용한 경우'로 그 단위는 달러든, 원이든, 파운드든 상관없다. when ②는 '1년간 1억의 돈을 같은 국방의 목적에 사용한 경우'이다.

즉, ①의 경우가 절대적으로 많은 액수의 돈을 국방비에 사용했다는 의미인데, 그만큼 막대한 방위비를 지출해도 불과 얼마 안 되는 액수를 지출하는 경우와 비교해볼 때, 그다지 다르지 않으며 결코 더 안전하다고는 볼 수 없다는 것을 의미한다.

If로 시작하는 이 문장을 직독법에 의거해서 두 개의 who절을 왼쪽에서 오른쪽으로 해석해 나가야지 이것을 nations에 걸어 '뒤에서부터 해석'하면 상당히 복잡해진다. 뒤에서부터 앞으로 오지 말고, 가능하면 '왼쪽에서 오른쪽으로' 읽어가자. 그것이 진정한 영어 실력을 키울 수 있는 방법이다.

What is the point of depriving oneself of agreeable and harmless repose

다음으로 넘어가서 What is the point of~ing '~하는 것이 어떠한 도움이 될까?' depriving oneself '자신들로부터 빼앗다' of agreeable and harmless '흔쾌하고 해가 없는' repose '휴식을' 이라고 바로 해석하자.

repose는 물론 '수면'의 변화법이다. 따라서 '즐겁고 아무런 해가 없는 수면을 스스로 빼앗았다고 해서 어떠한 도움이 되겠는가?' 라는 뜻이다.

if one has no overmastering desire to use the saved hours in a particular way?

desire는 '욕구'이고 overmaster는 '마스터하다, 정복하다, 이겨내다'라는 의미이므로 overmastering은 desire를 강조하는 표현에 불과하다. overmastering은 단어의 어감상 강한 쪽에 속하므로 '강력한 욕구'를 뜻한다.

어떠한 욕구인가? to use the saved hours '절약된 시간, 수면을 쪼갠 시간을 사용하는 것' in a particular way '특정한 방법으로' 이다. desire 앞에 no가 있으므로 '특별한 방법으로 자는 시간을 쪼개서 쓸 강력한 욕구가 없다면' 이 된다.

A man might rise at six instead of at eight, only to find that he did nothing but kill time. This indeed has often happened.

A man might rise at six '어떤 사람은 6시에 일어날지도 모른다' instead of at eight '8시에 일어나는 대신' only to find '그러나 결과적으로는 다음과 같은 것을 알게 된다' 라고 바로 해석하자. 이어지는 문구 that he did nothing but kill time에서 do nothing but~는 '~하는 것 이외에 아무 것도 하지 않다' 라는 뜻이므로 kill time과 함께 해석하면 '시간을 때우는 것' 이외에 아무 것도 하지 않는다면 시간을 쓸데없이 허비하는 것이 된다.

이어지는 문장은 This indeed '이러한 것은 분명히' has often happened '종종 일어났다' 라고 해석하자.

It is better to sleep than to commit murder.

결론의 연출법

It is better '더 낫다' to sleep '잠자는 편이' than to commit murder '살인을 저지르는 것보다' 에서 갑작스럽게 살인이라는 단어가 나왔는데, 이것은 아홉 번째 줄에서 잠자며 보내지 않았다면 아마도 some activity far worse '수면보다 훨씬 나쁜 활동에 시간을 허비하게 될 것이다' 에서 이미 언급한 내용과 상통한다.

수면보다 더 나쁜 활동의 예로, 최악의 극단적이고 구체적인 commit murder '살인을 저지르다'를 들어 결말을 맺고 있는 것이다.

CHAPTER 09

'해석'을 넘어 '감상'으로

Lesson 9 다음 글을 읽고 질문에 답하시오.

The traveler used to go about the world to encounter the natives. A function of travel agencies now is to prevent his encounter. They are always devising new ways of insulating the tourist from the travel world. In the old traveler's accounts, the old colorful native innkeeper, full of wise advice and political lore, was a familiar figure. Now he is obsolete. Today on Main Street in your home town you can arrange transportation, food, lodging and entertainment for Rome, Sydney, Singapore, or Seoul.

No more bargaining. A well-planned tour saves the tourist from negotiating with the natives when he gets there. One reason why returning tourists nowadays talk so much about and are so irritated by tipping practices is that these are almost their only direct contact with the people. Even this may soon be eliminated. The Travel Plan Commission of the International Union of Official Travel Organization in 1958 was studying ways of standardizing tipping practices so that eventually all gratuities could be included in the tour package.

Shopping, like tipping, is one of the few activities remaining for the tourist. It is a crack in the wall of prearrangements which separates him from the country he visits. No wonder he finds it exciting. When he shops he actually encounters natives, negotiates in their strange language, and discovers their local business etiquette. In a word, he tastes the thrill and trivial things the old-time traveler once experienced all along the way — with every purchase of transportation, with every night's lodging, with every meal.

(게이오대학 이공학부)

● 문제의 내용과 일치하도록 다음의 보기 중에서 하나를 고르시오.

문 ❶ According to the passage, the colorful native innkeeper has been made obsolete by _____

① the travel pamphlet.
② the travel agency.
③ the experienced traveler.
④ the native shopkeeper.
⑤ an international commission.

문 ❷ According to the writer, one of the purposes of the modern preplanned tour is to _____

① save money for the tourist.
② leave the tourist time for spontaneous activities.
③ protect the tourist from supposed inconveniences.

④ provide pleasures unknown in the tourist's native country.

⑤ prevent the tourist from being victimized by greedy hotel employees.

문 ❸ The author suggests that tourist shopping _____

① will soon be eliminated.   ② is a source of annoyance to travelers.

③ provides a chance to meet the unexpected.

④ should be prearranged.   ⑤ has become too standardized.

문 ❹ The passage suggests that travel today has become _____

① the letter W.   ② the letter X.   ③ the letter Y.   ④ the letter Z.

문 ❺ According to the passage, which statement is true?

① Tourists prefer to determine personally the amounts they will give in tips.

② Tourists will tend to reject the services of travel agencies in the future.

③ Americans are traveling greater distances today than formerly.

④ Travel agencies are comparatively modern institutions.

The traveler / used to go about the world / to encounter the natives.
   = around

A function / of travel agencies now / is to prevent his encounter.

They are always devising new ways / of insulating the tourist / from

the travel world. In the old traveler's accounts, / the old colorful

native innkeeper, / full of wise advice and political lore, / was a

familiar figure. Now he is obsolete. Today / on Main Street / in your

home town / you can arrange transportation, / food, / lodging / and

entertainment / for Rome, / Sydney, / Singapore, / or Seoul.

The traveler used to go about the world to encounter the natives.

갑자기 나온 the는 '그'가 아니다

The traveler의 의미는 크게 '그 여행자' 혹은 '여행자'라는 총체적인 표현으로 나눈다. 여기에서는 후자에 해당된다.

보통 구체적인 것은 a가 먼저 나오고 두 번째부터 the라는 관사로 명사를 지시하는데 처음부터 The가 나왔다면 총체적인 용법이라고 생각하자.

뒤에 나오는 about는 around와 거의 동일한 의미이다. 따라서 go about the world는 '전 세계를 여행하며 돌아다녔다'라고 해석한다.

to encounter the natives에서 encounter는 '우연히 만나다'이고 natives는 '원주민' 대신 '그 나라 사람들'이라고 해석한다.

직독직해 tip

the+X '소위 X라고 불리는 것'은 종족 전체를 대표하는 용법으로 일반적인 '여행자'를 의미한다.

A function of travel agencies now is to prevent his encounter.

A function of travel agencies now '현재 여행사의 기능은'에서 now는 〈뒤에 놓인 형용사〉로 '현재의'라는 의미지만 부사적으로 '현재'라고 해석해도 상관없다. is to prevent his encounter는 '이 여행자의 만남을 방해하는 것이다'라고 해석한다.

They are always devising new ways of insulating the tourist from the travel world.

They are always devising new ways '그들은, 즉 여행사는 항상 새로운 방법을 생각해내고 있다' of insulating the tourist에서 insulate A from B는 'A

를 B에게서 차단하다'라는 뜻으로 하나의 비유적인 표현이다.

변화법의 실마리를 잡아라

tourist '여행자를' from the travel world '여행의 세계로부터' 단절시키는 방법을 항상 생각해내고 있다는 필자의 말에서 여행사에 대해 비교적 나쁘게 생각한다는 것을 파악해야 한다.

직독직해 tip

tourist는 첫 번째 줄의 traveler의 변화법이다.

In the old traveler's accounts, the old colorful native innkeeper, full of wise advice and political lore, was a familiar figure.

accounts 역시 단어의 문제이다. '회계' 혹은 '계산' 이라는 뜻도 있지만, 여기에서는 '여행기' 라고 보자. 따라서 In the old traveler's accounts는 '오래된 여행기에 있어서' 가 된다. accounts의 보다 중요한 부분은 다섯 번째 줄의 Now he is obsolete와 이어지는 Today라는 표현이다.

이제는 외울 때도 된, 변화법과 대조법

이번 챕터의 구체적인 테마는 변화법과 대조법이다. 우선 old에 네모를 치자. 이 문단은 두 번째 줄의 now에서 현재 여행사가 어떠하다는 것을 말하고, 그 다음 old에서 옛날에는 어떠했다는 것을 말하다가, 다시 현재로 얘기가 돌아와 있다. 즉 현재의 사항을 말하고 예전의 일을 인용하고 그리고 다시 현재와 비교하고 있다.

the old colorful native innkeeper에서 old는 '나이가 든' 이라는 의미만이 아니라 '그리운', '그', '익숙한' 의 어감이 있고, colorful은 '색채 풍부한, 생생한, 살아있는 색채의' 라는 뜻이다. 따라서 여행기에 생생하게 그려져 있던 native innkeeper '현지 숙소 주인' 이 주어이고 full of wise advice and political lore는 〈뒤에 놓인 형용사〉이며 was가 동사이다. 다시 한번 말하지만

Chapter 9 '해석'을 넘어 '감상'으로

SV감각은 직독법의 기본이다.

현대의 travel agencies에 해당하는 것이 예전에는 innkeepers였다는 대비도 잘 기억해두자.

즉 이 숙소의 주인은 현명한 충고를 해주거나 정치적인 lore '지식'으로 가득하다는 의미가 된다. 이어지는 was a familiar figure에서 familiar는 '친숙한, 익숙한'이라는 뜻으로 old와 비슷한 단어(변화법)이고 figure는 '인물'이라는 의미이다.

Now he is obsolete.

대조법으로 모르는 단어를 알 수 있다

obsolete라는 단어를 모른다면 대조법으로 의미를 유추해나가자. Now가 old와 〈대비〉를 이루고 있으므로 우선 obsolete에 반대되는 단어를 찾아보면 다섯 번째 줄의 familiar이다. 따라서 familiar의 의미를 알면 그 반대말인 obsolete도 알 수 있다. 예전에 자주 본 익숙한 모습이었으나 지금은 '낯설다' → '지금은 이미 찾아볼 수 없다'라는 것을 대조법에 의해 유추해낼 수 있다. 그러므로 obsolete는 '소용없게 된, 쓰지 않는'이라는 의미이다.

Today on Main Street in your home town you can arrange transportation, food, lodging and entertainment for Rome, Sydney, Singapore, or Seoul.

Today는 now를 바꿔 말하며 현재의 상황을 더욱 자세하게 서술한다. on Main Street는 구체적인 고유명사라기보다 '중심 거리'라는 의미이고 in your home town '당신 마을의 중심 거리에서'까지 이어서 '번화가'를 가리킨다.

you can arrange transportation은 교통과 관련된 표현이다. 교통수단을 arrange하는 것은 '비행기나 열차표를 사거나 교통편을 알아보는 것'을 의미한다. 그 다음 food는 '식사', lodging은 '숙소', entertainment는 '오락' 이다.

for는 〈목적〉으로 보면 된다. Rome, Sydney, Singapore, or Seoul은 읽으면서 그대로 '로마나 시드니, 싱가포르, 혹은 서울 같은 곳에 가더라도' 라고 해석해도 좋지만 '세계 어디서나'로 해석하는 것이 더욱 자연스럽다.

No more bargaining. A well-planned tour / saves the tourist / from negotiating / with the natives / when he gets there. <u>One</u> (S) <u>reason</u> / why returning tourists nowadays / talk so much about / [and] are so irritated by / tipping practices / <u>is</u> that these are / (V) almost their only direct contact / with the people. Even this / may soon <u>be eliminated</u>. The Travel Plan Commission / of the
= removed, abolished
International Union / of Official Travel Organization / in 1958 / was studying / ways of standardizing tipping practices / so that eventually / all gratuities could be included / in the tour package.

(이 and는 무엇과 무엇을 연결하고 있는가?)

No more bargaining.

No more의 변화법

No more bargaining은 문법적으로 따져보면 There is가 생략된 형태이지만·직독법에서는 주제가 바뀐 것으로 파악해야 한다.

no more '이미 ~는 아니다' 와 가까운 표현을 첫 번째 단락에서 찾아보면 다섯 번째 줄의 obsolete '소용없게 된' 이다.

첫 번째 단락에서는 예전의 친근한 숙소 주인은 오늘날 찾아볼 수 없게 되었다고 했고. 두 번째 단락에서는 bargaining도 이미 보이지 않게 되었다고 말하고 있으므로 obsolete와 No more가 변화법으로 연결되어 있는 것이다.

A well-planned tour saves the tourist from negotiating with the natives when he gets there.

A well-planned tour는 '잘 준비된 여행은' 이라는 의미이고, save A from B는 'A를 B로부터 구하다' 라는 숙어다.

따라서 saves the tourist from~은 '여행자를 ~에서 구해주었다' 는 뜻이다.

negotiating '교섭하다' 는 bargain의 변화법이고 with the natives는 '그 지역의 사람과', when he gets there는 '그 지역에 도착했을 때' 라고 해석하면, 예전에는 일일이 가격을 흥정해야만 했다는 사실을 알 수 있다.

One reason why returning tourists nowadays talk so much about and are so irritated by tipping practices is that these are almost their only direct contact with the people.

One reason '하나의 이유는' 은 S, 열한 번째 줄의 is는 V, 그 후에는 is that 으로 연결된다는 점을 파악하자.

> **One reason / why S + V / is that ~**
> S　　　뒤에 놓인 형용사　　V

　One reason why returning tourists nowadays에서 returning은 한 단어로 해석할 수 없기 때문에 '외국에 나갔다가 다시 돌아오는 최근의 여행객이'라고 전체적인 의미를 파악하도록 한다.

　talk so much about and are so irritated by 부분에서는 원칙적으로 전치사 앞에서 끊도록 되어 있지만 여기에서는 전치사 뒤에서 끊는다. 그 이유는 이 표현이 공통 관계, 공통 구문이기 때문이다.

and의 분석

> ~returning tourists nowadays talk so much about
> ①
> and are so irritated by tipping practices
> ②　　　　　　　　　R
> 〈and의 분석〉에서 공통 관계를 파악한다.

　talk so much about에 밑줄을 긋고 ①이라고 쓰고 are so irritated by에 밑줄을 긋고 ②라고 하자. 이것을 tipping practices와 연결시키면, talk so much about tipping practices and are so irritated by tipping practices가 된다. 즉 본국으로 돌아오는 여행자가 팁의 관습에 대해 얘기하는 것, 그리고 동시에 그것으로 인해 짜증나기도 하는 이유 중의 하나는 다음과 같다가 된다.

　these are에서 these는 tipping practices이다. '팁의 관습이' almost their only direct contact '그들 여행자들의 거의 유일한 직접적인 접촉이었기 때문이다' 라는 의미이다.

　with the people도 '그 사람들' 혹은 그 '국민'으로 해석하지 말고 아홉 번째 줄에서 언급한 the natives의 변화법이라고 파악하자. the people에서 the가 붙은 이유도 '그 지역의 사람들' 이라는 뉘앙스가 포함되어 있다. 그들과의 유일한 접촉의 기회이기 때문이라는 뜻이다.

Even this may soon be eliminated.

유기적으로 영문을 읽는 법

Even this에서 this는 팁의 풍습을 말하므로 '팁을 주는 것조차' 라는 뜻이고, may soon be eliminated에서 eliminate는 '없애다' 는 의미로 수동형으로 되어 있다. 따라서 이 풍습조차 '곧 없어질지도 모른다' 라는 뜻이다. 처음에는 숙소 주인이 나왔지만 이제는 소용없게 되어 없어졌다고 했고 두 번째로 bargaining '가격 흥정' 이 나왔지만 이것도 사라졌다고 하더니 이제 tipping practices '팁의 풍습' 조차 곧 없어지게 될지도 모른다고 전개되는 것이다.

그리고 be eliminated에 밑줄을 긋고 No more와 연결하자. obsolete에서 no more, 그리고 be eliminated로 이어지는 변화법을 알 수 있다.

The Travel Plan Commission of the International Union of Official Travel Organization in 1958 was studying ways of standardizing tipping practices so that eventually all gratuities could be included in the tour package.

직독 발상

The Travel Plan Commission는 '여행계획위원회' 정도로 넘어가고 of the International Union of Official Travel Organization 부분의 해석도 일단 무시하자. 대신 in 1958 '1958년에' 어떤 것을 이 위원회가 했는지를 살펴보면,

직독직해 tip

여기에서 studying을 '공부했다'로 해석하면 안 된다.

was studying '연구했다' ways '방법을' of standardizing '표준화하는' tipping practices '팁의 관습을' 택시 요금처럼 일률적으로 평준화시키는 방법을 연구했다고 나온다.

so that를 보고 '이 용법은 무엇일까?' 라고 생각하지 말고 '왜 그러한 일을 했을까?' 를 먼저 떠올리는 것이 바로 직독 발상이다. 왜 그러한 표준화를 해야 했는가? 팁의 가격이 각기 다른 것은 어떻게 보면 당연한 일인데 왜 그것을 일률적으로 표준화하려고 했던 것일까를 생각해보면 'that 이하의 것이 가능하도록' 즉 〈목적〉이 올 것이라는 것을 알 수 있다. 이것이 바로 직독발상이다.

변화법으로 의미 유추하기

eventually는 '최종적으로' 라는 의미의 부사이다. 일단 all gratuities를 그대로 해석하면 all gratuities could be included '모든 gratuities가 포함되도록' in the tour package '그 패키지 투어 안에, 투어 요금 안에' 라는 뜻이 된다. gratuities에 점선을 그어주고 변화법으로 해결할 수 있는지를 생각해본다. 지금 팁에 관한 얘기를 하고 있으니 아무래도 gratuities는 tipping practices와 변화의 관계에 놓여 있는 것이다. all gratuities '모든 팁이' 를 처음부터 투어 요금 안에 포함되도록 일률화한 것이다.

직독직해 tip

gratuities를 사전에서 찾아보면 '선물, 성의 표시' 라고 나와 있다. 즉, '팁'을 가리키는 것이다.

Shopping, / like tipping, / is one of the few activities / remaining for the tourist. It is a crack / in the wall / of
└ 이것이 긍정적 의미인가? 부정적 의미인가? ┘
prearrangements /which separates him / from the country / he visits. No wonder / he finds it exciting. When he shops / he
└ 문장 앞에 오는 부사 ┘
actually encounters natives, / negotiates / in their strange

> language, / and discovers / their local business etiquette. In a word, / he tastes the thrill / and trivial things / the old-time traveler once experienced / all along the way / —with every purchase of transportation, / with every night's lodging, / with every meal.

Shopping, like tipping, is one of the few activities remaining for the tourist.

항상 무슨 이야기인지 주의한다

Shopping '쇼핑은' like tipping '팁과 마찬가지로' is one of the few activities '적지 않은 활동 중의 하나이다' 에서 activities가 명사이고 다음의 remaining 이하가 〈뒤에 놓인 형용사〉로 remaining for the tourist '여행자를 위해 남아 있는' 이 된다.

직독직해 tip

Shopping, like tipping '쇼핑은 팁과 마찬가지로' 만 보고도 지금까지 팁에 관한 얘기를 했는데 지금부터 쇼핑에 관한 화제로 접어들었다는 것을 눈치 챌 수 있어야 한다.

It is a crack in the wall of prearrangements which separates him from the country he visits.

It is a crack에서 crack은 '금' 혹은 '갈라진 틈' 이라는 의미이고, in the wall는 '벽의' 라는 뜻이다. 여기서 벽은 문자 그대로의 의미가 아니라 〈비유〉 표현이다. 여행 대리점이 여러 가지 알선을 하는 것이 여행 세계와 단절시켰다는 문장이 세 번째 줄에 나와 있는데, 거기에서 이미 말한 부분과 이 '벽' 은 상당히 비슷하다. 차단시키는 것을 여기서는 '벽' 이라고 표현하는 것이다.

직독직해 tip

cracker는 한입 베어 물었을 때 '바삭' 하면서 소리를 내기 때문에 cracker이다. 그러한 소리를 내면서 금이 가게 되는데 그것이 바로 crack이다.

of prearrangements에도 다소 해석하기 어려운 단어가 등장한다. 하지만 prearrangements를 정확하게 해석하지 않아도 되고 '미리 어레인지하는 것'이라고 이해하자. 즉 여행사의 업무 중 하나로 '미리 여러 가지 사항을 알아보고 조정하는 것'이라고 하자.

which의 선행사

일단 which 이하를 살펴보자.

separates him from은 세 번째 줄의 insulting A from B의 변화이다. 이제 변화법의 실마리가 보인다.

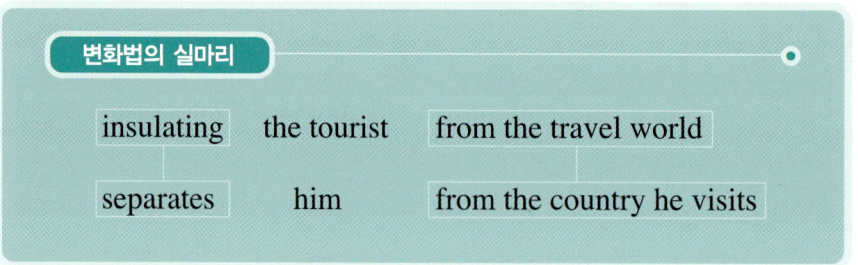

따라서 country he visits라는 문장을 바꿔 말하면 travel world '여행의 세계'이다. 이러한 식으로 해석해가는 것이 유기적인 shadowing의 방법이다. separates him from the country he visits '방문한 나라로부터 그를 분리한다'에서 분리하는 which의 선행사는 '벽'이다. 벽이 있으면 그것으로 분리될 수 있다.

그러면 여행사가 생각해낸 '벽'이 있고, 그것이 방문국과의 접촉을 방해하고 있다. 그렇다면 그 벽의 crack은 '갈라진 틈'처럼 부정적인 의미가 아니라 '빠져나갈 구멍'을 통해 외부 세계로 나갈 수 있다는 긍정적인 의미이다.

No wonder he finds it exciting.

No wonder라는 〈문장 앞에 오는 부사〉는 It is no wonder that에서 it is와 that 이하가 빠진 문장이다. '당연히 다음의 것은 이상하지 않다'로 Naturally와 비슷한 개념이다.

he finds it exciting에서 it은 쇼핑을 의미한다.

When he shops he actually encounters natives, negotiates in their strange language, and discovers their local business etiquette.

일단 When he shops '쇼핑을 할 때' he actually '그는 실제로' encounters natives '그 나라 사람들과 만난다' 라고 해석하고, 다음에 오는 negotiates in their strange language, and discovers를 주의 깊게 살펴보자.

다시 반복되는 〈and의 분석〉

여기에서 다시 〈and의 분석〉을 복습해보자. and에 네모를 치고 동사는 encounters가 ①, negotiates가 ②, discovers가 ③이라고 표현한다. 전형적인 and의 용법 가운데 하나이다. and라는 것은 '① and ②' 나 '①, ② and ③' 중 한 가지 형태를 취한다.

he negotiates in their strange language는 '여행자는 그들의 기묘한 언어로 협상한다' 가 아니다. 예를 들면 a strange face는 '이상한 얼굴' 이 아니고 '처음 보는 얼굴' 이다. 따라서 다시 위의 표현을 해석해보면 '그 나라에서 처음 대하는 낯선 이국적인 말로' 가 된다.

변화법·대조법의 효용

사실 변화법을 늘 의식하는 습관을 갖게 되면 strange와 local이 거의 비슷

직독직해 tip

a strange country는 '이상한 나라' 보다 '처음 보는 나라' 라고 해야 맞다.

한 뜻으로 쓰였음을 알 수 있다. 그 나라의 말로 협상하고 and discovers their local business etiquette '그 나라의 상관습을 발견한다' 가 된다. 더욱이 strange의 반대말이 이미 본문에 다섯 번째 줄에도 나와 있다. '다른 분위기의, 익숙하지 않은 느낌의' 가 바로 strange라면, 반대로 '아, 그거 알아. 들어본 적 있어' 와 같은 느낌의 단어는 familiar이다.

더욱이 이 familiar와 old '낯익은' 은 변화법에 해당되는 단어이다. 그 반대어가 new로, new라는 단어 속에는 strange '익숙하지 않은' 의 어감도 포함되어 있다고 볼 수 있다.

In a word, he tastes the thrill and trivial things the old-time traveler once experienced all along the way — with every purchase of transportation, with every night's lodging, with every meal.

그 다음 In a word '한 마디로 말하면' 이라는 표현은 정해진 문구이고 he tastes the thrill '여행자는 스릴을 맛본다' 에서 the는 '그러한 식의' 라고 해석한다. '다음과 같은 스릴' 이라는 뜻이고 어떠한 스릴인지는 나중에 형용사절 안에 보인다.

우선 and가 연결하고 있는 thrill and trivial things에 주목한다. 〈A and B〉의 형태로 A와 B는 정반대든지 유사할 것인데, 여기에서는 유사한 성질의 것이다.

즉 the old-time traveler once experienced '예전의 여행자들이 경험한 것과 같은' thrill과 trivial things를 맛본다는 의미이다. 이 문장을 좀더 자세히 분석해보자.

> No wonder he finds it exciting. 긍정
>
> In a word, he tastes　　　exciting의 내용
>
> 　　　　　the thrill and trivial things
> 　　　　　　긍정　　하찮은 것(부정)　긍정

　shopping을 exciting하다고 말하고 나서 어떻게 exciting한지를 설명하고 있으므로 thrill은 긍정적인 단어이며 trivial things도 긍정적인 의미이다. 따라서 trivial things는 '작은 것들, 사소한 것들'이라고 보는 것이 적당하다. 예전의 여행자들이 경험했던 것과 같은 스릴과 작은 에피소드들을 말하는 것이다.

　all along the way는 on the way와 거의 동일한 의미로 '여행길에서, 여행 중에'라는 의미이고 이를 강조하기 위해 all이라는 부사를 첨가한 것이다. 예전의 여행자가 '여행 중에 계속 맛보았던'

　with '~와 더불어' every purchase of transportation은 '교통, 탈것의 구매'와 같이 직역하지 않고 '여행 중 교통 기관을 이용할 때마다'로 해석한다. with every night's lodging '매일 밤마다 숙소에 머물 때', with every meal '매끼 식사를 할 때' 그럴 때 예전의 여행자들이 경험했던 스릴이라든지 작은 에피소드를 현대인들도 쇼핑을 통해 맛볼 수 있다는 것이다.

　그러면 문제를 풀어보자.

문 ❶ According to the passage, / the colorful native innkeeper / has been made obsolete by _____
　　① the travel pamphlet.　　② the travel agency.
　　③ the experienced traveler.　　④ the native shopkeeper.
　　⑤ an international commission.

우선, 1번 문제를 해석해보면, According to the passage '이 글에 의하면' the colorful native innkeeper 'colorful한, 생동감 있게 묘사되는 그 나라의 숙소 주인은' has been made obsolete by '소용없게 되었다' by~ '무엇에 의해' 가 된다.

여행사들이 앞 다투어 패키지 투어를 도입함으로써 모든 일정 및 준비를 대행해주기 때문에 숙소 주인의 역할이 소용없게 되었으므로 당연히 그 원인은 ②번의 the travel agency가 정답이다. 이 the도 '그 여행 대리점' 이 아니라, '소위 여행 대리점' 으로 총체적인 용법의 the로 보는 것이 옳다.

문 ❷ According to the writer, / one of the purposes / of the modern preplanned tour / is to _____

① save money / for the tourist.
② leave the tourist time / for spontaneous activities.
③ protect the tourist / from supposed inconveniences.
④ provide pleasures / unknown in the tourist's native country.
⑤ prevent the tourist / from being victimized / by greedy hotel employees.

According to the writer는 문제 1의 According to the passage와 같이 '필자에 의하면' 이라는 뜻이다. one of the purposes '목적의 하나는' of the modern preplanned tour '현대의 사전에 계획된 여행의' 에서 우선 purpose에 주목하고 이것은 본문 첫 번째 줄의 function과 동의어라는 것을 알면 문제 풀이가 쉬워진다.

본문 첫 번째와 두 번째 줄을 살펴보면, A function of travel agency now is to prevent his encounter '여행사의 역할은 여행자와 그 지역 사람과의 만남을 방해한다' 라는 문장이 나와 있다.

보기를 살펴보면 실제로는 정답이 쉽게 풀리지 않는다. 차례대로 읽어보기로 하자.

① save money for the tourist '여행자를 위해 돈을 절약한다'는 내용과 무관하다.

② leave the tourist time은 제4형식에 해당되므로 leave를 give로 바꾸면 이해하기 쉬울 것이다. 여행자에게 시간을 남겨주다. for spontaneous activities '자발적인 활동을 위해'는 자유 여행 같은 것이니 이것도 정답이 아니다.

③ protect the tourist from~은 '여행자를 ~로부터 지켜준다'는 의미로 본문 두 번째 줄에서 '방해하다'는 뜻의 prevent와 같은 문장 해석이다.

④ provide pleasures는 '즐거움을 제공한다', unknown in the tourist's native country는 '본국에서는 맛볼 수 없는'이라는 뜻이다.

⑤ prevent '방해하다'를 보고 정답이라고 생각할 수 있지만, 이어지는 from being victimized '희생되는 것에서' by greedy hotel employees '탐욕스러운 호텔의 종업원에 의해'는 너무 지나친 표현으로 전혀 의미가 다르다.

여전히 정답을 모르겠다면 purpose를 단서로 문제를 푸는 대신 of the modern preplanned로 다시 생각해보자. '현대의 사전에 계획된 여행'이라는 부분을 이해하기 위해 우선 여덟 번째 줄을 보면 well-planned tour가 preplanned tour의 변화라는 것을 알게 된다.

saves the tourist '여행자를 구한다' from negotiating with the natives '그 나라 사람들과 가격을 놓고 흥정하는 것으로부터' 즉 흥정의 번거로움을 줄여준다는 말이다.

이것만으로는 긍정적인 의미이다. 그리고 save '구하다'라는 말에 대해 보기에서는 ③번이 protect라는 단어를 사용하고 있다.

그러면 여행자를 지켜준다 from supposed inconveniences '불편한, 번거로운 일에서부터' 일단 겉으로는 그러한 의도였으므로 ③번이 정답이다.

문 3) The author suggests / that tourist shopping_____
① will soon be eliminated.　② is a source of annoyance / to travelers.
③ provides a chance / to meet the unexpected.
④ should be prearranged.　⑤ has become too standardized.

　The author suggests '필자는 다음과 같이 주장한다' tourist shopping '쇼핑은' 에 대한 내용은 본문 스무 번째 줄 이후에 나와 있다. ⑤번의 provides a chance to meet the unexpected '예기치 못한 것과 만날 수 있는 기회를 부여한다' 가 정답이다.

문 4) The passage suggests / that travel today / has become_____
① the letter W.　② the letter X.　③ the letter Y.　④ the letter Z.

　The passage suggests '본문에 의하면' 현대의 여행은 어떻게 되었는가? 모두 사전에 계획되어 있기 때문에 시시하고 재미없다는 내용이다. 이런 내용을 파악하고 있으면 된다. 그렇다면 '시시하다, 자극이 부족하다' 라는 의미의 ② 번 less stimulating이 정답이다.

문 5) According to the passage, / which statement is true?
① Tourists / prefer to determine personally / the amounts / they will give / in tips.
② Tourists / will tend to reject the services of travel agencies / in the future.
③ Americans / are traveling / greater distances today / than formerly.
④ Travel agencies / are comparatively modern institutions.
⑤ Modern travel / does not necessarily broaden / a tourist's knowledge / of foreign customs.

결론부터 말하면 ⑤번이 정답이다. Modern travel '현대의 여행'은 travel today와 같고 does not necessarily broaden a tourist's knowledge of foreign customs '여행자의 외국 습관에 대한 지식을 반드시 넓혀주지는 않는다' 라는 뜻으로 미리 다 준비되어 있고 알아서 해주기 때문에 특별히 그 나라 관습에 대한 지식 같은 것은 필요 없으므로 ⑤번이 정답이다.

CHAPTER 10

영문 구성의 다이내믹스

Lesson 10   다음 글을 읽고 질문에 답하시오.

What will Earth's fate be? This is a question that plagues average Americans as well as scientists. For every prophet of doom, there is a corresponding prophet of bliss. As time passes, however, several things become clear.

First, it is obvious that no easy solutions will be found for Earth's environmental problems. Scientists cannot study the environment in the same way they study a chemical reaction in a test tube. Earth is too big and too many uncontrollable (and often invisible or unnoticed) forces are at work to make such study (가).

Second, every solution produces a new set of problems. The automobile may have eliminated horse droppings and dead horses from city streets, but it also increased the possibility that city dwellers would contract lead poisoning or lung diseases. It also seriously affected land and energy resources.

Third, even when likely solutions appear, there are few ways to make people accept them. Most ecologists believe that limiting population growth is the most important step in solving Earth's environmental problems. But many economists believe that growth is (나). Moreover, among many of the world's peoples, babies are looked upon as a form of wealth. People with these beliefs are not likely to support efforts to limit births.

Fourth, <u>concern for the environment cannot end at national boundaries</u>(6). Earth, like a spaceship, has only limited resources that must be recovered, recycled, and reused. If only one country passes tough pollution-control laws, industries may move to where the laws are (다) strict. This might improve the economic situation of the people in the newly industrialized country, but it would only <u>shift</u>(7) the pollution problem. The United States, with less than 6 percent of the world's population, produces (라) than 60 percent of the world's pollution. If the other 94 percent of Earth's people became equally industrialized and equally wasteful, <u>the prophets of doom would have their day</u>(8).

(릿쿄대학 관광학부)

문 ① (가)~(라)에 가장 적당한 단어를 다음의 ①~⑥에서 각각 하나씩 고르시오.
① impossible ② less ③ more ④ necessary
⑤ possible ⑥ unnecessary

문 ❷ (1), (3), (4), (5), (7)의 의미로서 가장 적당한 어구를 ①~④에서 하나씩 고르시오.

(1) ① infects   ② pleases   ③ saddens   ④ troubles

(3) ① clear   ② doubtful   ③ visible   ④ wrong

(4) ① decreased   ② killed   ③ produced   ④ removed

(5) ① favorite   ② fond   ③ promising   ④ similar

(7) ① get rid of   ② make progress in   ③ put an end to

　　④ transfer from one place to another

문 ❸ (2), (6), (8)을 풀이한 것으로서 가장 적당한 문장을 보기 중에서 하나씩 고르시오.

(2) ① A prophet of doom is a prophet of bliss.

　　② Every prophet has doom or bliss.

　　③ For every prophet of bliss, there is necessarily a corresponding prophet of doom.

　　④ There are as many prophets of bliss as prophets of doom.

(6) ① As long as there are national boundaries, there will be concern for the environment.

　　② Concern for the environment cannot but end at national boundaries.

　　③ Concern for the environment must extend beyond national boundaries.

　　④ There is still concern for the environment at national boundaries.

(8) ① The prophet of bliss would be the prophets of doom.

　　② The prophet of doom would be proved right.

　　③ The prophet of doom would be replaced by the prophets of bliss.

　　④ The prophets would meet their doom.

Chapter 10 영문 구성의 다이내믹스

> What will Earth's fate be? This is a question / that plagues /
> (the와 어떻게 다른가?) (1)
> average Americans / as well as scientists. For every prophet of
> (왜 이 표현을 사용했는가?) (2) 〈비율〉의 for
> doom, / there is / a corresponding prophet of bliss. As time
> passes, however, / several things / become clear.

What will Earth's fate be?

what은 '무엇'이 아니다

이 문장을 '지구의 운명은 무엇일까?'로 해석하면 무슨 말인지 알 수가 없다. 이렇게 어색한 번역이 되는 이유는 what을 '무엇'이라고만 해석하기 때문이다. 그러나 사실 1대 1 대응은 없다. '무엇'은 what, '어떻게'는 how처럼 굳어진 고정 관념은 버려야 한다.

'문제에 대해서 어떻게 생각하십니까?'를 영어에서는 'What do you think of the problem?'이라고 한다. 또한 '어떤 책을 좋아하십니까?'라는 문장도 'What book do you like?'가 올바른 표현이다. 따라서 여기에서는 what를 '어떤' 혹은 '어떤 식으로'라고 해석하자.

be 동사는 '~이다'가 아니다

그리고 두 번째 주의해야 할 점은 be 동사이다. be 동사가 나오면 모두 '~이다'라고 해석해버린다. 그러나 '어른이 되면 당신은 어떤 사람이 되고 싶은가?'라고 말하고 싶을 때, 영어로는 'What do you want to be when you are an adult?'라고 한다. 즉 be 동사를 해석할 때 '~가 되다'로 해석하는 편이 나을 때도 있다.

185

will을 쓰면 확실해진다

세 번째는 조동사 will의 처리이다. 여기서 올바른 해석은 '지구의 운명은 장래에 어떻게 될 것인가?' 이다. '장래'라고는 이 문장 어디에도 쓰여 있지 않지만 will은 조동사이므로 경우에 따라서는 미래의 일을 좀더 확실하게 해 두기 위해 말을 보충한 것에 불과하다. 반대로 과거형이었다면 '과거에 있어서', 현재완료형이었다면 '지금까지 계속'과 같은 말을 보충해도 상관없다.

즉, What will Earth's fate be?라는 문장은 '지구의 운명은 어떻게 될 것인가?' 라는 뜻이다.

This is a question that plagues average Americans as well as scientists.

This is a question '이것은 하나의 문제이다' 에서 This '이것'은 바로 앞 문장을 가리킨다. that plagues에서 plagues는 〈3인칭 단수 현재의 s〉가 붙은 형태이므로 that은 주격으로 question의 성격을 묘사하고 있다.

여기서 that 이하가 question의 내용을 특정 짓는 것이 아니라 그것이 어떤 문제인지를 묘사하고 있기 때문에, question에 붙는 관사는 a이다.

plagues는 [pleig]라고 발음되고 '성가시게 굴다, 괴롭히다' 라는 의미이다.

왜 A as well as B인가?

average Americans '보통의 미국인을' as well as scientists '과학자와 마찬가지로' 에서 as well as를 마찬가지라고 해석하기보다 '과학자는 물론'으로 해석하는 것이 문맥상 더 자연스럽다. 왜냐하면 이 〈A as well as B〉 형태에서 필자가 강조하고자 하는 것은 처음의 A이기 때문에, 당연한 것이 as well as 이하에 오게 된다.

직독직해 tip

여기에 나오는 a는 〈몇 개(의문) 중에서 하나를 거론하는 a)로 봐도 좋다. 그것을 that 이하에서 설명하고 있는 것이다. 또한 관사가 the가 아니라 a인 경우, that 이하의 문제 외에도 더 있는 것처럼 느껴지는 것은 a가 '몇 개 있는 가운데 하나'라는 어감이기 때문이다.

For every prophet of doom, there is a corresponding prophet of bliss.

〈비율〉의 for

밑줄 친 부분 (2)번의 For every prophet of doom은 〈문장 앞에 오는 부사〉이다.

이 문장은 까다롭기 때문에 there is a corresponding prophet of bliss의 뜻을 일부러 틀리게 해석해보자. For every prophet을 일단 '모든 예언자를 위해' 라고 해석하고 doom의 뜻은 모른다고 치고, there is a corresponding prophet은 '그것에 대응하는 예언자' 라고 해석하자. 그러면 모든 doom의 예언자를 위하여 그것에 대응하는 행복한 예언자가 있다는 의미가 된다.

그러면 doom의 의미를 유추해보자. 우리는 지금까지 공부한 변화법이나 대조법을 통해 corresponding '대응하다' 가 어떤 단어의 〈대비〉라는 것을 알 수 있다. 즉 bliss의 정반대의 의미가 doom이다. 따라서 doom은 '파멸' 혹은 '나쁜 운명' 이라는 뜻으로 여기에서는 '파멸의 예언자', 좀더 쉽게 말하면 비관론자를 뜻한다.

직독직해 tip

bliss라는 단어를 혹시 몰랐다면 이번에 반드시 암기해둔다. bliss는 '더 없는 행복'으로 happiness와 바꿔 쓸 수 있다.

그리고 문장 앞에 오는 For는 〈비율〉의 for로 매우 중요하다.

예를 들면 He has one enemy for ten friends라는 문장의 경우, '10명의 친구들에 비해 1명의 적을 가지고 있다' 가 된다. 본문에도 이 〈비율의 for〉를 적용하면 모든 파멸의 예언자 한 사람에 대한 행복한 예언자 한 사람이 있는 1대 1 대응인 것이다.

따라서 지구의 운명은 어떻게 될 것인가?라는 문제에 관한 해답은 낙관론자와 비관론자의 비율이 5대 5로, 즉 반씩을 차지하고 있다는 뜻이다. 문제를 풀어보자.

문 3 (2), (6), (8)을 풀이한 것으로서 가장 적당한 문장을 보기 중에서 하나씩 고르시오.

(2) ① A prophet of doom / is a prophet of bliss.

② Every prophet / has doom / or bliss.

③ For every prophet of bliss, / there is necessarily / a corresponding prophet of doom.

④ There are as many prophets of bliss / as prophets of doom.

보기가 주어진 문제를 푸는 요령

아마 대부분 ③과 ④를 놓고 고민할 것이다.

일단 ④번 보기를 There are as many prophets of bliss '같은 수의 행복의 예언자가 있다'에서 끊으면, 뒤에 오는 as prophets of doom '파멸의 예언자와' 같은 수라고 해석된다. 즉 파멸의 예언자와 행복의 예언자가 반반씩 있다는 뜻이므로 이것이 정답이다.

그러면 ③은 어떤가?

For every prophet of bliss '모든 행복한 예언자에 대해' there is necessarily a corresponding prophet of doom은 '반드시 이에 대응하는 파멸의 예언자가 한 사람 있다' 1대 1대응이다. 언뜻 봐서는 순서만 바뀌었을 뿐 괜찮아 보인다.

하지만 출제자는 본문과 똑같으면서 본문에 나와 있지 않은 단어를 보기에 넣어 혼동하게 만든다. 그것이 ③에 있는 necessary이다. '반드시, 필연적으로'라는 말은 본문 어디에도 나와 있지 않다.

참고로 이러한 의도에서 출제자가 자주 사용하는 단어로는 never(결코 ~가 아니다), always(항상 ~하다), every(모든 ~), all(모두 ~) 등이 있다.

As time passes, however, several things become clear.

여기서 As는 '~함에 따라' 라는 뜻으로 이것도 〈비례〉를 나타낸다. '시간이 경과함에 따라, 그러나' several things become clear '몇 가지의 사실이 밝혀진다' 라고 해석하자.

First, / it is obvious / that no easy solutions / will be found /
('나열'의 표시)   (3)
for Earth's environmental problems. Scientists cannot study the environment / in the same way / they study / a chemical reaction / in a test tube. Earth is too big, / and too many uncontrollable / (and often invisible or unnoticed) forces / are at
(too...to~의 형태)
work / to make such study / (가).

First, it is obvious that no easy solutions will be found for Earth's environmental problems.

단락 구성법의 전형

직독을 잘하기 위해서는 First를 보고 어떤 식으로 흐름이 전개될지 대략 파악할 수 있어야 한다. 우선 본문 네 번째 줄의 several things에 네모를 치고, 이제 첫 번째부터 나열하고 있는 것을 예측하자. 본문 열한 번째 줄을 보면 예상대로 Second가 있고 열일곱 번째 줄에는 Third, 그리고 스물다섯 번째 줄에 Fourth가 나온다. 이 형식은 처음에 몇 가지 사항이 있다는 것을 제시하고 나중에 구체적으로 하나씩 나열하는 영어의 전형적인 패턴이다.

이러한 흐름을 파악만 하면 obvious의 뜻을 몰라도 문제 2번의 (3)을 풀 수 있다.

문❷ (3) ① clear　　② doubtful　　③ visible　　④ wrong

First '우선 첫째로' it is obvious '다음의 것이 분명하다'에서 obvious라는 단어의 의미는 4번째 줄의 several things become clear '몇 개의 사항이 확실해진다'와 관련이 있다. obvious는 clear의 변화로 문제 2번의 (3)의 정답은 ①의 clear이다.

이어지는 다음 어구를 보면, 'that 이하는 분명하다' no easy solutions '어떠한 간단한 해결책도' will be found '발견되지 않을 것이다' for Earth's environmental problems '지구의 환경문제에 대한'이라고 해석한다. for Earth's environmental problems라는 표현이 부사적이든, 형용사적이든 여기서는 아무 상관없다.

Scientists cannot study the environment in the same way they study a chemical reaction in a test tube.

Scientists cannot study the environment는 '과학자들이 환경을 조사할 수는 없다'이고, 다음에 나오는 in the same way S+V는 'S가 V하는 것과 동일한 방법으로'이라는 뜻으로 cannot과 함께 생각해보면 'S가 V하는 것과 동일하게는 안 된다'가 된다.

they study a chemical reaction '화학 반응을 조사하는 것처럼은 할 수 없다' in a test tube '시험관 안에서'라는 말은 시험관으로 하는 화학 연구처럼 환경문제를 연구할 수 없다는 말이다. 지구를 시험관 안에 넣을 수는 없으니까 말이다.

Earth is too big and too many uncontrollable (and often invisible or unnoticed) forces are at work to make such study (가).

〈too~to~〉의 연구

Earth is too big는 '지구는 너무 크다'로 바로 해석하고, and too many uncontrollable에 있는 두 개의 too와 일곱, 여덟 번째 줄 to make의 to에도 네모를 친다. too~ to~의 형태가 다시 나왔다. 계속 해석해보면 and too many uncontrollable '많은 제어할 수 없는' (and often invisible or unnoticed '인식하지 못 하는') forces '힘이 있어서' are at work '작용하고 있다'가 된다. 즉 커다란 힘이 작용하고 있기 때문에 to make such study (가) '그와 같은 연구를 (가)하게 하는 것'은 불가능하다는 뜻이다.

그렇다면 (가)에 들어갈 단어는 ①번의 impossible이나 ⑤번의 possible 중에 하나이다. 하지만 ①번은 '너무나 많은 힘이 작용하고 있기 때문에 그와 같은 연구를 불가능하게 만든다'는 의미이므로 정답은 ⑤번의 possible이 된다.

〈too~ to~〉 문형에서 to 이하는 긍정이다. 따라서 possible을 넣고 그와 같은 연구를 '가능하게 하기에는' 너무나도 많은 요인이 작용하고 있다고 풀이 해야 한다.

Second, / every solution produces / a new set of problems. The automobile / may have eliminated / horse droppings / and dead horses / from city streets, / but it also increased the possibility / that city dwellers / would contract lead poisoning / or lung diseases. It also seriously affected / land and energy resources.

Second, every solution produces a new set of problems.

Second '두 번째로' every solution produces '모든 해결책은 만들어낸다' a new set of problems '새로운 문제들을' 이라고 바로 해석하자.

The automobile may have eliminated horse droppings and dead horses from city streets, but it also increased the possibility that city dwellers would contract lead poisoning or lung diseases.

여기서부터 구체적인 예를 들고 있다. '자동차는' may have eliminated horse droppings and dead horses from city streets, but까지 읽고 but에 네모를 치고 이것과 관련된 열두 번째 줄의 may에 네모를 친다. may 부분에서 양보의 어감을 전한 후 but에서 필자가 말하고자 하는 바를 전하는 형식이다. 좋은 점도 있지만 반면 나쁜 점도 있다는 식의 전개이다.

구체물의 s

and가 연결하고 있는 horse droppings와 dead horses를 살펴보자. 왜 갑자기 여기에서 '죽은 말'이 나온 것일까?

말은 사람의 10배 정도의 체중이 나가기 때문에 갑자기 말이 죽어버리면 그 말을 처리하는 것이 쉽지 않다. 이와 동시에 곤란한 경우가 horse droppings '말의 배설물'이다. dropping에 〈구체물의 s〉를 붙여 '말의 엉덩이에서부터 떨어지는 것'으로 표현했다.

직독 발상에서 주시하는 동격의 that절

The automobile may have eliminated horse droppings and dead horses

직독직해 tip

이처럼 복수형으로 하면 구체적인 것을 뜻하는 경우가 많다. writing은 '쓰는 것'이지만, writings는 '저작'의 뜻이고, painting은 '그림을 그리는 것'이지만 paintings는 '회화'가 되는 것과 마찬가지 원리이다.

'자동차는 말의 분비물이나 죽은 말의 처리 등을 하지 않게 만들었을지도 모른다' 즉 자동차 덕분에 그러한 일이 없어진다 from city streets '도시의 거리에서' but '그러나' it also increased the possibility '동시에 자동차는 다음과 같은 가능성을 증대시켰다'에서 어떠한 가능성인지는 열네 번째 줄의 that 이하에 나와 있다.

직독직해 tip

eliminate A from B는 'A를 B에서 제거하다'라는 숙어이다.

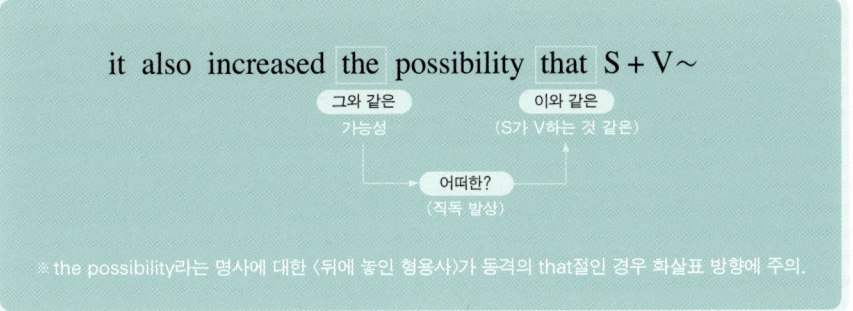

city dwellers '도시생활자, 도시에 살고 있는 사람'에서 dweller의 동사형은 dwell이며 live와 같은 의미이다.

도시에 살고 있는 사람이 would contract '병에 걸렸을 때' 그 다음의 lead poisoning에서 led는 [led]로 발음하며 poisoning과 연결되어 있으니 어떤 형태의 '중독'인데 자동차와 관련된 얘기이므로 '납중독'을 뜻한다.

최근에는 무연 휘발유가 많지만 옛날에는 자동차 연료에 납이 들어가 있었기 때문에 납중독이나 (or) lung diseases라는 '병'에 걸리기 쉬웠다. lung은 '폐'지만, 그렇다고 폐병을 의미하는 것이 아니고 '폐나 호흡기 질환'을 가리킨다. 결국 배기가스의 문제를 언급하면서 자동차에도 좋은 점이 있다면 나쁜 점도 있다는 것을 말하고 있다.

It also seriously affected land and energy resources.

It also seriously affected '또한 자동차는 동시에 매우 심각한 영향을 주었다' land '토지' and energy resources '그리고 에너지 자원에' 라는 의미는 도로를 만들어야 하기 때문에 산림을 베어내야만 하고 석유와 석탄을 대량 소비해야만 하는 문제가 발생하기 때문에 자연에 악영향을 미친다는 뜻이다.

Third, / even when likely solutions appear, / there are few ways / to make people accept them. Most ecologists believe / that limiting population growth / is the most important step / in solving Earth's environmental problems. But many economists believe / that growth is (나). Moreover, / among many of the world's peoples, / babies are looked upon / as a form of wealth. People / with these beliefs / are not likely / to support efforts / to limit births.

(5) likely
대비
≒ having

Third, even when likely solutions appear, there are few ways to make people accept them.

직독직해 tip

likely의 명사형은 likelihood '전망, 가능성'이다. 가망이 있다는 것을 의미하므로 '~할 것 같다'가 되는 것이다. 이 likely의 원래의 의미는 '전망이 있다'라든지 '가능성이 높다'이다.

likely의 의미

Third는 '세 번째로', even when likely solutions appear는 '유사한 해결책이 나타날 때에도'라고 해석할 수 있는데 이는 likely를 잘못 본 경우이다. 이 단락 마지막 문장을 보면 likely가 나와 있다.

be likely to~는 '~할 것 같다, ~할 가능성이 높다'라는 뜻으로, likely와 같은 의미이다. not이 붙으면 '~할 것 같지 않다'는 불가능을 말한다.

'likely+solution(해결책)'이란 '해결의 가능성'이 높다는 것을 뜻한다. 즉

'잘될 것 같다'는 뜻이다. 그러므로 문제 2번의 (5)의 정답은 ③의 promising 이다. promising은 '유망한' 혹은 '전망이 있는, 잘될 것 같은'의 의미이다. '약속한'이라는 뜻으로도 쓰이지만 이것 역시 '성공을 약속하고 있다'는 의미가 내포되어 있다.

다시 해석해보면 even when likely solutions appear '성공의 가능성이 있는 해결책이 나타나도' there are few ways '방법은 거의 없다' to make people accept them '사람들에게 그 해결책을 받아들이게 하는 방법'이 된다. 아무리 좋은 해결책이 있어도 사람들이 그것을 받아들이려고 하지 않는다는 뜻이다.

직독직해 tip

④의 similar와 혼동하지 않도록 주의한다. like와 likely는 엄연히 다르다.

Most ecologists believe that limiting population growth is the most important step in solving Earth's environmental problems.

Most ecologists believe '대부분의 생태학자는 믿는다'에서 ecologists는 '생태학자'라는 뜻이다. 환경문제 등을 연구하는 사람은 'that 이하를 믿고 있다'는 말인데 이어지는 limiting population growth는 두 가지 의미에서 중요하다.

우선 첫째로, 이것을 '제한하는 인구 증가'로 해석하면 안 된다. 뒤에 나오는 is가 동사이므로 주어는 growth가 아니라 limiting '제한하는 것'이다. 즉 limiting은 여기서 to limit와 같다.

즉 '인구 증가의 억제'가 is the most important step '가장 중요한 대책이다' in solving '해결하는 데' Earth's environmental problems '지구의 환경문제를 해결하는 데'라는 것은 인구가 너무 많다고 생태학자들은 분석한다는 의미이다.

But many economists believe that growth is (나).

but에 의한 대조법

But은 전후에 〈대비〉가 있어 대조법 형태를 이루기 때문에, 빈칸 (나)를 해결하는 데 아주 중요한 단서가 된다.

여기서는 앞에 나온 ecologists '생태학자'와 economists '경제학자'의 의견이 대비되고 있다. that growth is (나)의 빈칸 (나) 부분과 생태학자가 말했던 열아홉 번째 줄의 limiting population growth는, 한쪽이 '인구 증가는 억제할 필요가 있다'고 말하자, but에 의한 대조법으로 다른 한 쪽은 '인구 증가는 제한해서는 안 된다, 필요하다'라고 주장하고 있는 것이다. 따라서 (나)에 들어갈 말은 ④번의 necessary이다.

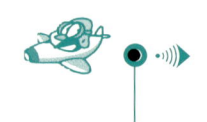

직독직해 **tip**

열아홉 번째 줄의 growth는 인구 증가를 뜻하므로 경제 발전으로 해석하지 말자.

Moreover, among many of the world's peoples, babies are looked upon as a form of wealth.

Moreover '게다가' among many of the world's peoples '세계의 많은 민족들 사이에서' babies are '갓난아기는' looked upon '간주되고 있다' as a form of wealth '부의 한 형태'라는 의미는 갓난아기는 '부의 상징, 돈'이라는 말이다.

여기에서 look upon A as B 'A를 B로 간주하다'라는 숙어가 수동형으로 쓰인 것을 주의하자.

People with these beliefs are not likely to support efforts to limit births.

People이 S, with these belief가 〈뒤에 놓인 형용사〉, are가 V이다. 그리고

앞에서 몇 번이나 반복했듯이 with는 having의 의미이다.

따라서 이러한 생각, 즉 갓난아기는 부의 한 형태나 돈이라고 생각하는 사람은 are not likely '다음과 같은 것은 할 것 같지 않다' to support efforts '노력을 지원한다'에서 efforts에 대한 〈뒤에 놓인 형용사〉가 to limit births '산아 제한의'로, 그렇게 생각하는 사람은 산아 제한을 위한 노력을 지지하지 않을 것이라는 말이다. limit births는 '출생 제한, 산아 제한'을 뜻한다.

Fourth, / concern / for the environment / cannot end / at national boundaries. / Earth, / like a spaceship, / has only limited resources / that must be recovered, / recycled, / and reused. If / only one country / passes tough pollution-control laws, / industries may move / to where the laws are (다) strict. This might improve / the economic situation of the people / in the newly industrialized country, / but it would only shift / the pollution problem. The United States, / with less than 6 percent of the world's population, produces

(라) than 60 percent / of the world's pollution. If the other 94 percent of Earth's people / became equally industrialized / and equally wasteful, / the prophets of doom / would have their day.

Fourth, concern for the environment cannot end at national boundaries.

Fourth '네 번째로' concern이 S, for the environment가 〈뒤에 놓인 형용사〉, cannot end가 V로, SV감각이 쓰였다.

concern는 '관심, 배려, 걱정' 등의 뜻이니 여기서는 '환경문제에 대한 관심 또는 우려'는 cannot end '끝날 수 없다' at national boundaries '국가 내에서'가 된다.

Earth, like a spaceship, has only limited resources that must be recovered, recycled, and reused.

눈치를 기르자!

Earth '지구는' like a spaceship '우주선과 마찬가지로' has only limited resources '제한된 자원밖에 가지고 있지 않다' 여기에서 일단 끊는다. 이 부분도 앞에서부터 해석해가는 방법을 이용한다.

어떤 자원인지를 that 이하가 설명한다. 우선 must be라고 되어 있으므로 that은 주격이다. 따라서 limited resources '그 제한된 자원' 이 recover되고, recycle되고, reuse되어야 한다는 뜻이다.

가령 recover를 모른다고 해도 괜찮다. ①, ② and ③의 형태이므로 ②와 ③ 중 하나만 알아도 된다. 적어도 recycle은 알 테고 reused는 '재사용'이므로 이것만으로도 나머지 문제를 풀 수 있다. 즉 recover도 뒤의 동사와 비슷한 의미인 '회수하다' 이다.

If only one country passes tough pollution-control laws, industries may move to where the laws are (다) strict.

If only에 주의

If only는 '~만 하면'이라는 뜻으로 가정문이라고 생각하는 사람도 있을 것이다. one country '한 나라가' passes tough pollution-control laws '엄격한 오염규제법안을 통과시켜 준다면' 까지는 무슨 말인지 알 수가 없다. 한 나라만 통과시켜서 되는 일은 아닐 것이다. 이것은 밑줄 (6)번에서 말한 것, 즉 환경문제에 대한 관심은 국가 내에서 끝나는 것이 아니라는 문장과 통한다. 나라와 나라가 협력할 필요가 있다는 것이다.

따라서 If only가 아니라 If에서 끊고 only one country '단 하나의 나라만이' '엄격한 오염규제법안을 통과시켜도' 라고 수정해야 한다.

industries '산업은' may move '움직일지도 모른다, 이동할 지도 모른다' to ~ '~로' where 이하는 명사절이자 전치사 to의 목적어로 'where 이하와 같은 곳으로' 라는 뜻이다. the laws are (다) strict에서 strict는 스물여덟 번째 줄의 tough의 변화이다. tough는 '엄격한' 이므로 strict도 '엄격한' 이다.

어떤 나라가 엄격한 법률을 통과시키면 '규제가 완화된 곳으로' 산업이 이동할 것이다. 그러므로 (다)에 들어갈 말은 '엄격하지 않다' 라는 부정적인 의미를 갖는 ②번의 less가 적당하다. 따라서 한 국가가 그러한 일을 해도 다른 곳으로 이동해가기 때문에 결국에는 안 된다는 말이다.

This might improve the economic situation of the people in the newly industrialized country, but it would only shift the pollution problem.

This might improve는 그 다음 줄의 but와 호응해서 〈양보〉를 나타내는 구문이다. 일단 좋은 점을 인정한 후 but 이하에서 필자의 주장을 펼친다. 그러므로 '이러한 것은' improve the economic situation '경제 상황을' 개선할지도 모른다. of the people '그 나라 사람들의' in the newly industrialized country '신흥 산업국의' but '그러나' it would only shift '그렇게 해서는 단지 옮기는 것일 뿐이다' the pollution problem '공해 문제를' 이라는 의미가 된다.

The United States, with less than 6 percent of the world's population, produces (라) than 60 percent of the world's pollution.

긍정과 부정

The United States '미국' 이 주어이고 with 이하가 〈뒤에 놓인 형용사〉이다. 여기에서 with는 having '가지고 있다' 이므로 less than 6 percent of the world's population '세계 인구의 6% 이하밖에 가지고 있지 않다' 가 된다.

그 뒤에 오는 produces '만들어내고 있다' 다음에는 '무엇을' 에 해당하는 목적어가 와야 한다. 일단 (라)에서 pollution까지 밑줄을 그어준다. 이 부분과 대응하고 있는 것이 서른두 번째 줄의 less than에서 population까지이다. 즉 6%와 60%, the world's pollution '세계의 인구' 와 the world's pollution '세계의 오염' 이 서로 대응하고 있는 것이다. 그렇다면 빈칸 (라)는 less와 대응해야만 한다. 영어 문장에 대한 가장 좋은 대응 방법은 〈긍정〉과 〈부정〉이다. 따라서 less에 대응하는 것은 ③번의 more이다. 세계 인구의 6% 이하인 미국이 세계 오염의 60% 이상을 발생시키고 있기 때문에 문제가 야기되는 것이다.

If the other 94percent of Earth's people became equally industrialized and equally wasteful, the prophets of doom would have their day.

If the other 94 percent of Earth's people '만약 미국 이외의 나머지 지구상 94% 사람들이' became equally '미국과 같은 정도로' industrialized '공업화되고' and equally wasteful '미국과 같은 정도로 낭비하면' the prophets of doom '파멸의 운명론자, 비관론자는' 라고 바로 해석하고 그 다음 표현 would have their day를 분석해보자. their day는 '전성기' 라는 의미이고, have one's day는 '전성기를 맞이하다, 번영하다' 라는 뜻이다.

모르는 숙어의 유추법

전 세계가 미국처럼 되면 지구의 오염도는 매우 심각해지고 분명 상황은 악화될 것이다. 예언자 중에 낙관론자가 승리할 것인가 아니면 비관론자가 승리할 것인가? 물론 비관론자의 승리이다.

이런 식으로 읽어가다 보면 난해한 문제도 쉽게 풀 수 있다. 문제 3번의 (8)의 정답은 ②의 The prophets of doom would be proved right '파멸의 운명론자가 옳다는 것이 판명될 것이다' 가 된다.

CHAPTER 11

직독으로 가는 지름길

 **Lesson 11** 다음 글을 읽고 질문에 답하시오.

    Bed and breakfast houses are very common in England. Moreover, they are quite popular, not only among the people there, but also among visitors from foreign countries, such as France, Germany, and even distant Korea.

5   There are many advantages of staying at a bed and breakfast house. First, it costs so much less to stay at one of these houses than at a regular hotel. <u>As a rule</u>, in the case of lodgings of whatever kind they may be, low prices mean poor quality, whether of service, food, or accommodations.
10 But like all rules, this one, too, has its exceptions, and the bed and breakfast house is that exception.

    Secondly, anyone who stays at a bed and breakfast house is surprised at the rich English breakfast that he finds waiting for him on the table when he goes down to the
15 breakfast room the morning after his arrival — plenty of fruit juice, eggs, bacon, toast with butter and marmalade, together with coffee or tea. The sheer abundance is enough to take your breath away. And incredible as it may seem, all

this is included in the charge. As for tea or coffee, you can have as many refills as you wish at no extra cost.

Then, for the foreign traveler, especially for one, say, from Korea, who is trying to combine learning English with seeing the country, the third advantage of staying at a bed and breakfast house is one that cannot be overemphasized. In such a house, he will have an excellent opportunity to meet many English people, mostly young, of course, but, once in a while, he may see, among the crowd of young people, a gentleman who seems to be on the wrong side of forty or even fifty.

Although the English are supposed to be very reserved and not at all given to talkativeness, particularly with strangers, one soon discovers that they make very congenial companions when sharing a meal served at the same table. They volunteer advice and practical suggestions as to where to go to enjoy the most beautiful scenery, what means of transportation to make use of, etc. even before such advice or suggestions have been sought.

Of course, there are some disadvantages, too, such as the lack of showers, central heating, and similar modern conveniences. But these disadvantages are so far outweighed by the advantages mentioned above that one hardly notices them.

(와세다대학 교육학부)

문 ① (1), (2)번과 바꿔 쓸 수 있는 것으로서 가장 적당한 것은?

(1) As a rule

① According to rule   ② Following regulations

③ In general   ④ Without exception

(2) once in a while

① for a while   ② after a while

③ once in many years   ④ occasionally

문 ② 다음 질문에 대한 답으로서 적당한 것을 고르시오.

Why doesn't one notice the disadvantages of staying at a bed and breakfast house?

① Because he can enjoy showers and central heating.

② Because the food is so plentiful.

③ Because he can meet all kinds of English people, especially young people.

④ Because there are more advantages than disadvantages.

문 ③ (3)번을 해석하시오.

5분 만에 문제를 풀 수 있다!

문제를 5분 만에 풀 수 있다면 얼마나 좋을까? 지금부터 그 비법을 공개하겠다.

문제 1번의 (1) as a rule은 '대략적으로, 일반적으로 말해서' 라는 숙어이다. 이것을 알고 있는 사람은 별도로 본문을 읽지 않아도 정답이 ③의 In general

이라는 것을 알 수 있다.

(2)번은 once in a while '때때로, 가끔' 이라는 뜻이므로 정답은 ④의 occasionally가 된다. 이 두 문제는 숙어를 알고 있는 사람이라면 쉽게 풀 수 있다.

문제 2번으로 넘어가자. Why doesn't one notice '왜 사람은 신경 쓰지 않는가?' 에서 one은 일반적인 사람을 가리키고, 이어지는 어구는 the disadvantages '결점, 단점, 나쁜 점' of staying at a bed and breakfast house '침대와 아침식사가 딸린 집에 묵는 것의' 라고 질문하고 있다.

일반적인 경우에서 생각해볼 때, 어떠한 사항에 대한 결점을 눈치채지 못하는 이유는 좋은 점이 더 많기 때문이다.

보기를 살펴보기 전에 일단 본문을 훑어보자. 시간은 2분.

일단 질문에 나와 있는 disadvantages가 문제의 열쇠인 듯하니 동그라미를 치고, 이를 단서로 해서 본문을 살펴보자.

다섯 번째 줄에 있는 many advantages에 동그라미를 친다. 이 페이지를 전부 읽어도 disadvantages라는 단어는 없다. 그 이유는 이미 many advantages '많은 장점, 좋은 점' 이 있다고 말하고 있기 때문이다.

다음 줄의 First에 네모를 친다. '우선, 첫째' 좋은 사례가 서술되고 있기 때문에 여기에서도 disadvantages는 나오지 않는다. 다음 열두 번째 줄의 Secondly와 스물한 번째 줄의 Then에도 네모를 친다. 두 번째, 세 번째의 장점이 연속으로 서술되고 있다.

스물세 번째 줄을 보면, the third advantages '세 번째 장점' 이라는 말을 찾을 수 있다. 아직 결점에 대해서는 언급하지 않고 있다.

서른여덟 번째 줄에 나오는 some disadvantage에 네모를 친다. 처음으로 disadvantages가 나오는 이 부분은 there are some disadvantages, too '몇 가지의 결점도 있다' 는 뜻이다.

그리고 마흔 번째 줄의 But에도 네모를 친다. But의 전후에는 〈대비〉가 나

직독직해 tip

bed and breakfast house 란 '간이 숙소, 간이 호텔' 이 나 '민박' 을 가리킨다.

직독직해 tip

앞에서는 many advantages '많은 장점' 이라고 했으니 단점보다는 장점이 많다는 것을 추측할 수 있다.

오므로 '몇 가지의 결점도 있지만'에 대한 대비는 '장점 쪽이 많다'가 된다. But 다음의 these disadvantages에 네모를 친다. so far outweighed는 무슨 뜻인지 잘 모를 수도 있지만 그 다음에 advantages가 나오니 최소한 But 이하에서 disadvantages와 advantages를 서로 비교해서 어느 쪽이 큰지 판정하고 있는 것이다.

마흔 번째 줄의 so와 that에도 네모를 친다. 이것은 so~ that 구문으로 이러한 결점은 장점에 의해 outweigh '더욱 부각된다', 그 결과 one hardly notices them '사람은 그것을 알아차리지 못한다'라는 뜻이 된다.

이 말은 상식적으로 생각해볼 때 '결점보다 장점이 많기 때문'이라는 뜻이다. 그런 다음 보기를 보면서 중간의 설명 부분을 뛰어넘으면 매우 심플하고 명확하게 본문과 일치하는 것이 있다. 바로 ④의 Because there are more advantages than disadvantages '결점보다 장점이 많기 때문에'이다.

그러면 문제 3번에 도전해보자.

on the wrong of forty '40의 잘못된 측'은 무슨 뜻일까?

일단 앞에 a gentleman '신사'라는 어구가 보이므로 여기서 40이나 50이라는 숫자는 연령을 의미하고 있다는 것을 알 수 있다. 40대, 50대라고 보면 된다.

대조법의 위력

여기에 바로 〈대조법〉이 적용된다. 일단 스물여섯 번째 줄의 but에 네모를 친다. but이 등장했으므로 그 전후에 어떤 대비가 이루어지고 있음에 틀림없다. but 앞에 쓰인 것은 mostly young '대부분 젊다'이지만 '젊지 않다, 나이가 들었다'라는 문장이 오리란 걸 짐작할 수 있다. 문맥 속에서 살펴보면 young '젊은' but, once in a while '그러나 가끔' 앞의 mostly '대부분'에 대응하는 표현이 뒤의 once in a while '가끔'이다. 따라서 young에 대응하는 것은 밑줄 친 (3)이 되어야 한다.

그렇다면 '40세의 잘못된 측'은 아마도 '40세를 넘겼다'라는 뜻일 것이다.

Chapter 11 직독으로 가는 지름길

이렇게 5분 안에 모든 문제를 풀었다. 이제 본문으로 들어가보자.

> Bed and breakfast houses / are very common / in England.
> Moreover, / they are quite popular, / not only among the people there, / but also / among visitors / from foreign countries, / such as France, / Germany, / and even / distant Korea.

(common — popular: 변화법)

Bed and breakfast houses are very common in England.

Bed and breakfast houses는 '아침식사가 제공되는 간이 숙소'로 보고 그것이 영국에서는 '매우 넘쳐나고 있다'라고 일단 해석하자.

common의 이미지

하지만 이 해석은 사실 맞지 않다. common은 '진부한' 혹은 '흔한' 등으로 부정적인 의미처럼 보이지만, 특별히 부정의 의미도, 긍정의 의미도 아니다.

common에 대한 변화는 그 다음 줄의 popular이므로 여기서의 common은 popular에 가까운 개념이다. 물론 popular 쪽이 긍정적인 이미지가 강하지만 여기에서의 common은 '자주 볼 수 있는'이라는 의미로 파악하자. 따라서 '영국에서는 자주 볼 수 있는'이라는 의미가 된다.

Moreover, they are quite popular, not only among the people there, but also among visitors from foreign

countries, such as France, Germany, and even distant Korea.

Moreover '더욱이' they are quite popular에서 popular와 common이 변화법에 해당한다고 했으므로 '영국에서 자주 볼 수 있을 뿐 아니라 외국인에게도 인기가 있다'는 내용이다.

not only among the people there에서 there는 전형적인 〈뒤에 놓인 형용사〉이다. 여기에서 there는 in England를 가리킨다. '영국인들 사이에서뿐만 아니라' but also among visitors '방문객, 여행객들 사이에서도' 인기가 있다가 된다.

visitors에 대한 〈뒤에 놓인 형용사〉가 from foreign countries이다.

even의 해석법

such as는 바로 앞에 복수형이 오고 이어서 예를 들어주는 역할을 한다. such as '예를 들면' France '프랑스' Germany '독일' and even distant Korea '그리고 먼 나라 한국과 같은' 이 된다.

There are many advantages / of staying / at a bed and breakfast house. First, / it costs so much less / to stay at one of these houses / than at a regular hotel. As a rule, / in the case of lodgings / of whatever kind / they may be, / low prices mean poor quality, / whether of service, food, or accommodations. But like all rules, / this one, too, / has its exceptions, / and the bed and breakfast house / is that exception.

〈형용사+명사〉의 해석법

There are many advantages of staying at a bed and breakfast house.

There are many advantages '많은 장점이 있다' of staying '머무는 것의, 숙박하는 것의' at a bed and breakfast house '간이 숙소에' 만 봐서는 무슨 말인지 바로 느낌이 오지 않는다. 그러면 many advantages를 보자. 이 어구는 〈형용사+명사〉로 구성되어 있다. 이처럼 직역으로 의미가 통하지 않는 경우에는 advantages를 '주어', many를 '술어' 처럼 보고 해석해도 상관없다. 그러면 '간이 숙소에 머무는 것의 이점은 많다' 가 된다.

First, it costs so much less to stay at one of these houses than at a regular hotel.

문장 앞의 First '첫 째로' 를 기억하고, 일단 it costs so much less에서 끊자.
it costs~ to~는 '~하는 데 (비용이)~든다' 는 의미로 it 다음은 비용에 관한 내용이 이어진다.
so much less의 less에 네모를 치고 than이 있는지 살펴보면 여섯 번째 줄에 than이 있다. 두 가지를 비교할 때, 그 쪽이 훨씬 비용이 들지 않는다는 말이다.
to stay at one of these houses '이러한 간이 숙소에 묵는 것이' 어디에 묵는 것보다 비용이 덜 드는지에 대해서는 than 이하에 나와 있다. than at a regular hotel '제대로 된, 정규 호텔' 에 묵는 것보다 민박에 묵는 것이 훨씬 저렴하다는 말이다.

직독직해 tip

regular hotel은 간이 숙소, 민박 같은 것과 비교되므로 '정규의' '제대로 된' 이라는 의미를 유추해 낼 수 있다.

As a rule, in the case of lodgings of whatever kind they may be, low prices mean poor quality, whether of service, food, or accommodations.

〈문장 앞에 오는 부사〉의 기능

As a rule에서 일단 끊는다. As a rule은 〈문장 앞에 오는 부사〉로 아직 주된 문장에 나와 있지 않은 내용을 암시한다.

그 다음은 in the case of lodgings에서 끊자. lodging은 '숙소' 이므로 '숙소의 경우' 라는 뜻이다. of whatever kind they may be 부분은 lodgings에 대한 〈뒤에 놓인 형용사〉로서 '어떤 종류의 것이든' 이라는 의미로 '어떤 종류의 숙소든' 이고 그 다음에 주절이 오는 형식이다.

> As a rule,　／　in the case of ~,　／
> 　문장 앞에 오는 부사①　　문장 앞에 오는 부사②
> low prices mean poor quality, ~
> 　　　　　주절
>
> 문장 앞에 오는 부사 ②가 까다로우면 문장 앞에 오는 부사 ①만으로 승부한다.

그러면 As a rule '대체로, 일반적으로 말해서' 와 주절인 low prices mean poor quality만으로도 충분히 이야기의 맥락을 잡을 수 있다. low prices '저렴한 가격' mean poor quality '가난한 품질을 의미한다' 라고 해석하면 뭔가 이상하다.

사실 이외의 경우에 사용된 poor는 '조잡한, 조악한' 이라는 뜻으로 '조잡한 품질을 의미한다' 고 해석해야 한다. 따라서 앞에서의 〈형용사+명사〉의 형태인 〈명사 → 주어〉, 〈형용사 → 술어〉로 해석하면 '가격이 싸면 질도 형편없다' 가 된다.

whether of service, food, or accommodations '그 질이라는 것이 서비스

든, 식사든 accommodations이든'에서 accommodations는 rooms '방'과 같은 의미이다. 따라서 '방의 질이 형편없다'는 의미이다.

But like all rules, this one, too, has its exceptions, and the bed and breakfast house is that exception.

But에 네모를 친다. '일반적으로 말해서(As a rule)~ 이다. 그러나(But) ~' 라는 형식만으로도 예외가 있다는 것을 유추해낼 수 있다.

like all rules '모든 규칙과 마찬가지로' this one, too '이 규칙 역시'에서 this one은 구체적으로 여덟 번째 줄의 low prices mean poor quality라는 원칙이다. '싼 가격은 질이 떨어진다', '싼 게 비지떡이다'는 말이다.

그러나 이 원칙 역시 has its exceptions '예외를 가지고 있다' and the bed and breakfast house '간이 숙소가' is that exception '그 예외인 것이다'라고 나와 있으므로 이 문장은 간이 숙소의 장점을 서술하고 있는 것이다.

Secondly, / anyone / who stays at a bed and breakfast house / is surprised / at the rich English breakfast / that he finds / waiting for him / on the table / when he goes down / to the breakfast room / the morning after his arrival / — plenty of fruit juice, / eggs, bacon, toast with butter and marmalade, / together with coffee or tea. The sheer abundance / is enough /

(together with: ~는 물론)

> to take your breath away. And incredible / as it may seem, / all
> 중요한 숙어   C   S   V
> this / is included / in the charge. As for tea or coffee, / you can
>   = About
> have as many refills / as you wish / at no extra cost.

Secondly, anyone who stays at a bed and breakfast house is surprised at the rich English breakfast that he finds waiting for him on the table when he goes down to the breakfast room the morning after his arrival

간이 숙소, 민박에 관한 두 번째 장점을 말하는 단락이다.

anyone '누구나' who stays '묵다' at a bed and breakfast house '간이 숙소에' is surprised '놀란다' 라고 해석하고, at the rich English breakfast에서 끊자. 호화로운 영국 아침 식사에 놀란다고 하며 이어지는 that은 관계사이다. he finds라고 되어 있으므로 이 that은 주격이 아니라 목적격이다. 따라서 '그 호화로운 영국의 아침 식사를' 그가 보게 된 것이다.

의미상 주어는 무엇인가?

waiting for him on the table '식탁 위에 그를 기다리고 있는'에서 동사의 ~ing형, 혹은 to 부정사(이를 준동사라고 한다)가 오면 가장 중요한 것은 그 ~ing형이나 to 부정사의 의미상의 주어가 무엇인지 먼저 찾는 것이다. waiting에 V라고 쓰고 그를 기다리고 있는 것은 과연 무엇(S)인지 알아보자.

열세 번째 줄의 English breakfast 밑에 (S)라고 쓴다. 아침 식사가 식탁에서 그를 기다리고 있고, 그것을 그가 보게 되었다고 해석하면 된다.

여기서 중요한 것은 식탁 위에 차려져 그를 기다리고 있는 영국의 아침 식사가 호화스러운 것에 놀란다는 것이다.

해석하지 않는 기술

참고로 breakfast that he finds waiting for him에서 he finds가 S, V이고 that이 O, waiting for him 이하가 C이다. 여기에서의 목적어는 원래 he finds 다음에 있었던 것이 앞으로 나와 있는 형태로 S+V+O+C 문형이다.

S+V+O+C의 경우에는 O와 C 사이에 〈주어+술어〉관계 (~가 ~하다)가 성립한다.

즉, 그는 아침식사가 자신을 기다리고 있는 것을 보게 되었던 것이다. 그리고 he finds를 해석하지 않으면 자연스러운 우리말이 된다. 대체로 우리말로 자연스럽게 해석하려면 S+V+O+C 중에서 S+V를 〈빼버리는 기술〉을 사용하면 된다.

5개의 직독 발상

when 이하는 직독 발상으로 해결하자. 문장이 전체적으로 완성되면,

① 언제? .... 때
② 어디에서? .... 장소
③ 무엇을 위해? ...... 목적
④ 어떻게? .... 방법
⑤ 왜? .... 이유

이와 같은 직독 발상을 한다. 이에 준해서 보면 식탁 위의 아침이 자신을 기다리고 있는 것을 알게 된 것은 when he goes down '내려갈 때' 이다.

어디에? to the breakfast room '아침을 먹는 방에, 식당에'

언제? the morning '그 아침'

어떤 아침? after his arrival이 the morning에 대한 〈뒤에 놓인 형용사〉로 '그가 도착한 다음날 아침' 이 된다.

이것을 제대로 된 하나의 문장으로 만들면 '두 번째로, 간이 호텔에 묵는 사람은 누구라도' 다음은 열다섯 번째 줄까지 이어진다. '도착한 다음날 아

침, 식당에 내려갔을 때 테이블 위에서 자신을 기다리고 있다는 것을 알았다, 호화로운 영국의 아침 식사에 놀랐다'가 된다. 해석 면에서는 매끄럽지 않더라도, 앞에서부터 해석을 해나가면 훨씬 쉽게 문장이 이해된다.

— **plenty of fruit juice, eggs, bacon, toast with butter and marmalade, together with coffee or tea.**

환언의 대시
— plenty of에서 plenty는 원래 '다량, 많음'이라는 의미의 명사이고 여기에서 파생된 것이 plenty of '많은'이라는 표현이다.

중요한 것은 그 plenty 앞의 '—'이다. 이것은 항상 강조하는 〈환언의 대시〉로 무엇을 환언하려는 것일까?

fruit juice, eggs, bacon, toast with butter and marmalade '많은 양의 주스와 계란, 베이컨, 버터나 오렌지 잼을 바른 토스트' 부분은 열여섯 번째 줄의 the rich English breakfast를 환언하고 있다. '호화로운 아침을 구체적으로 말하면 이러하다'는 것이다.

together with coffee or tea에서 together with~는 '~와 더불어'라는 의미이지만 '~는 물론'의 뜻에 더 가깝다. 즉, 커피, 홍차는 물론이고 그 이외에도 베이컨이나 계란, 과일 주스 등 여러 가지 음식이 나온다는 말이다.

he sheer abundance is enough to take your breath away.

sheer는 '완전히'라는 뜻이지만 해석할 때는 크게 신경 쓰지 말자. abundance는 '분량'이라는 의미이므로 '그 분량만으로도', 즉 '그 양만으로 충분하다'는 뜻이다.

to take your breath away는 숙어로. '당신을 놀라게 하기에 충분하다' 라는 의미이다.

And incredible as it may seem, all this is included in the charge.

And incredible as it may seem까지가 〈문장 앞에 오는 부사〉로, as에 네모를 치고 양보 구문으로 이해한다.

형용사+as+S+V는 '~ 는 ~이지만' 이라는 뜻으로, 여기서는 '믿을 수 없어 보이지만' 으로 쓰였다.

all this '이러한 모든' 은 열다섯 번째 줄의 plenty of 이하에 쓰인 것을 가리킨다. 이러한 모든 것이 is included '포함되어 있다' in the charge '요금 안에' 즉 숙박 요금 안에 포함되어 있어 별도로 아침 식사비를 지불하지 않아도 된다는 의미이다.

직독직해 tip

take one's breath away '~의 숨을 빼앗아 버리다' → '숨 막히게 한다' 즉, '놀라게 한다(=surprise)' 와 같은 의미이다.

As for tea or coffee, you can have as many refills as you wish at no extra cost.

일단 As for에 밑줄을 긋자. as for~는 '~에 대해 말하면' 이라는 의미로 '~에 관해서는' 이라고 해석해도 된다. tea or coffee '홍차나 커피에 관해서는' you can have '가질 수 있다' as many refills '얼마든지 더 마실 수 있다' as you wish '원하는 만큼' at no extra cost '추가 요금을 지불하지 않고도, 무료로' 라고 바로 해석하자.

직독직해 tip

refills는 fill이 '채우다' 라는 뜻이고, re는 '다시 한번' 이라는 뜻이므로 '다시 한번 채우다' 라는 의미이다.

Then, / for the foreign traveler, / especially for one, / say, from Korea, / who is trying / to combine learning English / with seeing the country, / the third advantage / of staying at a bed and breakfast house / is one / that cannot be overemphasized. In such a house, / he will have an excellent opportunity / to meet many English people, / mostly young, of course, / but, once in a while, / he may see, / among the crowd of young people, / a gentleman / who seems to be / on the wrong side of forty / or even fifty.

(for: ~에게 있어서)
(뒤에 놓인 형용사)
(대비)
(2)
(3)

Then, for the foreign traveler, especially for one, say, from Korea, who is trying to combine learning English with seeing the country, the third advantage of staying at a bed and breakfast house is one that cannot be overemphasized.

문장 앞의 for

Then 다음에 오는 for는 보통 '~에 있어서'라는 뜻으로 해석된다. 그러므로 for the foreign traveler '외국의 여행자에게' especially '특히' for one '한 사람'이라는 의미가 된다. 여기서 one은 foreign traveler를 말한다.

그 다음의 say는 앞에 let's가 생략되어 있는 형태로 '글쎄, 예를 들면~'이라는 어감이다.

from Korea는 〈출신〉을 나타내는 from이 쓰여 '한국에서 온 외국 여행자

직독직해 tip

S+V(문장), for~의 경우에 for는 '왜냐하면~'이라는 접속사 역할을 한다.

에게 있어' 라는 의미이고 다음의 who로 그 여행자를 설명하고 있다.

is trying to combine은 combine A with B 'A를 B와 연결하다' 라는 숙어이다. 뒤에 오는 learning English '영어 공부와' with seeing the country '관광'을 합해보면 '영어 공부와 관광을 연결시키려고 하고 있다' 가 된다.

country까지가 〈문장 앞에 오는 부사〉이고, 다음의 주절에 S+V가 온다.

the third advantage '세 번째 장점은' of staying at a bed and breakfast house '간이 숙소에 묵는 것의' is one that에서 one는 advantage를 가리킨다. 즉 '다음과 같은 advantage이다' 가 된다.

overemphasized는 '과장된' 이라는 의미로, 이것과 cannot이 연결되어 '아무리 강조해도 지나치지 않을' 정도로 중요하다는 의미가 되었다.

In such a house, he will have an excellent opportunity to meet many English people, mostly young, of course, but, once in a while, he may see, among the crowd of young people, a gentleman who seems to be on the wrong side of forty or even fifty.

In such a house '그와 같은 민박에서는' he will have '그는 가지게 될 것이다' an excellent opportunity '멋진 기회를, 절호의 기회를' 에서 끊자.

영작에도 도움이 되는 직독법

opportunity는 〈뒤에 놓인 형용사〉로서 to 부정사를 취한다. 어떠한 멋진 기회인지에 대해서는 그 다음에 나와 있는 것이다. 즉 to meet many English people '많은 영국인을 만날 수 있는' 기회이다.

그런데 보통 to 부정사의 형용사 용법으로 opportunity에 걸린다고 이해하고 있으므로 좀처럼 그 반대의 발상이 떠오르지 않는 것이다. 그리고 영문에 있어서 일반적으로 우측에 쓰여 있는 것은 좌측에 쓰여 있는 것에 대한 설명이다.

> opportunity to meet many English people (○)
>
> opportunity that they meet many English people (×)
>   S   V
>
> ※ 동격의 that절은 아무 때나 사용해서는 안 된다.
> opportunity에 대한 올바른 〈뒤에 놓인 형용사〉는 to 부정사 형태이다.

'많은 영국인들' 이라고 먼저 말해 놓고, 그에 대한 구체적인 설명으로서 mostly young, of course '물론 대부분 젊은 사람이 많다' 라고 서술하고 있다. 이어지는 문구를 보면, but, once in a while '그러나 가끔은' he may see '다음과 같은 사람을 만날지도 모른다' among the crowd of young people '젊은 사람들 사이에 섞여 있는' a gentleman '영국 신사를' 이 된다.

그런데 여기에서 신사라고 하는 것은 who seems to be on the wrong side of forty '40세를 넘긴 것처럼 보이는' or even fifty '혹은 50세를 넘겼을 것 같은' 이라고 설명되어 있다. 그러한 영국 신사는 예의범절이나 예의바른 말투, 영국의 역사, 문화에 대해서 말해줄지도 모른다.

Although the English are supposed / to be very reserved / and not at all given / to talkativeness, / particularly / with strangers, / one soon discovers / that they make very congenial companions / when sharing a meal / served at the same table. They volunteer advice / and practical suggestions / as to where to go / to enjoy the most beautiful scenery, / what means of transportation / to make use of, etc. / even before such advice or suggestions / have been sought.

Although the English are supposed to be very reserved and not at all given to talkativeness, particularly with strangers,

〈대비〉를 만들어내는 although

Although the English '영국 사람은'에서 Although가 양보, 혹은 역접을 나타내므로 이 접속사를 기준으로 〈대비〉가 발생한다는 사실을 기억하자.

the English are supposed '영국인은 생각되어지고 있지만' to be very reserved는 단어의 문제이다. reserved는 '조심스러운', '사양하는' 이라는 의미이다.

and not at all given '그리고 전혀 주어지지 않는다' to talkativeness '수다'에서 not at all은 완전 부정이므로 결론부터 말하면 '수다 떠는 것을 전혀 좋아하지 않는다' 가 된다.

given to 다음에 '술'이라는 단어가 왔다면 '항상 술에 빠져 있다'는 의미가 된다. be given to~는 '~에 푹 빠지다' 혹은 '~을 너무 좋아하다' 라는 숙어로, '몸과 마음을 바치다' 라는 어감이고 거기에서 발전되어 '~에 빠지다' 혹은 '~를 너무 좋아하다' 라는 의미가 된다.

and의 분석

그렇다면 이 부분의 전후 관계는 〈and의 분석〉으로 되어 있다. 이 and에 네모를 치고 무엇과 무엇을 연결하고 있는지 알아본다.

given이 과거분사이므로 and 앞에 과거분사가 없는지 살펴보면 reserved가 보인다. 이것이 ①이고 공통요소가 무엇인지 살펴보면 to be에 밑줄을 긋고 R 마크를 한다. 그러면 very reserved가 ①이고, and 다음의 not at all given to talkativeness 전체가 ②이다. 영국인은 ① '매우 조심스럽다고 여겨진다' 그리고 ② '수다 같은 것은 전혀 싫어할 것이라 생각된다' 가 된다. particularly with strangers '특히 모르는 사람과 함께 있을 때' 까지만 보면 영국인은 조심스럽고, 수다 떠는 것을 좋아하지 않을 거라는 이야기지만, Although를 기억해서, 뒤에는 대비되는 내용이 나온다는 것을 예측해야 한다.

one soon discovers that they make very congenial companions when sharing a meal served at the same table.

형용사는 좋거나, 나쁘거나

one soon discovers '바로 다음 것을 발견하게 된다' that they make '영국인은 ~한다' very '매우' congenial companions 'congenial한 동료, 친구'라고 해석하자. 만약 congenial의 뜻을 모르더라도 Although를 기준으로 〈대비〉가 발생한다는 사실을 알면 쉽게 해석할 수 있다.

앞의 내용에서 영국인들은 조심스럽고, 수다 떠는 것을 좋아하지 않는다고 나왔으므로, congenial은 '수다 떠는 것도 좋아하고, 자신을 드러내다'의 의미라야 한다. 실제로 사전을 찾아보면 congenial은 '싹싹한' 혹은 '친절한', '사람 좋은'이라고 나와 있다.

또 한 가지 방법은 congenial이라는 단어가 형용사라는 점에 주목하는 것이다. 직독직해의 노하우 중 하나는 모르는 단어가 형용사인 경우, 크게 나눠 good, 아니면 bad라고 생각하는 것이다.

여기는 good의 의미로 보고 '싹싹한, 친절한, 사람 좋은' 등으로 해석하면 된다. 즉, very good companions이 된다.

make(~이 되다)의 이해

여기서 make는 '만들다'로 해석해서는 의미가 통하지 않고 '구성하다, 이룬다'라고 해야 한다. 영국인은 매우 좋은 친구들을 구성한다를 영어에서는 이렇게 표현한다. 이 문장의 문형은 S+V+C가 아니라 S+V+O이다.

직독직해 tip

여기에서의 one은 해석하지 않는 편이 자연스럽다.

2 and 2 make 4도 마찬가지이다. 우리말이라면 2 더하기 2는 4가 '된다' 라고 하겠지만, 영어는 '2 더하기 2는 4를 구성한다' 라고 표현한다. 이것을 become과 동일시하는 것은 우리말로 해석할 때는 편리하겠지만 본질적인 의미는 아니다. 따라서, 본문에 있는 문장은 '영국인은 매우 좋은 친구를 구성한다' 로 풀이한다. when sharing a meal '식사를 공유할 때, 함께 식사를 할 때' 에서 meal에 대한 〈뒤에 놓인 형용사〉가 served at the same table '같은 테이블에 차려진' 이다. 따라서 전체적인 내용은 '식사를 함께한다' 는 의미이다.

직독직해 tip

이런 표현에 익숙해지는 것 이야말로 진정한 영어 학습 이다.

They volunteer advice and practical suggestions as to where to go to enjoy the most beautiful scenery, what means of transportation to make use of, etc.

만약 volunteer라는 동사를 모른다고 해도 이 단어 자체는 '자진하여 ~하다' 로 알고 있을 것이다. 목적어를 연결하면 advice and practical suggestions '조언 혹은 실제적인 제안' 을 자진해서 제공한다는 뜻이다.

다음의 as to에 밑줄을 긋는다. as to도 자주 나오는 표현이지만 의외로 모르는 사람이 많다. as to~는 '~에 대해, ~관해' 라는 뜻으로 a와 t에 주목해서 about라고 보는 것이 좋다. 의미는 거의 동일하다.

따라서 where 이하가 명사적으로 쓰인 것이다.

슬래시를 이용한 올바른 독해

우선 where to go에서 끊는다. 슬래시를 하나 넣음에 따라 올바른 독해가 될 수도 있고 잘못된 독해가 될 수도 있다. 이 부분은 여기에서 끊어주어야 올바른 독해로 이어질 수 있다. where to go에서 끊으면 '어디로 가야 하는가' 라는 의미가 발생된다.

to enjoy the most beautiful scenery는 '가장 아름다운 경치를 즐기기 위해서' 라는 〈목적〉이다. 어떠한 곳으로 가면 좋을지에 대한 설명이다. 또한 what means of transportation은 '어떠한 교통 수단을' to make use of '활용, 이용해야 하는가' 등에 대해서 라는 뜻으로 이어진다. as to를 '~에 관한' 이라고 해도 좋다. as to에 R마크를 하고, where를 ①, what을 ②로 보면, 이러한 두 가지 사항에 '관해' 자발적으로 조언을 해준다, 혹은 이러한 것에 '관한' 조언을 해준다가 된다.

even before such advice or suggestions have been sought.

even before such advice or suggestions '그런 조언이나 제안이 ~하기 전에' have been sought '요구되기' 라는 뜻은 묻지도 않았는데 말을 해준다는 의미이다. 따라서 이 even before 이하는 서른네 번째 줄의 volunteer '자발적으로 제공한다' 라는 동사의 의미와 매우 밀접한 관계에 있다.

sought라는 동사의 현재형은 seek이다.

> Of course, / there are some disadvantages, too, / such as the lack
> [But에 의한 대비]
> of showers, / central heating, / and similar modern conveniences.
> But these disadvantages / are so far outweighed / by the
> advantages / mentioned above / that one hardly notices them.

Of course, there are some disadvantages, too, such as the lack of showers, central heating, and similar modern conveniences.

222

Of course '물론' there are some disadvantages, too '몇 가지의 결점, 단점도 있다' such as '가령' the lack of showers '샤워기가 없고' central heating '중앙 난방이 안 되는' 이라고 해석하고, lack of에 R마크를 하자. 그리고 showers에 ①, central heating에 ②, and 다음의 similar modern conveniences가 ③이라고 이해하면 '그것들과 비슷한 근대적인 설비' 가 없다, 간이 호텔에는 그러한 단점이 있기도 하다는 뜻이 된다.

But these disadvantages are so far outweighed by the advantages mentioned above that one hardly notices them.

해석하기 곤란한 수동태가 나왔을 때

But '그러나' these disadvantages '이러한 결점은' are so far outweighed는 so~ that~ 구문이다. far는 부사로서 outweighed를 강조하고 있다.

outweighed를 능동태로 고치면 A outweighs B 'A는 B를 능가하다' 'A는 B보다 낫다' 라는 뜻이 된다. 원래는 'A가 B보다 무겁다' 라는 의미로 중요도가 크다는 것을 뜻한다. 여기서는 '장점이 이러한 단점을 훨씬 능가하기 때문에' 이다. the advantages mentioned above '위에서 서술한 바와 같이' 장점이 단점을 훨씬 능가하기 때문에 that one hardly notices them '사람들은 간이 숙소의 단점에는 거의 신경 쓰지 않고 있다' 라는 뜻이 된다.

직독직해 tip

these disadvantages are so far outweighed by the advantages를 그대로 해석하면 '이러한 단점은 장점에 의해 매우 '월등해진다' 가 되어 이상하다. 이렇게 수동태 문장으로 해석하기 어려울 때는 능동태로 바꾼다.

CHAPTER 12

예측하는 힘, 직독 발상

Lesson 12 다음 글을 읽고 질문에 답하시오.

In contrast to the majority of civilizations from the beginning of recorded human history, we are living in an age of science. It(1) is well-known that science and its technological applications dominate our times and permeate our lives. Prior to the rise of modern science men also(2) sought to explain the imponderable events in the world around them(3). They called upon(4) myth, custom, folklore, religion, and common sense to provide the explanations needed. That these explanations frequently proved(4) unreliable, particularly when dealing with complex events, is too well-known to elaborate further.

However, during the eighteenth and nineteenth centuries, some men of letters, social philosophers, and an occasional scientist were so highly enamored of the prospects for scientific advancement that they claimed that science, (6) more time and access to greater resources, would be able to embrace all human knowledge and render all phenomena amenable to scientific investigation. They believed that science would (7) superstition, prejudice, ignorance, and idolatry, overcome poverty and disease, and usher in a kind of utopia on earth. The philosophers of the eighteenth century and the positivists of the nineteenth century had virtually unlimited faith (8) the power of science.

As the social sciences developed in the nineteenth century, there was a tendency for them to fall under the spell of 'scientism'. Scientism is the proposition that the methods of the natural "sciences" should be used in all areas of investigation. This has led some of the social sciences to ape the methodology of the physical sciences. Scientism manifested itself early in the present century as a (12) of scientific method with scientific techniques, so that the techniques themselves became the necessary and sufficient conditions for scientific standing.

(죠치대학 법학부)

문 ① 이 대명사는 무엇인가?
① 직전의 문장 전체를 가리킨다.
② that 이하를 가리킨다.
③ 사정, 상태를 막연하게 가리킨다.
④ science를 가리킨다.

문 ② also의 의미는 무엇인가?
① 내면 세계의 사상을 설명함과 동시에
② 설명을 분명하게 함과 동시에
③ 근대 과학의 탄생 이전과 마찬가지로
④ 근대인과 마찬가지로

문 3 이 대명사가 가리키는 것은 무엇인가?

① civilizations ② our times ③ men ④ event

문 4 밑줄 친 부분의 의미로 가장 가까운 것은 무엇인가?

① appealed to ② made a visit to ③ looked up to ④ coincided with

문 5 밑줄 친 부분의 의미로 가장 가까운 것은 무엇인가?

① 이러한 설명이 특히 복잡한 사건을 다룰 때, 종종 부정확한 것까지 설명하려고 했던 것은 매우 잘 알려져 있으므로 장황하게 서술할 것까지는 없다.

② 대부분의 경우, 이러한 설명이 잘못되어 있다는 것은 주지하고 있는 사실이므로 더 이상 자세하게 설명할 필요는 없다. 특히 복잡한 사상에 관한 설명은 믿을 수 없는 경우가 많았다.

③ 이러한 설명은 종종 믿어지지 않는 결과를 만들어낸다. 특히 복잡한 사건을 다루는 경우 그러했다는 것은 이미 알려져 있으며 더욱이 실험을 통해 확인할 수 있다.

④ 이러한 설명이 대부분의 경우는 신용할 수 없다고 증명된 것은 이 이상 확증을 받을 필요가 없을 정도로 잘 알려져 있는 사실이다. 특히 복잡한 사상을 다루는 경우에는 더욱 그러한 것이 많았다.

문 6 빈칸에 들어갈 가장 적당한 말을 고르시오.

① gave ② to give ③ giving ④ given

문 7 빈칸에 들어갈 가장 적당한 말을 고르시오.

① help ② change ③ dispel ④ examine

문 8 빈칸에 들어갈 가장 적당한 말을 고르시오.

① for ② in ③ of ④ to

문 9 밑줄 친 부분의 의미를 가장 잘 전달한 것은 무엇인가?

① 19세기에 사회과학이 발달함에 따라 사회과학이 '과학만능주의'라는 사고방식에 사로잡히게 했다.

② 19세기에 사회과학이 발달하는 한편, 그들은 '과학주의' 사상을 뒷받침해주는 언동을 실행하는 경향이 있었다.

③ 19세기에 사회과학이 발달하였기 때문에 '과학만능주의' 사고를 버리려는 움직임을 보이기 시작했다.

④ 19세기에 사회과학이 발달하였기 때문에 그들은 '과학주의'를 기치로 내걸게 되었다.

문 10 밑줄 친 부분의 의미로 가장 적당한 말을 고르시오.

① accept   ② imitate   ③ reject   ④ play

문 11 밑줄 친 부분의 의미로 가장 적당한 것을 고르시오.

① was regarded   ② infected   ③ was known   ④ appeared

문 12 빈칸에 들어갈 적당한 말을 고르시오.

① divorce   ② confusion   ③ belief   ④ reconciliation

문 13 밑줄 친 부분의 해석으로서 가장 적당한 말을 고르시오.

① 사정   ② 경우   ③ 조건   ④ 형세

In contrast / to the majority of civilizations / from the beginning / of recorded human history, / we are living / in an age of science. It is well-known / that science and its technological applications / dominate our times / and permeate our lives. Prior to the rise of modern science / men also sought / to explain the imponderable events / in the world / around them. They called upon myth, / custom, folklore, religion, / and common sense / to provide the explanations / needed. That these explanations / frequently proved unreliable, / particularly / when dealing with complex events, / is too well-known / to elaborate further.

직독직해 tip

In contrast to / the majority of~에서 전치사 앞에서 끊어 읽는 것을 원칙으로 삼는다. In contrast to what?이라고 물으면 To the majority of civilization이라고 대답하자.

In contrast to the majority of civilizations from the beginning of recorded human history, we are living in an age of science.

영어의 리듬, 갈고 닦자

In contrast to~는 '~와는 대조적으로'라는 숙어로 해석해도 상관없지만 전치사 앞에서 끊어 읽자. 그것이 네이티브들이 영어를 읽을 때의 리듬이다.

In contrast '대조적으로' to the majority of civilizations '대부분의 문명과' from the beginning '처음부터'에서 from the beginning은 civilizations에 대

한 〈뒤에 놓인 형용사〉다. of recorded human history '기록된 인간의 역사' 라는 부분을 자연스럽게 해석하려면 from the beginning of recorded human history를 '유사 이래' 혹은 '역사가 시작된 이래' 라고 해야 한다.

이어지는 어구를 살펴보면 we are living '우리는 살고 있다' in an age '시대에' of science '과학의' 가 된다. 이것은 근대·현대 이전은 '과학의 시대' 가 아니었고 지금은 '과학의 시대' 에 살고 있다는 뜻이다.

It is well-known that science and its technological applications dominate our times and permeate our lives.

it is ~ that의 형태

It is well-known '다음의 것은 잘 알려져 있다' 는 과거분사에서 비롯된 형용사이다. 과거분사, 형용사, 그리고 ~ing형은 모두 형용사형으로 간주한다. 그리고 It is~ that가 형용사일 때는 강조 구문이 아니다. It is 다음이 부사인 경우에는 It is와 that를 생략해도 문장이 충분히 성립하지만 형용사인 경우에는 It is와 that를 생략하면 문장은 성립하지 않는다. 왜냐하면 〈형용사+(S+V)〉라는 문장 형태는 없기 때문이다.

즉 It is ~ that 형태의 문장에서 It is 다음에 형용사가 오면 형식주어구문이고 It is 다음이 명사나 부사가 오면 강조 구문일 가능성이 높다.

직독직해 tip

강조 구문일 때는 It is 다음이 명사나 부사인 경우가 많고 그 명사나 부사를 주어, 혹은 목적어로서 that절 속에 넣어도 문장이 성립한다.

문맥 속에서 파악하자

that science and its technological applications는 긴 주어이므로 끊어준다.

'과학, 그리고 그 기술적인 응용이' dominate our times '현대를 지배하고 있다' 에서 our times는 '현대' 를 이르는 말이다. time은 '시간' 이나 '시대' 라는 의미도 되고, '1회, 2회' 라는 의미도 있다. 여기서는 our times라고 되어 있으므로 '우리들 시대', 즉 '현대' 가 된 것이다.

직독직해 tip

time은 〈가산명사〉도 되고 〈불가산명사〉도 되므로 항상 전체 문맥 속에서 내용으로 파악해야 한다.

and가 연결하는 것

and permeate our lives에서 permeate는 깊숙이 '침투하다' 라는 뜻이다. per라는 접두사는 through '~을 통해' 라는 의미이다.

and가 연결하는 것은, dominate our times '현대를 지배하고 있다' 와 permeate our lives '우리의 생활에 침투하고 있다' 이며 공통 항목은 주어이다. 다시 말해서 이 두 번째 문장 전체가 첫 번째 문장의 주절 we are living in an age of science '우리는 과학의 시대에 살고 있다' 는 문장 전체를 설명하고 있는 것이다.

'과학의 시대' 라고 다소 추상적인 표현을 한 후에, 좀더 구체적으로 '과학과 과학적 응용이 우리의 생활 구석구석까지 스며들고 있다' 고 말하고 있다.

Prior to the rise of modern science men also sought to explain the imponderable events in the world around them.

주격의 of

the rise of modern science를 우리말로 해석할 때는 of를 〈주격의 of〉로 본다. Prior to는 '~에 앞에서' 라는 뜻이고, rise는 '일어난다, 발생한다' 라는 동사에서 파생된 명사이므로 이것을 의미상 동사로 보면 그 다음의 of가 〈주격의 of〉가 되며 modern science가 의미상의 주어, rise가 의미상의 동사이다. 즉 '근대 과학의 발흥, 근대 과학의 발생 이전에' 라고 해석할 수 있는데, 조금 더 자연스럽게 고쳐보면 '근대 과학이 발흥하기 이전에' 라는 의미가 된다.

imponderable

imponderable은 무척 어려운 단어이다. 우선 ponder라는 말은 '생각하다, 숙고하다' 라는 의미이고 im은 부정의 느낌을, able은 '~할 수 있다' 라는 뜻이다. 따라서 imponderable은 문자 그대로 '생각할 수 없는' 이다.

직독직해 tip

prior to~는 '~에 앞서', '~이전에' 라는 숙어다.

also의 해석법

다시 앞으로 돌아가서 '근대 과학이 발흥하기 이전에' men also sought~ 에서 also를 '인간도 역시' 라고 해석할지, '인간은 요구하기도 했다' 라고 해석할지를 묻는 것이 밑줄 친 (2)번 문제의 핵심이다.

also라는 부사는 그것이 수식하는 것과 떨어져서 놓이는 경우가 있다. 따라서 여기서는 직접 연결되어 있는 주어나 동사를 수식하는 것이 아니다. 사실 also는 Prior to the rise of modern science라는 〈문장 앞에 오는 부사〉를 수식하고 있다. 즉 '인간도 역시' 도 아니고 '인간은 이렇다, 그리고 또 설명을 찾아보기도 했다' 도 아니다. '근대 과학의 발흥 이전에도' 라는 말을 바꿔 쓰면 ④ '근대인과 마찬가지로' 다음과 같은 것을 설명하려고 했던 것이다.

③이 만약에 '근대 과학의 탄생 이후와 마찬가지로' 였다면 이것도 정답이 될 수 있다.

직독직해 tip

사전에는 '계량할 수 없는' 등 여러 가지 해석이 있지만, 여기에서는 '설명할 수 없는'으로 쓰였다.

전체적으로 파악하기

the imponderable events '불가해한 사건을' in the world '세계에서' around them '주위의' 에서 them은 네 번째 줄의 men을 가리킨다.

일반적으로 과학이란 '알 수 없는, 불가해한 사건을 설명하는' 학문이다. 현대인은 그러한 '과학의 시대' 에 살고 있으나 근대 과학 이전에도 역시 인간은 주위에서 알 수 없는 일이 일어나면 그것을 설명하려고 나름대로 노력했다는 말이다. 그러나 그때는 과학이라는 것이 없었으므로 대신 종교나 철학 등에 의지했을 것이다.

They called upon myth, custom, folklore, religion, and common sense to provide the explanations needed.

예상대로 다음 문장에 They called upon myth '신화', custom '습관', folklore '민화', religion '종교' and common sense '그리고 상식, 양식' 이라는 문장이 이어진다.

동사의 포인트

그럼, 이것을 어떻게 연결하면 좋을까? called upon의 의미를 안다고 해결되지 않는다. 이번 경우에만 국한되는 것은 아니지만 동사에 관해서는,

> ① 그 동사가 어떠한 전치사와 함께 사용되는가?
> ② 어떠한 목적어를 취하는가? 그것이 사람인가, 사물인가?
> ③ 그 목적어 뒤에 to 부정사가 오는지의 여부

이 3개의 포인트를 잘 기억해둔다.

동사의 의미는 그 단어 단독으로 결정되는 것이 아니라 동사가 취하는 문장 전체 안에서 결정되는 것이다. 지금의 경우는 〈call upon+목적어+to 부정사〉이다. 그리고 to 부정사에서 가장 중요한 것은 이것을 동사로 봤을 때 의미상의 주어가 무엇인가를 파악해야 한다.

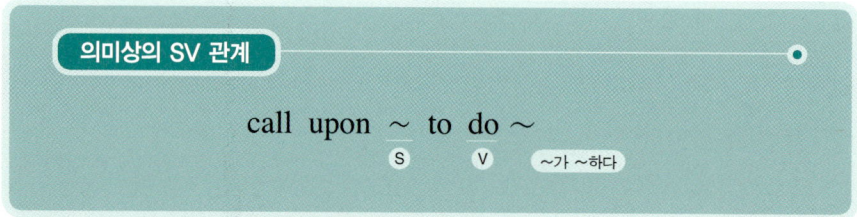

따라서 call upon ~ to do~는 '~ 에게 ~하도록 요청하다, 요구하다' 라는 의미이다. '신화라든지 습관, 민화, 종교 등에 요구했다' to provide the explanations '설명을 해달라고' 가 된다.

the explanations에서 끊으면 needed는 '필요로 한다(need) → 필요한' 으로 변한 전형적인 〈뒤에 놓인 형용사〉이다.

예를 들면, 나일 강이 왜 범람했는가에 대한 설명을 누군가는 해야 한다. 그러면 제사를 지휘하는 종교적인 인물이 희생물을 바치는 정성이 부족하다거나 신을 소홀히 여겼다는 등 여러 가지 설명을 할 것이다. 그 사람 말이 맞을지도 모르고 그렇지 않을 수도 있다. 그러나 이것은 일반적인 고대 이집트인에게 있어 '불가사의한 자연 현상을 납득하는 데 필요한' 설명일 것이다.

That these explanations frequently proved unreliable, particularly when dealing with complex events, is too well-known to elaborate further.

문장 앞의 That

우선, 문장 앞의 That은 잠시 미뤄두고 these explanations frequently를 '이러한 설명이 종종' 이라고 해석한다.

proved unreliable은 '신뢰할 수 없다는 것이 판명되었다' 라는 뜻으로 '나일 강의 범람은 희생물이 부족했기 때문이다' 라고 해석되어 희생물을 많이 바쳐도 그 다음 해에 또 다시 강이 범람한다가 된다. 따라서 이러한 해석은 unreliable '믿을 수 없는' 이 된다.

particularly '특히' when dealing with complex events '복잡한 사건을 취급할 때는' 에서 끊는다. 다음에 is를 본 순간 그 아래 V라고 쓰고 주어를 찾아본다.

That에서 events까지가 S, is가 V이다.

직독직해 tip

보통은 주어가 너무 길면 it을 가주어로 내세우지만 이 경우는 굳이 that절을 사용하고 있다.

> **That these explanations frequently proved unreliable ~**
> S
> **is too well-known~.**
> V
>
> 1. 큰 범주의 S 속에 S' (these explanations) V' (proved)가 들어 있다.
> 2. 문두의 단어는 What(×)이 아니라 That(○)이라는 점에 주의.

SV감각의 포인트는 S 안에 주어와 동사를 포함하는 〈큰 범주의 S〉이다. 매우 긴 S로 동사 is를 제대로 파악하는 것이 중요하고 큰 주어로 표시하기 위해 접속사 that이 온 후 이어서 S' +V' 가 들어가 있다는 걸 명심하자.

is too well-known '아주 잘 알려져 있다' to elaborate further '더 자세하게 서술하기에는' 이라는 어구는 누구나 알고 있기 때문에 더 이상 설명할 필요가 없을 것이라는 말이다.

elaborate라는 단어 속의 labor는 '노력, 수고' 라는 뜻이고 e-는 out라는 의미로, '철저하게 노력을 다해 만들어낸다' 라는 것이 elaborate의 원래 의미이다. 따라서 여기에서 elaborate further는 '노력을 다해 자세하게 본다' 는 뜻이다.

그럼 문제를 풀어보자.

문제 1번에서 It이라는 대명사는 It is+형용사 +that~ 의 형식이다. It은 거의 대부분 형식 주어이므로 It은 that절 이하를 가리킨다. 따라서 정답은 ②이다.

문제 2번에서 also는 현대인과 현대 이전을 비교해서 현대인은 과학의 시대에 살고 있고 고대인 혹은 근대 이전의 사람들도 그 나름대로 불가해한 현상을 설명하려고 했다고 되어 있으므로 ④의 '근대인과 마찬가지로' 가 정답이다.

문제 3번의 them이 가리키는 것은 ③의 men이다.

문제 4번 밑줄 친 부분의 의미로 가장 가까운 것은 앞에서 설명한 바와 같이 '~에 ~하는 것을 요청하다' 이다. 잘못하면 '방문하다' 로 해석할 수 있는데 call on 다음에 만약 장소가 나온다면 그러한 의미일 수도 있지만, 여기에서는 다음과 같은 공식을 익혀두어야 한다.

> call upon 사람 for 사물 … ①
> call upon 사람 to do 사물 … ②

call upon 다음에 사람이 오고, for 다음에는 사물이 온다.
 ①의 for는 '~구하다' 라는 의미이므로 사람에게 사물을 요구해서 '청하다, 부탁하다' 이므로 '~에 ~를 요청하다' 라는 뜻이 된다.

 그리고 ②와 같이 call upon 사람 to do 사물의 형태라면 '~에게 ~하도록 요청하다' 라는 뜻이다.

 call upon 사람이므로 신화나 민화가 목적어로 오는 본문이 이상하다고 생각할지도 모르지만 myth라든지 religion 등이 여기에서는 의인화되어 사람의 역할을 하고 있다. 따라서 결국 '~가 ~하도록 요청하다' 라는 것에 가장 가까운 표현은 ①의 appealed to~ '~에 호소하다' 이다.

직독직해 tip

call upon 사람, 사물 형태는 주로 신문 영어에서 많이 사용하는데 예를 들면 다음과 같다. The United States government called upon the Chinese government to listen to students' cries for democracy '미국 정부는 중국 정부에 학생의 민주화 요구를 좀더 받아들이도록 요청했다'

문 ⑤ 밑줄 친 부분의 의미로 가장 가까운 것은 무엇인가?

①이러한 설명이 특히 복잡한 사건을 다룰 때, 종종 부정확한 것까지 설명하려고 했던 것은 매우 잘 알려져 있으므로 장황하게 서술할 것까지는 없다.

 '종종 부정확한 것까지 설명하려고 한다' 는 부분에 밑줄을 긋는다. prove 가 본문에서는 '~라는 것을 판명하다' 라는 의미인데도 불구하고 '설명하다' 로 보고 있다. 또한 unreliable은 '신뢰할 수 없는' 인데 '부정확' 이라고 되어 있으므로 틀렸다.

② 대부분의 경우, 이러한 설명이 잘못되어 있다는 것은 주지하고 있는 사실이므로 더 이상 자세하게 설명할 필요는 없다. 특히 복잡한 사상에 관한 설명은 믿을 수 없는 경우가 많았다.

'대부분의 경우, 이러한 설명이 잘못되어 있다'에 밑줄을 긋는다. '잘못된'이라는 말은 본문에 없다. 모두 알고 있으므로 더 이상 자세하게 설명할 필요가 없다'는 부분과 '특히 복잡한 사상에 관한 설명은 믿을 수 없다' 이하의 문장은 맞다.

③ 이러한 설명은 종종 믿어지지 않는 결과를 만들어낸다. 특히 복잡한 사건을 다루는 경우 그러했다는 것은 이미 알려져 있으며 더욱이 실험을 통해 확인할 수 있다.

'믿어지지 않는 결과'에 밑줄을 긋는다. unreliable은 '신뢰할 수 없다'이지 '믿어지지 않는'이 아니다. 이 부분이 이미 잘못되어 있다. 그리고 본문의 elaborate further는 보기처럼 '더욱이 실험을 통해 확인할 수 있다'는 의미가 아니라 '더욱이 자세하게 서술하다'는 뜻이다.

④ 이러한 설명이 대부분의 경우는 신용할 수 없다고 증명된 것은 이 이상 확증을 받을 필요가 없을 정도로 잘 알려져 있는 사실이다. 특히 복잡한 사상을 다루는 경우에는 더욱 그러한 것이 많았다.

'이러한 설명이 대부분의 경우는 신용할 수 없다고 증명된 것'이라는 표현은 나쁘지 않다. '이 이상 확증을 필요로 하지 않는다'에 밑줄을 그어 준다. elaborate는 '자세하게 설명하다'라는 의미이므로 이 부분이 틀렸다. 이 ④번은 헷갈리기 쉽지만 답이 아니다.

앞에서 ②번을 살펴볼 때, '잘못되어서'에 밑줄을 그었을 텐데, 본문에서 이것에 대응하는 어구는 역시 unreliable 밖에는 없다. '신뢰할 수 없는' 것을 판명했다는 말은 바꿔 말하면 '잘못되어서' 신뢰할 수 없다고 볼 수 있다. 따라서 정답은 ②이다.

However, / during the eighteenth and nineteenth centuries, / some men of letters, / social philosophers, / and an occasional scientist / were so highly enamored / of the prospects / for
(이 단어의 의미를 귀납적으로 유추한다)
scientific advancement / that they claimed / that science, / (6) more time / and access to greater resources, / would be able / to embrace all human knowledge / and render all phenomena /
(중요 단어)
amenable to scientific investigation. They believed / that science would (7) superstition, prejudice, ignorance, and idolatry, / overcome poverty and disease, / and usher in / a kind
(= bring in)
of utopia / on earth. The philosophers / of the eighteenth century / and the positivists / of the nineteenth century / had virtually unlimited faith / (8) the power of scienc.

However, during the eighteenth and nineteenth centuries, some men of letters, social philosophers, and an occasional scientist were so highly enamored of the prospects for scientific advancement that they claimed

논지 전개의 이해에 필수적인 However

However는 '그러나'라는 뜻이므로 지금까지 어떤 말을 했으며, However 다음에 다시 무언가를 말하려는 것이다. 그리고 이 두 문장 사이에 반드시 〈대비〉가 이루어진다는 것을 기억하며 문장을 읽어가자.

다시 문장을 살펴보면, during the eighteenth and nineteenth centuries '18세기와 19세기 사이에' some men of letters '문학자의 일부' social philosophers '사회철학자' and an occasional scientist '그리고 가끔은 과학자'라고 해석하고 were so highly enamored에서 끊는다. enamored라는 단어 속에 en(=in)이 들어 있으므로 '~안에'라는 의미가 함축되어 있는 것을 짐작하자. 또한 amore는 라틴어로 '사랑'이란 뜻이므로 '사랑 안에 있다', '사랑하고 있다'는 뜻이라고 유추할 수 있다.

우선 so는 '매우 ~하기 때문에'이라는 뜻이고 결과는 that 이하에 온다. enamored of the prospects의 prospects는 '전망'이라는 의미로 for scientific advancement '과학의 진보'에 대한 전망이다. '그에 반해 매우 enamored였기 때문에' that they claimed '다음과 같이 주장했다'에서 주장의 내용을 보면 enamored가 어떠한 상태인지 역으로 유추할 수 있다.

that science, (6) more time and access to greater resources, would be able to embrace all human knowledge

어려운 단어의 유추법

that science, (6) more time and access to greater resources는 어려운 부분

이니 일단 넘어가자.

would be able '가능할 것이다' to embrace '포함한다' all human knowledge '모든 인간의 지식을' 포함할 수 있을 것이다라고 해석하고 끊어준다. 여기에서 결론이 나온다. 즉 enamored of the prospects '과학의 진보에 대한 전망에 대해 enamored라는 것' 이 Yes인지, No인지 보면, '당연히 Yes' 라는 유추가 가능해진다. '모든 인간적인 지식을 포함할 수 있을' 정도로 훌륭한 것이라는 결론이 나오기 때문이다.

이 부분을 잘 몰랐던 사람은 열여덟 번째 줄 이하에서 단서를 찾을 수 있다. They believed에서 They는 앞 문장에 나온 문학자나 과학자를 의미하므로 '그들은 이렇게 믿었다' 이고 that 이하에 그 내용이 이어진다. 그 내용을 살펴보자.

that science would (7) '과학은 (7)일 것이다' superstition '미신' , prejudice '편견' , ignorance '무지' , and idolatry '우상숭배' , overcome poverty and disease '빈곤이나 질병을 극복할 것이다' 가 된다.

overcome에 ②라고 쓰고 science would의 would에 R마크를 한다. 그러면 '빈곤이나 질병을 극복할 것이다' 라는 ②와 동일한 형태의 단어가 빈칸 (7)에 들어가야 한다. 즉, (7)에는 would에 이어지는 ①이므로 미신이나 편견은 과학이 아니며 그러한 것을 '쫓아버리다, 없애다' 라는 단어가 와야 한다. 따라서 (7)번의 정답은 ③의 dispel '쫓아버리다' 이다.

and의 분석

스무 번째 줄의 마지막 부분에 있는 and를 분석해보면, (7)에 들어갈 dispel 이 ①, overcome이 ②, usher in이 ③이 된다.

usher는 단어 문제인데 뒤의 a kind of utopia를 읽은 사람은 대충 짐작했으리라 생각한다. 지상에 유토피아를 usher in 한다면 그것을 '파괴' 하거나 '가져온다' 고 할 수 있는데, 여기에서는 과학이 지상에 유토피아를 가져온다고 해석하면 된다.

직독직해 tip

-pel은 propel의 -pel과 같아서 drive '몰아내다' 의 의미이고 pro-는 '앞으로' 라는 뜻이므로 '앞으로 몰아내다' 라는 뜻이다. 또한 dispel의 dis-는 away '멀리' 라는 뜻이고, -pel은 위에서와 같이 '몰아내다' 는 뜻이므로 drive away '쫓아내다' 의 의미도 된다.

그 앞의 enamor는 사전적인 의미로는 '사로잡히다' 혹은 '매료되다' 지만 be enamored of로 쓰이면 이 과학의 진보에 대한 전망에 '사로잡혔다' 매료될 정도로 '거기에 푹 빠졌다' 는 뜻이 된다.

빈칸 (6)번을 살펴보자. 콤마에서 다음의 콤마까지 전체가 삽입구문으로 이루어져 있다. 열아홉 번째 줄의 주절의 would를 보면 '~일 것이다' 라는 가정법 형태로 되어 있다. 그렇다면 조건절인 if절이 필요하므로 if절을 대신할 수 있는 과거분사형인 (d)의 given이 정답이다. 이때 given은 if it were given과 같은 문장이다.

it는 science로 만약에 과학에 more time and ~ '좀더 시간과 ~' 가 주어진다면 모든 인간의 지식을 포함할 수 있을 것이라는 의미이다.

열여섯 번째 줄의 and는 time과 access를 연결하고 있다.

그러면 어떻게 연결해야 자연스러울까? 상식적으로 생각해볼 때 '시간과 돈', 혹은 '인재' 가 이어져야 자연스러울 것이다. access는 '접근' 이고 to greater resources는 '보다 많은 자원과 재원' 이므로 '재원에 대한 접근' 이 주어진다면 모든 인간의 지식을 포함할 수 있을 것이다. 의역을 해보면 '시간과 보다 많은 재원이 주어진다면' 모든 인간의 지식을 포함할 수 있을 것이다가 된다.

and render all phenomena amenable to scientific investigation.

render+O+C의 형태

render+O+C는 'O를 C의 상태로 하다' 는 제 5형식 문장으로 C는 형용사이다. phenomena 밑에 O, amenable 밑에 C라고 쓴 후 해석해보면 '모든 현상을 amenable의 상태로 만들 것이다' 가 된다. 그런데 render라는 동사를 중심으로 보면 embrace가 ①, and가 오고, render가 ②이다. 그것이 would be able to 전체와 연결되므로 would able to가 R이다. 과학이 ① embrace할 수 있을 것이며, ② 모든 현상을 자연과학적인 연구에 있어 amenable한 상태로 만들 수 있을 것이다.

amenable to는 '~의 적용을 받을 수 있다'는 뜻으로 scientific investigation '과학적인 연구'의 적용을 받는 것이 과학의 모든 현상을 소위 과학적으로 검증 가능하게 만들 것이라는 의미가 된다. 예를 들면, 인간의 심리적인 현상도 과학적인 연구가 적용될 수 있을 것이라는 말이다.

즉 ②의 부분을 모른다면 이것은 and와 연결되고 있는 ①을 환언한다고 보면 된다. ②에서 말하고자 하는 것은 모든 인간적인 지식을 포함하는 엄청난 것이 될 것이라는 ①의 환언이라고 기억해둔다.

They believed that science would (7) superstition, prejudice, ignorance, and idolatry, overcome poverty and disease, and usher in a kind of utopia on earth.

They believed '그들은 믿었다' science would dispel~ '과학은 ~와 같은 것을 추방할 것이고', overcome poverty and disease '빈곤과 질병을 극복할 것이고', usher in '~을 가져오다'에서 usher in을 환언하면 bring in이므로 usher in 자리에 bring in을 넣어도 된다. 즉 a kind of utopia on earth는 '지상에 유토피아'를 초래할 것이라는 뜻이다.

The philosophers of the eighteenth century and the positivists of the nineteenth century had virtually unlimited faith (8) the power of science.

The philosophers of the eighteen century '18세기의 철학자들' and the positivists of the nineteenth century '그리고 19세기의 포지티비스트들' 에서 positivists에 점선을 긋고 어떤 뜻인지 유추해보자.

and의 일반적 형태

and가 연결하고 있는 것은 그 앞에 있는 18세기의 철학자와 19세기의 포지티비스트이다. 일반적으로 A and B형태가 오면 A와 B는 '정반대이든지, 유사하든지' 둘 중의 하나이다. 이 경우는 유사에 해당하기 때문에 포지티비스트도 철학자를 의미한다. 따라서 18세기나 19세기의 철학자들은 이미 열세 번째 줄에서 말한 men of letters나 social philosophers와 같은 부류이다.

19세기의 그러한 사람들은 had virtually '거의' unlimited faith '무한의 신뢰'를 갖고 있었으므로 문제 8번에는 in이 들어가서 in the power of science '과학의 힘에'가 된다.

As the social sciences developed / in the nineteenth century, / there was a tendency / for them / to fall under the spell / of 'scientism'. Scientism is the proposition / that the methods of the natural sciences / should be used / in all areas of investigation. This has led / some of the social sciences / to ape the methodology / of the physical sciences. Scientism manifested itself / early in the present century / as a (12) / of scientific method / with scientific techniques, / so that the techniques themselves / became the necessary and sufficient conditions / for scientific standing.

Chapter 12 예측하는 힘, 직독 발상

As the social sciences developed in the nineteenth century, there was a tendency for them to fall under the spell of 'scientism.' Scientism is the proposition that the methods of the natural sciences should be used in all areas of investigation.

상황의 as

As the social sciences developed in the nineteenth century는 〈문장 앞에 오는 부사〉로 '사회과학이 19세기에 발달했다' 라고 해석된다. there was a tendency는 주절로 '경향이 있었다' 는 뜻이고, fall under the spell에서 spell 은 '주문, 주술' 이고 fall under~는 '~의 영향 하에 빠지다' 는 뜻이므로 for them to fall under the spell of 'scientism'은 'scientism' 이라는 주문에 걸리고 말았다고 해석하면 된다. 보통 as를 '~할 때' 의 〈시간〉, '~이므로' 의 〈이유〉로 해석하지만, 여기에서의 as는 〈상황의 as〉, 소위 〈부대 상황의 as〉이다.

우회적 표현

여기에서 spell은 열아홉 번째 줄의 superstition과 다음 줄의 prejudice와 밀접한 관련을 맺고 있다.

그 다음에 나오는 Scientism은 '과학주의', '과학지상주의' 를 말하는데, 앞에서 사용한 scientism이라는 생소한 단어를 설명하고 있다.

proposition은 '명제', '진술' 혹은 '제의' 등이지만, the proposition that~ 은 '다음과 같이 서술하는 것 (=to propose that~)' 이라는 뜻으로 간단히 '과학주의라는 것은 다음과 같은 것이다' 라고 봐도 좋다. '과학주의라는 것은 that 이하의 것이다' 로 해석하면 되므로 proposition 때문에 고민하지 않아도 된다.

이 '과학주의' 의 내용을 살펴보면, the methods of the natural sciences '자연과학의 방법론이' should be used '사용되어야 한다' in all areas of investigation '모든 연구 분야에서' 가 된다. 즉 '모든 분야에 자연과학이 이용되어야 한다면' 소위 자연과학 만능주의라고 말할 수 있다.

직독직해 tip

'19세기 사회과학이 발달하는 상황 속에서' 라는 의미를 부여하는 as는 주절에 대한 부대 상황을 나타낸다. 따라서 늘 '~할 때' 로만 해석하지 말고 '~함에 따라' 라고 해석해야 훨씬 자연스러울 수 있다는 점을 알아두자.

직독직해 tip

investigation은 대체로 '연구' 로 해석한다.

243

This has led some of the social sciences to ape the methodology of the physical sciences.

S+V+O

This has led '이것이 이끌었다'에서 This는 물론 앞 문장 전체이고 some of the social sciences라는 목적어가 있으니 '일반 사회과학을 이끌었다'라고 해석한다.

이 문장은 S+V+O의 문형으로, O다음에 to 부정사가 이어진 형태이다.

lead+O+to do는 'O가 ~하도록 이끌다'라는 뜻으로 cause+O+to do와 비슷한 의미이다.

그렇다면 some of the social sciences '사회과학의 일부가' to ape the methodology of the physical sciences 'physical sciences의 방법론의 흉내를 내는' 사태를 가져온다고 해석하자.

또한 스물아홉 번째 줄에서 physical sciences에서 physical이라는 단어는 spiritual '정신적인, 마음의'이라는 말의 반대되는 개념이므로, 물리학이 아니고 스물일곱 번째 줄의 natural sciences의 환언이다. 따라서 지금까지 말해왔던 철학에 대립하는 학문을 natural sciences라고 보면 된다. '그리고 사회과학까지 자연과학의 방법론을 흉내 내게 되었다'라는 의미이다.

직독직해 tip

methodology라는 것은 스물일곱 번째의 methods를 환언한 형태이고 ape은 부정적인 이미지가 강한 단어로 그대로 똑같이 흉내 낸다는 의미이다.

Scientism manifested itself early in the present century as a (12) of scientific method with scientific techniques,

Scientism '과학주의는' manifested itself '그 자신을 나타냈다'까지 해석하고, 일단 문제부터 해결하면 문제 11번은 ④의 appeared가 정답이다. 이어지는 문장을 보면 early in the present century '금세기 초에' 과학주의가 출현했는데, 어떤 식이었는지를 설명할 부분에 (12)가 포함되어 있다.

명사구문

as a (12) of scientific method with scientific techniques, so that~에서 결정적인 단서는 with이다. (12)번에 들어갈 명사는 원래 동사의 형태로서 목적어가 오고 그 다음에 전치사 with가 오게 되어 있다. 즉 〈동사+O+with~〉라는 패턴을 취하는 동사를 찾고 빈칸에는 그 동사의 명사형을 넣는다. 그렇다면 보기를 살펴보자.

---

① divorce   ② confusion   ③ belief   ④ reconciliation

---

divorce '이혼(하다)'은 전혀 맞지 않고 belief도 with와 연결할 수 없어 정답이 아니다. reconciliation은 동사형으로 하면 reconcile A with B라는 숙어가 있지만 'A를 B와 화해시키다, A와 B의 매듭을 짓다' 라는 뜻으로 본문과는 상관없다.

정답은 ②의 confusion으로 confuse A with B는 'A를 B와 혼동하다' 라는 뜻이다. 평소 동사가 각각 어떠한 전치사와 함께 쓰이는지 알고 있는 사람은 confuse를 명사화한 "confusion of A with B"라는 표현도 알고 있으리라 생각된다.

```
       confuse  A  with  B        (A를 B와 혼동하다)
              ↓ 명사화
       confusion of A with B      (A를 B와 혼동하는 것)
                 〈목적격의 of〉
```

여기에서 of는 〈목적격의 of〉로 동사적인 문장에서 만들어진 명사 구문이다. 따라서 금세기 초에 출현한 과학주의는 '과학적인 방법과 과학적인 테크닉을 혼동하는' 형태로 나타났다는 말이다.

so that the techniques themselves became the necessary and sufficient conditions for scientific standing.

so that~ '그러한 것을 혼동한 결과' the techniques themselves '테크닉 자체가' became the necessary and sufficient conditions '필요충분조건으로 되어 있다' 라고 바로 해석하자. 이어지는 for scientific standing에서 standing을 모르는 경우에는 scientific standing 전체를 science로 봐도 좋다. 정확한 의미는 '과학적인 입장' 이나 '과학적인 견지' 에서 필요충분조건이 되었다는 말이다.

그러면 문제 9번을 풀어보자. 밑줄 친 (9)가 말하고 있는 것은 사회과학이 19세기에 발달하는 가운데 그러한 사회과학이 과학주의의 주술에 걸려들었다는 것이다.

보기를 보자.
지금까지 내용으로 봐서는 ①이 가장 적당한 것 같지만, 나머지 ②, ③, ④를 좀더 살펴보자.
② 그들은 '과학주의' 사상을 뒷받침하는 ~에서 '뒷받침하다' 에 밑줄을 긋는다. 본문에는 뒷받침한다는 말이 어디에도 쓰이지 않다.
③ '과학만능주의' 의 사고를 버리려고~ 라는 이 부분도 이상하다.
④ 에서는 '~를 기치로 내걸다' 라는 전혀 다른 말을 하고 있다.
그러므로 ①이 가장 적당하다.

10번의 정답은 ②의 imitate이고 문제 13번은 ③의 '조건' 이 맞다

논리의 전개를 파악할 수 있는 중요한 단어

전체적으로 문맥을 살펴보면, However가 대비하고 있는 것이 무엇인지 알겠는가?
비과학적인 것은 안 된다, 그래서 과학이 등장했다. 그러나 과학의 맹신은

잘못이며 신화적이고 종교적인 설명이 잘못이라고 해도 19세기 학자들처럼 과학을 맹신하는 것도 옳지 않다. 따라서 중용이라는 것이 필요하다며 이후 논리가 전개된다. 이러한 흐름 속의 고리가 되는 단어가 However이다.

CHAPTER 13

의미구역을 유연한 문장으로

Lesson 13 다음 글을 읽고 질문에 답하시오.

There is an expression that "the value of a human life is heavier than the weight of the earth." Our everyday existence is devoted to the protection of life. But there are many things that endanger life. Among them are natural disasters, wars, starvation and accidents. In particular, the greatest threat that we experience in everyday life is sickness.

Mankind has stored great wisdom up to now in order to combat sickness. The progress of medical science has eradicated many kinds of sicknesses from the earth. The human life span has also become longer. All this is a matter for rejoicing.

But in order to make these things possible, compensation in many forms is necessary. Medical expenses is one of them.

For the sake of human life, which is heavier than the weight of the earth, medical expenses should not be spared. Nevertheless, there have been reports of cases in which medical expenses have exceeded 10 million Won per month. This and the approach of a greater aging society provide food for thought.

<u>It is believed that the time has come when everyone should ponder, together with one's individual view of life and death, on terminal treatment, a subject that has been more or less taboo up to now.</u> Of the 12 patients on whom more than 10 million Won in medical expenses per month were spent, ten have since died. But the time is coming when everyone must give thought to "the kind of death that is desired."

<u>Even where there is no hope of recovery, artificial respiration and other means are used to prolong life. Is it better to be surrounded by medical equipment and linked to machines while awaiting death or to reject medical treatment that is intended only to extend life without any possibility of a cure and welcome a form of death that respects the dignity of human life?</u>

This is a difficult issue. It is not one for which a solution should be or can be hastened.

eradicate 절감시키다 respiration 호흡

(오카야마대학 의학부)

문 ① 밑줄 친 (1), (2)번을 해석하시오.

문 ② 밑줄 친 (3)번의 요지를 60자 이내로 쓰시오.

There is an expression / that "the value of a human life / is
　　　　　　 몇 개 중에서 하나를 거론하는 것
heavier than the weight of the earth." Our everyday existence /
is devoted / to the protection of life. But there are many things /
that endanger life. Among them / are natural disasters, wars,
　　　　　　　　　　　　 변화
starvation / and accidents. / In particular, / the greatest threat /
that we experience / in everyday life / is sickness.
　　　　　　　　　　　　　　　　　　 cf. sicknesses

There is an expression that "the value of a human life is heavier than the weight of the earth."

There is an expression '하나의 표현이 있다'가 주어이고 어떠한 말인지는 that 이하에서 설명하고 있다. 일단 the value of a human life에서 끊는다. 여기까지가 주절이다.

'인간 생명의 가치는' is heavier '~보다 무겁다' than the weight of the earth '지구의 중량보다' 라는 말은 즉 '인간의 생명이 소중하다는 것을 말하고 있다' 는 뜻이다.

Our everyday existence is devoted to the protection of life.

Our everyday existence 또한 주어의 의미구로 '매일의 우리 생활은' 이라고 해석한다. is devoted는 '바쳐지다', to the protection of life는 '인명의 보호에' 라는 의미이다.

But there are many things that endanger life.

이 문장은 But 앞에서는 인간 생명의 소중함을 말하고 But there are many things '그러나 많은 것이 있다' that endanger life '생명을 위협한다' 즉 인간의 생명을 위험하게 만드는 것이 많다고 논리를 전개한다.

Among them are natural disasters, wars, starvation and accidents.

Among them '그들 중에는' 은 〈문장 앞에 오는 부사〉이므로 여기서 끊는다. Among them의 them은 many things를 받는다. natural disasters '자연 재해', wars '전쟁', starvation '기아', and accidents '사고' 등 인간의 죽음의 원인이 되는 것이 나열되어 있다.

In particular, the greatest threat that we experience in everyday life is sickness.

in particular에 주목!

In particular는 '특히' 라는 뜻이므로 혹시 이 문장 안에 키워드가 나올지도 모른다. In particular는 일종의 변화법이라고도 할 수 있고, 대조법이라고 해도 좋은 표현으로 네 번째 줄의 Among them의 연결 선상에 있다. 인명을 위협하는 것을 꼽으라면 이런 것들이 있지만 '특히 중요한 것은' 으로 주의를 집중시키고 있는 대목이다.

다음의 the greatest threat를 '가장 위대한~' 이라고 해석해서는 안 된다. great는 '정도가 큰' 이라는 의미로 자주 사용되는데 여기서는 '최대의 위협은' 이라는 뜻이 적당하다. 또한 threat는 앞에 나온 같은 동사의 변화라는 것을 눈치 채야 한다.

물론 네 번째 줄의 endanger의 변화도 threat이다. 따라서 the greatest threat라는 명사적 표현은 the thing that endanger life most와 바꿔 쓸 수 있다.

that 이하는 〈뒤에 놓인 형용사〉로 that we experience '우리들은 경험한다' in everyday life '일상생활에서' 라고 해석할 수 있는데 threat가 주어, is가 동사로 SV감각이다.

명사의 취급법

명사 sickness에 대해 알아두고 넘어가자. 왜냐하면 열 번째 줄에서 sicknesses라는 복수형이 또 나오기 때문이다.

다섯 번째 줄에서는 개개인의 질병의 종류를 말하는 것이 아니라 '전체로서의 일반적인 병' 을 말하고 있기 때문에 복수형으로 쓴다. 따라서 〈다양함의 s〉를 붙일 필요가 없다.

Mankind has stored / great wisdom / up to now / in order to combat sickness. The progress of medical science / has eradicated / many kinds of sicknesses / from the earth. The human life span / has also become longer. All this / is a matter / for rejoicing.

up to now = so far
eradicated = eliminate, remove

Mankind has stored great wisdom up to now in order to combat sickness.

Mankind '인류는' has stored '축적해왔다' great wisdom '커다란 지혜를' up to now '오늘날까지' in order to combat sickness '병과 싸우기 위해' 라고 바로 해석하자.

The progress of medical science has eradicated many kinds of sicknesses from the earth.

The progress of medical science는 주어의 의미구로 '의학의 진보는' 라고 해석하자. has eradicated는 '근절시켰다' 는 의미인데 eradicate라는 단어를 radical이나 radish와 함께 기억해두자. radical은 '근본적인', radish는 '무' 라는 뜻으로 radi-는 '뿌리' 라는 의미이고 e-는 out의 뜻을 가진 접두사로 exit의 e-와 같다. 따라서 '뿌리를 자르다, 근절하다' 가 된다.

다양함의 s

sicknesses에 있는 es는 〈다양함의 s〉로, 여러 종류가 있다는 것을 굳이 강조하고자 할 때 이처럼 s를 붙인다. '일반적인 의식주' 라고 말할 때 food는 '의' 나 '주' 에 대응하는 의미로 전반적인 식생활을 뜻하는 것이므로 불가산 명사이다. 이와 동일한 것이 아홉 번째 줄의 sickness이다.

따라서 eradicated many kinds of sicknesses '많은 종류의 병을 근절했다' from the earth '지구에서' 라고 해석하자.

eradicated A from B

eradicate A from B는 'B에서 A를 제외하다' 라는 뜻으로 eradicate는 환언하면 remove와 가까운 의미가 된다. 보통 remove A from B의 구문을 어렵게

직독직해 tip

combat sickness는 관용표현으로 병과 '싸운다' 는 우리말과 동일한 combat를 사용한다. 이외에도 fight나 attack도 활용할 수 있다.

직독직해 tip

원칙적으로 모든 명사는 가산명사도 될 수 있고 불가산명사도 될 수 있다. time이나 history, chance, life, work 등도 마찬가지이다.

바꿔 말한 것이 eliminate, eradicate이다. remove나 get rid of는 좀더 쉬운 표현이라고 할 수 있다.

The human life span has also become longer. All this is a matter for rejoicing.

The human life span '인간의 수명은' has also become longer '또한 길어졌다' 에서 also에 네모를 친다. 여기서 also는 의학의 진보 덕분에 병이 없어졌고 또한 '인간의 수명도 길어졌다' 는 좋은 것 두 가지를 나열하고 있다.

그 다음 문장은 All this '이러한 모든 것은' is a matter '사항이다' for rejoicing '기뻐할' 이라고 해석하자. 여기서 for rejoicing은 〈뒤에 놓인 형용사〉로 good과 같은 의미이다. 즉, '대단히 좋은' 을 의미한다.

But in order / to make these things possible, / compensation / in many forms / is necessary. Medical expenses / is one of them.

실수가 아니다. 다음의 one의 영향이다.

But in order to make these things possible, compensation in many forms is necessary.

단락읽기의 테크닉

좋은 것을 말해놓은 상태에서 뒤이어 But이 왔기 때문에 여기부터는 나쁜 사항에 대한 서술이라는 것을 예상해야 한다.

in order to make these things possible는 '이러한 것을 가능하게 하려면'

이라고 바로 해석하자. 그 다음 나오는 compensation은 어려운 단어로 '대상' 혹은 '대가' 라는 뜻이다. in many forms는 in many kinds와 같은 〈뒤에 놓인 형용사〉로 여러 가지 형태에서의 대가가 is necessary '필요하게 되었다' 라는 의미이다.

Medical expenses is one of them.

Medical expenses '의료비 지출'이 그 중의 하나로 거론되었다. 그런데, one of them에서 them은 forms가 아니라 compensation이다. compensation in many forms를 복수형으로 의식해서 them으로 받았다. 다시 말하면 many forms of compensation이므로 it이 아니라 them으로 받아도 무리 없이 이해할 수 있다.

For the sake of human life, / which is heavier / than the weight of the earth, / medical expenses / should not be spared. Nevertheless, / there have been reports of cases / in which / medical expenses / have exceeded / 10 million won / per month. This / and the approach / of a greater aging society / provide food / for thought.

(1)

복수 취급으로 돌아가고 있다

역 영작을 해보자

For the sake of human life, which is heavier than the weight of the earth, medical expenses should not be spared.

for the sake of는 '~을 위해' 라는 목적을 나타내므로 For the sake of human life는 '인명을 위해' 라고 해석된다.

which is heavier의 which는 human life에서 화살표를 그을 수 있다. 따라서 which is heavier than the weight of the earth는 '인명이라는 것은 지구보다 무겁지만' 이라는 뜻으로 첫 번째 단락에서 말한 내용이 반복된다.

medical expenses '의료비는' should not be spared에서 spare는 '절약하다, 아끼다' 라는 의미로 쓰였다.

Nevertheless, there have been reports of cases in which medical expenses have exceeded 10 million Won per month.

Nevertheless는 열세 번째 줄에 나온 But와 같다.

필자는 계속해서 '인명은 소중하다. 그러나~' 라는 반론의 의지를 내비치면서 인명이 소중하지만 의료비가 많이 든다는 부정적인 측면을 다시 한번 말하고 있다.

유연한 문장으로 고치기
직독을 하다 보면, 문장이 어색해지는 경우가 있다. 이럴 땐 의미구역을 파악한 후 유연한 문장으로 바꾸어주면 된다.

Chapter 13 의미구역을 유연한 문장으로

의미구역을 유연한 문장으로 고치기

의미구역
그럼에도 불구하고 / 사례가 보고되고 있다 /
(그 사례에 의하면) 의료비가 초과하고 있다 / 한 달에 천만 엔을. 이것 /
그리고 보다 커다란 노령화 사회의 접근은 / 생각하기 위한 재료를 공급한다.

유연한 문장
그럼에도 불구하고 의료비가 한 달에 천만 엔을 초과한다는 경우가 보고되고 있다. 또한, 이것과 다가오는 심각한 노령화 사회, 이 두 가지 점은 우리들에게 생각할 소재를 제공한다.

우선 Nevertheless는 '그럼에도 불구하고' 이고 there have been reports of cases는 have been의 시제에 유의해서 '사례의 보고가 있어왔다' 라고 하면 어색하므로 '보고되고 있다' 고 해석하자.

이어지는 어구도 medical expenses '의료비는' have exceeded '초과하고 있다' 10 million won per month '한 달에 1천만 원' 이라고 직독하고, 유연한 문장으로 고치면 '그럼에도 불구하고 의료비가 한 달에 천만 원을 초과하는 경우' 가 된다. 이미 의미구역을 끝내서 여유가 있으므로 사례를 경우로 바꿀 수 있는 유연함이 생긴다.

직독직해 tip

reports를 동사처럼 해석하는 것도 테크닉이다.

This and the approach of a greater aging society provide food for thought.

직독직해 tip

exceeded는 ex-가 '초과하는', -ceed가 '가다' 라는 뜻이므로 go beyond의 의미로 '초과하다' 이다.

우선 This는 앞에 제시한 사실, '의료비가 ~를 넘는' 경우를 가리킨다. 그리고 approach of~의 of는 〈주격의 of〉라고 봐서 '~가 접근해오는 것'을 뜻하고 greater는 '보다 규모가 큰'을 뜻한다. 따라서 a greater aging society는 '보다 심각한 노령화 사회' 라는 의미이고, 이런 두 가지 사실이 provide food '식료품을 제공한다' for thought '사고하기 위한' 이 된다.

〈역 영작〉의 사례

여기에서 food가 〈문자 그대로의 의미인지, 아니면 비유인지〉 살펴보자. 사고를 위한 것이라고 되어 있으므로 이것은 '밥, 음식'이 아니라 '생각하기 위한 재료' 같은 것이다.

approach of는 '다가오는'이라고 파악해서, '위의 사실과 다가오는 보다 심각한 노령화 사회, 이 두 가지 점'이라고 해석한다. 두 가지 점이라는 말은 없지만 이렇게 하는 편이 훨씬 매끄러워진다.

'우리들에게 생각할 재료를 제공한다'에서 provide를 '공급한다'가 아닌 '제공한다'로 자연스럽게 번역한다.

그러면 food를 이용해서 역 영작을 만들어보자. 다음을 역 영작 노트에 메모를 해보면

직독직해 tip

food를 사전에서 찾아보면 '생각의 재료'라는 설명이 나온다. '사고하기 위한 재료를 제공한다.'

> ~ provide food for thought
> '~를 보면(생각하면), 문득 생각하게 된다'

이처럼 〈역 영작〉이 되는 것이다. 따라서 영작에서 '이러한 환경 파괴를 보고 있으면 문득 우리들은 생각하게 된다'라는 문장을 말하고자 할 때, 환경 파괴를 주어로 해서,

> Those instances of environmental disruption provide food for thought.

라고 하면 수준 높은 역 영작이 된다.

> It is believed / that the time has come / when everyone should ponder, / together with one's individual view / of life and death, / on terminal treatment, / a subject / that has been more or less taboo / up to now. 〈동격의 리듬〉 Of the 12 patients / on whom / more than 10 million won / in medical expenses / per month / were spent, / ten have since died. But the time is coming / when everyone must give thought / to "the kind of death / that is desired."

It is believed that the time has come when everyone should ponder,

직독 발상의 비결

밑줄 친 (2)번의 It is believed에서 it은 '다음과 같이'라고 해석하면 된다. '다음과 같이 믿고 있다' 혹은 '생각하고 있다'라는 의미이다.

that the time has come에서 끊고 the와 when에 네모를 친다. 여기에서 the와 when을 직독 발상 관점에서 살펴보자.

우선 첫째로, the는 구속력이 강한 단어로 '그러한 것'이라든지 '다음과 같은'처럼 명확한 대상을 가리킨다. the time has come은 '시대가 도래한 것이다'라는 뜻이므로 the에서 when까지 화살표로 연결해서 '그와 같은'에 대한 직독 발상으로 '어떤 시대가 왔다는 것인가?'를 생각해보자. 그러면 when 이하에 한정되어 설명하고 있다는 것을 알 수 있다.

거꾸로 when 이하를 먼저 해석한 후 time에 연결하며 정확한 우리말로 해석하려고 하지 말고, '그러한 시대가 왔다' when everyone should ponder '만인이 생각해야 할' 시대라고 순서대로 읽으며 이해한다.

일단 시기를 한정하는 the time이 앞에 나오고 when 이하에서 이에 대한 설명이 이어진다고 본다.

together with one's individual view of life and death, on terminal treatment,

⟨삽입⟩을 나타내는 콤마

together 앞의 콤마, 그 다음 줄의 death 뒤에 콤마를 보고 ⟨삽입⟩을 떠올려야 한다. 삽입은 일단 넘어간다. 즉, ponder on terminal treatment의 on을 파악하지 못하면 together with나 다른 표현을 알고 있어도 불완전하다. on은 ponder on으로 about도 함께 쓸 수 있다. terminal treatment는 전문 용어로서 '종말 치료'라고 해석할 수 있다.

ponder on(about)~ '~에 대해 숙고하다'

여기까지 이해가 되었다면 삽입된 부분도 알 수 있다. together with는 '~와 더불어'라는 뜻으로 사실은 terminal treatment와 연결이 되는 표현이다.

one's individual view of life and death는 '개인의 생과 사에 대한 생각'이란 의미로 죽음이란 무엇이며, 삶이란 무엇일까라는 주제는 물론이고 그것과 더불어 (=together with) 특히 종말 의료라는 테마에 관해서 생각해봐야 할 때라고 말하는 것이다.

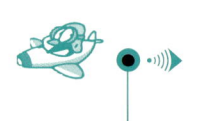

말기의 환자나 이제 곧 죽게 되는 사람 등을 치료하는 '종말 치료에 대해 모든 사람이 생각해야 할' 시기가 왔다고 필자는 말하고 싶은 것이다.

a subject that has been more or less taboo up to now.

동격의 리듬

a subject는 동격인 환언의 리듬, 즉 ⟨동격의 리듬⟩이다. terminal treatment, a subject에서 콤마 부분은 it's a subject와 같다. 그 종말 치료라는 것이 하나의 주제이고 어떤 주제인지가 that 이하에 나와 있다. that has been more or less taboo '많든 적든 금기시되었다' up to now '지금까지', 즉 모두들 말하려 들지 않았다는 뜻이다.

의미구역	다음과 같이 믿었다 / 그와 같은 시기가 왔다고(어떤?) / (이러한→)모두가 생각해야 할 / 각자의 사생관과 더불어 / 종말 치료에 대해 / (이것은)하나의 주제 / 많든 적든 터부였다/ 지금까지
유연한 문장	종말 치료라는 것은 오늘날까지 많든 적든 금기시되어 왔으나 마침내 각자가 자신들의 생사와 더불어 이 종말 치료라는 테마에 대해 한번 곰곰이 생각해봐야 할 시기가 도래했다고 현재 믿고 있다.

우선, 의미구역을 살펴보면 '다음과 같이 믿었다 / 그와 같은 시기가 왔다'가 된다. 어떤 시기인지는 when 이하에 나온 '모두가 생각해야 할 때'이다.

'각자의 생사관과 더불어'는 삽입구문을 해석한 것이고 종말 치료와 다음에 나오는 콤마가 〈동격의 리듬〉이 되어 하나의 주제로 논지가 정립된다.

따라서 '많든 적든 금기시되었다 / 지금까지'라고 원문에 가깝게 의미구역을 파악하고, '종말 치료라는 것은 오늘날까지 많든 적든 금기시되어 왔으나 마침내 오늘'이라고 자연스럽게 해석하자.

우리말의 리듬

'마침내 오늘'이라는 말은 어디에도 없지만 the time has come이라는 현재완료형을 우리말로 자연스럽게 해석할 수 없으므로 '마침내 지금 도래했다'라고 해석해도 상관없다.

'각자가 자신들의 생사와 더불어 이 종말 치료라는 테마에 대해 한번 곰곰이 생각해보다'에서 한번이라는 말은 자연스러운 우리말로 바꾸려는 하나의 테크닉이다.

'한번 곰곰이 생각해봐야 할 시기가 됐다, 현재'에서도 현재라는 말은 없지만 It is believed가 현재형이므로 '현재 생각하고 있다'로 본다.

직독직해 tip

영어의 의미와 흐름에 따른 자유로운 해석은 〈의미구역→유연한 문장〉의 과정을 겪으면서 가능해진다.

Of the 12 patients on whom more than 10 million Won in medical expenses per month were spent, ten have since died.

〈능동태⇔수동태〉의 변화

다음으로 넘어가자. 스물다섯 번째 줄의 Of the 12 patients에서의 of의 용법은 10명 중 2명을 two out of ten이라고 하는 경우와 같다. '12명의 환자 중에' on whom '그 환자에 대해' more than 10 million won '1,000만 원 이상의 돈이' in medical expenses '의료비로서' per month '한 달에' were spent '쓰여 진다' 라고 바로 해석하자.

spend A on B는 'A(라는 돈)를 B(라는 목적)를 위해 사용하다' 라는 의미로 A를 주어로 하면, A is spent on B이다. 관계사를 이용해서 on B를 앞으로 보내면 B는 본문의 경우 인간이므로 B on whom A is spent라는 형태가 된다.

ten have since died '그 후 10명이 죽었다' 에서 since는 '(그) 이래' 라는 뜻으로 '그러한 돈이 쓰인 이래로' 라는 의미이다.

직독직해 tip

능동태의 기본 패턴에서의 변형 작업이 2, 3초 만에 가능하도록 연습하기 바란다. 입으로 리듬을 붙여가면서 읽으면 된다.

But the time is coming when everyone must give thought to "the kind of death that is desired."

'다이내믹한' 영어?

But the time is coming의 the에 네모를 치고 직독 발상을 해본다. 매우 강력한 구속력을 지닌 the를 '다음과 같이' 라고 해석하면 '그러나 다음과 같은 시기가 이미 도래하고 있다' when everyone must give thought '누구나 생각해야 하는' 에서 given thought to의 첫 번째 변화는 스물세 번째 줄의 ponder이고 두 번째는 스물한 번째 줄의 food for thought이다. 이렇듯 관련된 여러 가지 표현을 이용함으로써 '다이내믹한 영어의 느낌' 을 파악할 수 있다.

the kind of death는 '다음과 같은 종류의 죽음' 이며 어떤 죽음인지를 that

is desired '바람직한'에서 설명한다. 도대체 어떤 죽음을 말하는지 잠시 생각해 봐야 한다. 즉, death '죽음'이라는 테마를 가지고 얘기하고 있으므로 필자는 지금까지 계속 신중해왔다. 반대 의견에 부딪칠 것이 뻔하기 때문이다.

---

(3) Even where there is no hope of recovery, / artificial
≒Even if
respiration / and other means / are used / to prolong life. Is it
better / to be surrounded / by medical equipment / and linked /
ⓐ
to machines / while awaiting death / or to reject medical
ⓑ
treatment / that is intended / only to extend life / without any
possibility / of a cure / and welcome a form of death / that
respects / the dignity of human life?

Even where there is no hope of recovery, artificial respiration and other means are used to prolong life.

where=when

Even where에 네모를 친다. 이것은 〈when과 바꿔 쓸 수 있는 where〉이다. where S+V를 문자 그대로 해석하면 '~가 ~인 곳에서'이고 나아가 '~가 ~하는 경우에'로 발전해간다. 여기서의 Even where는 Even when이나 Even if와 바꿔 쓸 수 있다. '전혀 회복의 기미가 없는 경우조차' artificial respiration and ~로 이어지는 부분을 다음 의미구역에서 비교적 세련되게 해석해놓았다.

> **의미구역**
>
> 회복의 기미가 전혀 없는 경우조차 / 인공호흡과 같은 수단이 사용되는 / 연명을 위해.
> 그것은 보다 좋은 것일까. [의료기계에 둘러싸인다 / 그리고 기계에 연결되다. /
> 죽음을 기다리면서] / 혹은 (or) (다음의 것이 더 좋은가) [치료를 거부하다. /
> (그 치료는)수명을 연장시키는 것만을 의도하고 있는 / 치료의 가능성도 없는 채 /
> 그리고 하나의 죽는 법을 받아들인다. / (그 죽는 법은) 인간의 존엄을 중시한다.]

'인공호흡 혹은 다른 수단' 이라고 해도 좋고, 의미구역에서처럼 '인공호흡과 같은 수단' 으로 해도 좋다. 이 '~와 같은' 도 의역이 아니라 영작을 염두에 둔 〈역 영작〉이다.

are used '사용되고 있다' to prolong life '목숨을 연장시키기 위해서' 는 이미 회복될 기미가 보이지 않는 사람이지만 기계에라도 연결해서 생명을 연장시킨다는 뜻이다.

Is it better to be surrounded by medical equipment and linked to machines while awaiting death or to reject medical treatment

영어의 골격을 간파하는 힘
문장이 긴 만큼 우선 그 골격을 파악할 필요가 있다.

Chapter 13 의미구역을 유연한 문장으로

> Is it better A (to be surrounded by~) or
> B (to reject medical equipment~)?
>
> = A가 better인가? 아니면 B가 better인가?
> = A와 B 중에 어느 쪽이 좋은가?

Is it better '그것은 더 좋을까?'에서 가장 중요한 것은 비교급이 오고 A or B 형태이다. 서른세 번째 줄의 or는 매우 중요한데 서른두 번째 줄의 to be surrounded라는 to 부정사와 Is it better를 곰곰이 비교해보자. 문장의 골격을 잡아보면 형식이 한눈에 들어올 것이다.

즉 Is it better A or B라는 형태이다. it은 to 부정사를 가리키고 있으므로 결국 Is A better? or Is B better?의 형태로 Ⓐ 기계류에 둘러싸여 있는 것이 좋은가, 아니면 Ⓑ 그러한 치료를 거부하는 것이 좋은가라는 전체적인 골격을 파악하는 것이 중요하다.

and의 분석

A를 보면 to be surrounded by medical equipment '의료기계에 둘러싸이다'라는 의미구를 surrounded에서 끊었지만 해석할 때는 연결해야 한다.

⟨① and ②⟩ 차원에서 살펴보자. 서른두 번째 줄의 and에 네모를 치고 ⟨and의 분석⟩을 해보면 surrounded가 ①, linked가 ②이다. 해석해보면 '의료기계에 둘러싸이고 기계에 연결되어 있다'가 된다.

while awaiting death '죽음을 기다리면서' or '아니면' to reject medical treatment '치료를 거부한다'라고 해석하고 서른다섯 번째 줄의 and에 네모를 치자. 이것이 연결하고 있는 것은 welcome이 ②이고 ①은 서른세 번째 줄의 reject이다.

직독직해 tip

Which do you like better, A or B? 'A와 B 중에서 어느 쪽을 좋아하십니까?'와 같은 것으로 그 골격을 염두에 두어야 한다.

that is intended only to extend life without any possibility of a cure and welcome a form of death that respects the dignity of human life?

이어지는 that 이하의 어구는 that is intended '의도되어 있다' only to extend life '단지 수명을 연장하기 위해' without any possibility of a cure '치료의 가능성이 전혀 없는 채' and '그리고' welcome a form of death '하나의 죽음의 형태, 죽는 방법을 받아들인다' that respects the dignity of human life '생명의 존엄을 중시한' 이라고 바로 해석하자.

다시 한 번 대략적인 의미를 살펴보면, A '의료 기계에 둘러싸여 죽음을 기다리는 것' 이 좋은가, 아니면 B '그러한 의료를 거부하고 존엄한 죽음을 있는 그대로 받아들이는 것' 이 좋은가, 하는 선택의 문제이다.

문제 2번의 요지는 '회복할 기미가 없는데도 기계에 의존해서 연명하는 방법이 있는데, 이렇게 죽음을 기다리는 것과 존엄한 죽음을 스스로 선택하는 것 중에서 어느 것이 바람직한 것일까' 로 정리하자.

This is a difficult issue. It is not one / for which / a solution should be / or can be / hastened.
① ② R

---

or의 분석

This is a difficult issue는 '이것은 어려운 문제이다' 라고 바로 해석하자.

It is not one에서 one은 issue를 의미하고 '이 문제는 다음과 같은 문제와는 다르다' 라고 해석한다. for which '그 때문에' a solution should be '해결책은 ~해야 한다' 뒤에 오는 or는 〈or의 분석〉으로, 연결 상태를 보면 should be가 ①, can be가 ②이고 hastened가 R마크이다. 모두 연결하면 '해결을 서둘러야 할 문제도 아니며, 해결을 서두를 수 있는 문제도 아니다' 라고 말하고 있다.

CHAPTER 14

영어를 초월해서

Lesson 14 다음 글을 읽고 질문에 답하시오.

Most of us are tactful enough with other adults not to point out their errors, but not many of us are ready to extend this courtesy (or any other courtesy, for that matter) to children. Yet it is important that we should, because they are perceptive and sensitive, and very easily hurt, humiliated, and discouraged. For this reason I was careful, when three-year-old Jill said "teached" to me, to let some time go by before I said "taught" to her. To have said it right away would have seemed like too severe a correction. We should even be careful about mentioning mistakes which they have themselves corrected. They may not like to be reminded of them. Let me take Jill again as an example. While entertaining me Jill began to sing some lines from "The Blue-Tail Fly." As she sang, "Jimmy crack corn, and I don't care," her (very nice) father interrupted her, to say, with pride and delight, that he had never heard her say "crack" before, that she had always said "frack." He spoke only to show his pleasure; in his shoes, I might have done

the same. But the little girl, ordinarily not the least shy,
                                    ‾‾‾‾‾‾‾‾‾‾‾‾‾‾‾‾‾‾‾‾‾‾‾‾‾‾
                                              (4)
became embarrassed and self-conscious, and when she
started to sing the song again, could only sing "frack," and
was soon eager to stop singing altogether.

I can think of a comparable experience with Tommy. Once a year, in the city where he lives, they have an annual festival, in which they burn a giant effigy of Zozobra, the King of Gloom. This great bonfire is very exciting for little people to see; for months ahead Tommy was talking about "Zorzor," and asking when we were going to see him. The family, when talking to each other, spoke of Zozobra, but when Tommy asked us about Zorzor, it seemed more courteous to use the same word in our reply, which we did.
                                                       ‾‾‾
                                                       (5)
Suddenly, one day, not long before the festival, with no in-between practicing that we knew of, he began to say "Zozobra." A day or so later, a member of the family who had not heard him say "Zozobra" remarked that he would soon see Zorzor. Instantly Tommy said, kindly but very firmly, "It's not Zorzor, it's Zozobra."

Perhaps it is for such reasons that most children do not
                                     ‾‾‾‾‾‾‾‾‾‾‾‾‾‾‾‾‾‾‾
                                              (6)
like to hear stories about when they were younger. Infancy
‾‾
is not a blessed state to them, but something to be grown out of and escaped from as quickly as possible. To them, their littleness, helplessness, and clumsiness is not cute but

45　humiliating and they want to be reminded of it as little as possible. They don't mind, once in a while, if we don't overdo it, our telling them that they were very nice when they were little, but that is about as much as they want to hear about it. Whatever mistakes they have made, in their growing and learning, are best forgotten.

(와세다대학 법학부)

◉ 보기를 보고 각 문제에 적당한 답을 고르시오.

문 1 밑줄 친 부분과 의미가 같아지도록 _____ 에 적당한 단어를 넣으시오.

If I _____ it right away, she would _____ that I was too severe in correcting her.

문 2 They가 무엇을 가리키는지 본문에서 찾아 한 단어로 답하시오.

문 3 them이 무엇을 가리키는지 본문에서 찾아 한 단어로 답하시오.

문 4 밑줄 친 부분의 내용을 요약한 것은 어느 것인가?

① as she was more than usually shy
② because she was ordinarily extremely shy
③ even if she was usually the most shy
④ if she was ordinarily more shy than anyone else
⑤ though she was shy as she never was
⑥ though she was usually not at all shy

문 5 밑줄 친 부분의 내용과 가장 가까운 것은 어느 것인가?

① and we used the same word in our reply

② as we did before

③ in which we used the same word

④ so we gave the reply

⑤ which we made

⑥ which we used in our reply

문 6 밑줄 친 부분 중에 when의 용법과 같은 when을 포함하고 있는 문장을 고르시오.

① Her mind kept going back to when she had her son with her.

② It is only when he is in need of money that he writes to his father.

③ It was lucky that I got out when I did.

④ The summer was almost over when I came back to Canterbury.

⑤ Time quickly went by when he was in her company.

⑥ What were you talking about when I came into the room?

문 7 밑줄 친 부분의 내용과 가장 가까운 것은?

① if they are made to hear more about it, they will forget

② it is necessary to let them hear that much about it for their peace of mind

③ that is about enough to meet their demand to be told about it

④ there is no need for them to hear more about it

⑤ they are happy to hear as much as they want to about it

⑥ they can stand hearing that much about it, but no more

문 8 다음 보기 중에서 본문의 내용과 맞는 것을 두 개 고르시오.

① Adults should always trust children, no matter what kind of errors they make.

② Adults should be thoughtful of children's feelings when dealing with their errors.

③ Children are very sensitive, so we have to be kind enough to point out their errors in private.

④ Children don't want to be reminded of their past when they were overwhelmed by things they had to learn.

⑤ Children hate so much to be overprotected by their parents that they even make mistakes on purpose just to embarrass them.

⑥ Children see nothing amusing in the errors they make in the process of learning.

⑦ Children should learn from their errors without asking adults for any help.

⑧ So long as their errors are not pointed out, children are pleased to be told how sweet they were when they were little.

Most of us / are tactful enough / with other adults / not to point out / their errors, / but not many of us / are ready / to extend this courtesy / (or any other courtesy, / for that matter) / to children.
= kindness, kind act

Yet / it is important / that we should, / because they are perceptive / and sensitive, / and very easily hurt, / humiliated, / and 〈원인 관계〉를 나타낸다
discouraged. For this reason / I was careful, / when three-year-old Jill / said "teached" to me, / to let some time go by / before I said "taught" / to her. To have said it right away / would have
(1)
seemed / like too severe a correction. We should even be careful / about mentioning mistakes / which they have themselves corrected. They may not like / to be reminded of them.
(2) (3)

Most of us are tactful enough with other adults not to point out their errors, but not many of us are ready to extend this courtesy (or any other courtesy, for that matter) to children.

어려운 단어의 유추

Most of us '대부분의 사람들은' 에서 일단 끊는다. are tactful enough는 '충분히 tactful이다' 로 해석한 후 뒤로 넘어가자. with other adults '다른 성인들과 있을 때' 의 with는 '~와 있을 때' 도 괜찮고 '~에 대해서는' 이라고 봐도 좋다. not to point out their errors는 '잘못을 지적하지 않다' 이다.

but : 〈대비〉의 도식

but이 나왔으므로 대조법이 사용될 것을 예상하자. 괄호 안은 첨가된 문장이므로 세 번째 줄의 to children까지 한눈에 봐야한다.

not many of us are ready는 '그러한 준비가 된 사람은 많지 않다' 라는 뜻이다.

to children '어린이에 대해' 는 첫 번째 줄의 with other adults '다른 어른과 접할 때' 와 대비를 이루고 있다. 따라서 〈어른 vs 어른〉의 관계와 〈어른 vs 어린이〉의 관계라는 도식이 성립한다.

그리고 세 번째 줄의 courtesy라는 단어를 모른다고 해도 '이 courtesy' 라는 표현이 단서가 된다. '이 courtesy' 란 바로 앞에서 말한, not to point out their errors를 가리킨다. 따라서 not to point out their errors와 this courtesy를 화살표로 연결한다. 그렇다면 어른은 잘못했을 때 잘못을 지적하지 않는 것을 this courtesy라고 했으므로 courtesy는 일종의 '예의' 라는 뜻이다.

우리는 어른과 같이 있을 때는 충분히 주의를 기울이며 상대방의 잘못을 지적하지 않도록 노력한다. 그러나 다음과 같은 사람은 그렇게 많지 않다. this courtesy를 '예의' 라고 유추했으므로 '어린아이에게까지 예의를 미치는' 사

직독직해 tip

point out는 '지적하다' 는 의미로 point out their errors 는 '잘못을 지적하다' 이다.

직독직해 tip

extend A to B는 'A를 B까지 확장하다', 'A가 B까지 미치다' 이다.

직독직해 tip

courtesy는 '배려, 친절' 정도의 의미이며 사전에서처럼 '예의'나 '정중함' 등으로 해석할 필요는 없다.

람은 거의 없다고 해석한다.

or any other courtesy는 '혹은 다른 예의에 있어서도', for that matter는 숙어로 '그 문제에 관해서' 라는 뜻이다.

courtesy는 kindness와 환언할 수 있고, kind act '친절한 행위'도 courtesy 라고 할 수 있다. 즉 상대방의 결점이나 상대방이 잘못해도 그것을 지적하지 않는 것을 kindness라고 한다. courtesy는 어디까지나 하나의 kind act, kindness를 의미한다.

Yet it is important that we should, because they are perceptive and sensitive, and very easily hurt, humiliated, and discouraged.

Yet '그러나' it is important '다음의 것은 중요하다' that we should 다음에 because가 오고 그 뒤를 봐도 should에 대한 동사는 오지 않는다. 동사가 없다는 것은 무엇을 뜻하는가? 말하지 않아도 이미 알고 있다는 것을 의미한다. 다시 말해서 should do so는 '그래야 한다'이다. 두 번째 줄의 extend this courtesy to children도 '어린아이에게도 이러한 예의를 행한다' 는 중요한 부분이다.

또한 we should에서 should의 용법을 알아보면, It is important that~ 의 형태일 때, that절 안에서는 should가 쓰인다.

다음으로 넘어가서 because they are의 they는 어린이들을 가리킨다. perceptive and sensitive는 〈A and B〉의 형태로 A와 B가 비슷한 경우이다. perceptive를 모른다면 sensitive와 연관이 있다고만 생각하고 넘어간다. perceptive and sensitive라는 형용사 두 개로 '느끼기 쉬운'을 표현한다는 점만 알아두자. and very easily hurt의 and에 네모를 치고 여기에서 discouraged까지를 하나로 연결해서 본다. 왜냐하면 and로 연결되어 있는 perceptive and sensitive가 ①, very easily hurt, humiliated, and discouraged 전체가 ②이기 때문이다.

결과를 나타내는 and

이처럼 영어를 넓게 봐야 한다. 이 글에서 X and Y라는 연결 속에서 〈X가 원인, Y는 결과〉인 형태를 취하고 있다. 흔히 원인과 결과라고 하면 because를 떠올리겠지만 영어에서는 I had a cold '감기에 걸렸다' and I didn't go to school yesterday '그래서 학교에 가지 않았다'는 식으로 시간대로 나열하면 처음 문장은 원인, 나중 문장은 결과가 된다. 여기에서도 '어린이들은 느끼기 쉽다', 그래서 '상당히 상처받기 쉽다', 그리고 세 가지의 '감정 상하기 쉽다'는 표현이 나오는 것이다. hurt, humiliated, and discouraged는 모두 '상처받기 쉽고 좌절하기 쉬운' 이라는 뜻이다.

humiliated는 변화법으로 나중에 나오게 될 ashamed 정도의 의미로 feel ashamed라고 보면 된다.

For this reason I was careful, when three-year-old Jill said "teached" to me, to let some time go by before I said "taught" to her.

For this reason '이런 이유로' 는 풀어쓰면, '어린이들은 상처를 받기 쉽고 감정상하기 쉽기 때문에' 가 된다. I was careful '주의를 기울였다' 다음에 구체적인 사례로 when three-year-old Jill이 나온다.

'3살짜리 질'에서 Jill은 여자아이의 이름이다. 그 아이가 said "teached" to me '나에게 teached라고 말했을 때' to let some time go by는 I was careful에 이어서 읽는다. '나는 ~하도록 주의했다' 이지만, 조금 더 자연스럽게 풀이하면 '나는 주의 깊은 태도를 취하고 ~하도록 했다'가 된다.

to let some time go by '일정 시간을 보냈다, 경과시켰다' before I said "taught" to her 'taught라는 올바른 과거형을 그 아이에게 가르치기 전에'라고 해석하자.

To have said it right away would have seemed like too severe a correction.

would have 과거분사

To have said it right away '그것을 바로 말했다면' 에서 끊고, 이어지는 would have seemed에 주의를 기울인다.

would have의 과거완료는 가정법 과거완료로 '실제로는 그렇지 않았다' 는 것을 말하고 있다. 여기서는 if 대신에 주절인 to have said it right away가 가정 조건, 즉 만약에 그것을 바로 'teached는 틀려, taught가 맞는 거야' 라고 말했다면 would have seemed '다음과 같이 생각했을 것이다' 로 연결해서 생각해야 한다.

게다가 그것이 가정법 과거완료형이어야 하는 이유는 현실에 반대되기 때문이다. said it right away와 여덟 번째 줄 let some time go by는 대조를 이루고 있다. 실제로 필자는 어느 정도 시간을 두고 기다렸지만, (실제로는 하지 않았지만) 만약 그 자리에서 바로(=right away) 말해버렸다면 ~했을 것이라고 말하고 있다. 이것이 가정법 과거완료이다.

이어지는 like는 전치사이고 ⟨like+명사⟩는 '~처럼' 이라는 뜻인데, like too severe a correction은 '너무 엄격한 수정처럼' 이라는 뜻이 된다. 즉, 질에게 그렇게 말하는 것은 너무 심한 행동이라 생각했던 것이다.

밑줄 친 (1)번 문제를 정리해보면

직독직해 tip

too severe a correction 의 어순에 주의한다.

> To have said it right away would have seemed like too
> ―――――――――――――――――――――――――――――
> (1)
> severe a correction.
> ―――――――――――――
> = If I ____ ____ it right away, she would ____ ____ that I was too severe in correcting her.

To have said it right away가 If절에 해당하며 said의 의미상의 주어가 I이므로 If I had said it right away는 '만약에 그 자리에서 바로 말했다면' 이다.

다음으로 주절의 she would have는 가정법 과거완료이므로 would have가 무조건 오고 그 다음에는 본문에 있는 seemed를 찾아 쓰기 쉽다. seem은 '생각된다' 라는 뜻이므로 그 자리에 적당치 않다. 여기서는 생각하는 것이 질 자신으로 '그 아이는 이렇게 생각했을 것이다' 라는 의미가 되어야 하므로 would have thought가 와야 한다.

We should even be careful about mentioning mistakes which they have themselves corrected.

해석하지 않는 even, any, ever

다시 본문으로 돌아가자. We should even be careful에서 even은 해석하지 않는다. even은 이처럼 가끔 해석하지 않을 때가 있는데 그런 특성을 가진 단어는 any, ever가 있다. 이 세 개의 단어는 그대로 두고 전체적인 의미를 파악한 후에 뉘앙스를 첨가해서 '~조차' 라고 추가하면 된다. 처음부터 '~조차' 라는 의미를 염두에 두고 읽으면 '주의를 기울여야하는 것조차' 가 되어 애매해지므로 제외시키고 해석하는 것이 가장 좋다.

We should be careful '우리는 주의를 기울여야 한다' about mentioning mistakes '잘못을 말하는 데 있어서' which they have themselves corrected '어린이들이 스스로 수정한' 이라고 해석하자. 즉 '어린이 자신이 스스로 잘못을 알았을 때조차 주의를 기울여야 한다' 는 의미로 even을 무시했기 때문에 그 이후 문장이 자연스럽게 이어진다.

They may not like to be reminded of them.

They may not like '어린이들은 좋아하지 않을지 모른다'에서 They는 물론 children으로 이것이 문제 2의 정답이다. 그리고 to be reminded of them을 보면 문제 3에서 묻는 them이 mistakes라는 것을 알 수 있다. 또한 remind는 타동사로, remind A of B 'A에게 B를 생각나게 하다는 뜻이다. 여기서는 be reminded이므로 '생각나게 하다'이다. 즉 아이들은 다른 사람에게 지적받음으로써 자기 잘못을 깨닫는데 이것을 좋아하지 않는다는 말이다.

Let me take Jill again / as an example. While entertaining me / Jill began to sing some lines / from "The Blue-Tail Fly." As she sang, / "Jimmy crack corn, / and I don't care," / her (very nice) father / interrupted her, / to say, / with pride and delight, / that he had never heard her say / "crack" before, / that she had always said "frack." He spoke / only to show his pleasure; / in his shoes, / I might have done the same. But the little girl, / ordinarily not the least shy, / became embarrassed / and self-conscious, / and when she started / to sing the song again, / could only sing "frack," / and was soon eager / to stop singing / altogether.

Let me take Jill again as an example.

for example의 유래
Let me take Jill again은 또 다시 질의 '예를 들어보자'라는 뜻으로 더욱 확실히 하기 위해 as an example '예로서' 가 이어진다.

여기서 as 대신에 사용할 수 있는 단어는 for인데, for를 사용할 때는 관사 없이 take~for example이라고 한다.

While entertaining me Jill began to sing some lines from "the Blue-Tail Fly." As she sang, "jimmy crack corn, and I don't care," her (very nice) father interrupted her,

While entertaining me '질이 나를 즐겁게 해주는 동안' Jill began to sing some lines '몇 줄의 노래를 불러주었다' from "The Blue-Tail Fly" '블루 테일 플라이라는 곡에서' As she sang '그녀가 이렇게 노래할 때' "Jimmy crack corn, and I don't care,"라고 노래 부를 때 her (very nice) father '질의 아버지가' interrupted her '(그녀의 노래를) 중단시키고 끼어들었다' 라고 바로 해석하자.

직독직해 tip

interrupt의 -rupt는 원래 break라는 의미이고 inter-는 in이므로 interrupt는 break in '끼어들다, 말참견하다' 와 같은 뜻이다.

to say, with pride and delight, that he had never heard her say "crack" before, that she had always said "frack." He spoke only to show his pleasure;

문법보다 중요한 것

그녀의 노래를 '중단시키고 끼어들었다' to say '그리고 아버지가 말했다' 에서 to say의 용법을 〈목적〉이나 〈결과〉로 정확히 말하기 힘들다. 말하기 위해 중단한 것인지 아니면 중단해서 말했는지 잘 모르겠다는 말이다.

with pride and delight 'pride와 delight를 가지고' 에서 pride와 delight라는 명사의 뜻을 알면 쉬운데, with delight는 '즐겁게' 이고 with pride는 '의기양

양하게, 자랑스러운 듯이'이다.

that he had never heard her say "crack" before '질이 예전에 crack이라고 말했던 것을 들은 적이 없어' that she had always said "frack" '항상 frack라고 말했거든'이 된다.

두 개의 that에 각각 ①과 ②라고 써넣고 say에 R마크를 하자. 즉 that ①과 that ②에 대해 말하고 있는 것이다.

여기에서 잠깐, 진정한 영어 실력을 키우기 위한 다음의 질문에 답변을 해보자.

(1) 열다섯 번째 줄의 very nice는 왜 괄호 안에 넣어 보충하고 있는가?
(2) 열다섯 번째 줄의 with pride and delight에서 왜 아버지는 자랑스럽게 기뻐하며 말했는가?

이에 대한 답변을 한번 생각해보기 위해 열일곱 번째와 열여덟 번째 줄을 보면 He spoke '아버지는 말했다' only to show his pleasure '기쁨을 표현하기 위해'라는 목적이 나와 있다.

pleasure가 열여섯 번째 줄의 delight의 변화라는 것도 알 수 있다.

열다섯 번째 줄에 interrupted her라는 표현이 있다. 딸이 노래하고 있을 때 그것을 중단시키는 것은 rude(=무례)한 일이다. 그러한 행동을 했다면 꽤나 나쁜 아버지라고 오해받을 수 있다. 그러나 결코 그렇지 않고 질의 아버지는 very nice '자상한' 사람이라고 말하고 있다. 아버지가 질이 노래하는 것을 방해한 이유는 frack이라는 말이 없는데도 딸이 계속 잘못된 표현을 쓰다가 그제야 crack이라고 제대로 말할 수 있게 된 사실이 기쁘고 자랑스러웠기 때문이다.

이렇게 문맥을 파악하는 것이 to 부정사의 용법이 〈목적〉인지 〈결과〉인지를 구별하는 것보다 중요하다.

in his shoes, I might have done the same.

이 어구에 if절은 없지만 if절을 대신하고 있는 것이 바로 in his shoes이다. 따라서 가정법 과거완료로 '나 역시 똑같이 했을지도 모른다'는 뜻이 된다.

이 표현은 '만약에 내가 그의 입장이었다면' 이라는 의미의 숙어이다. 이것을 문자 그대로 '구두를 신고' 라고 해석해서는 안 된다. 즉, 이 아버지가 취한 행동은 결코 unfair가 아니라고 말하고 있다.

But the little girl, ordinarily not the least shy, became embarrassed and self-conscious,

But the little girl '그러나 그 아이는' 에서 the little girl은 질을 가리킨다. ordinarily를 환언하면 usually '보통은' 이다. not the least shy에서 least는 little '조금' 의 최상급으로, not으로 부정했기 때문에 '전혀 조금도 부끄러워하지 않는' 이라는 뜻이 된다. 즉 보통 때는 전혀 shy하지 않던 아이가 became 이후에 어떻게 변했다는 것인데, 보통 때 부끄러워하지 않던 아이가 어떻게 되었다는 것은 뒤이어 올 말이 '부끄러워했다' 라고 추측할 수 있다. 따라서 became 다음의 embarrassed and self-conscious는 수줍어한다는 의미라고 예상하자.

embarrassed는 '당황한' 이라는 의미이고, self-conscious는 shy, embarrassed와 같은 뜻이다. 즉 이 세 개의 단어는 서로 변화의 상황에 놓여 있다는 것을 알 수 있다.

직독직해 tip

self-conscious는 창피했을 때, 혹은 당황했을 때 자신의 상태를 의식하는 것을 말한다.

and when she started to sing the song again, could only sing "frack," and was soon eager to stop singing altogether.

and의 분석

and가 무엇과 무엇을 연결하는지 살펴보면, when she started to sing the song again '다시 한번 그 노래를 부르려고 할 때'는 부사적인 것이므로 제외하고 스무 번째 줄의 became이 ①, 스물한 번째 줄 could only의 could가 ② 이다. 그리고 girl에 R마크를 넣으면 다음과 같다.

> the little girl ⋯ became ⋯ and could ⋯
>   Ⓡ   ①   ②

only sing "frack"은 'frack라고 부르게 되었다'로 다시 frack라고 또 잘못된 단어로 되돌아간 것을 뜻한다. and was가 위의 ①, ②에 이은 ③이다. and was soon eager to stop singing altogether를 해석하면 '그리고 바로 노래 부르는 것을 아예 그만두고 싶어했다'가 된다.

따라서 문제 4의 정답은 ⑥의 thought she was usually not at all shy가 정답이다. usually가 ordinarily의 변화, not at all은 not the least의 변화이다.

I can <u>think of</u> a <u>comparable</u> experience / with Tommy. Once
          = remember   = similar

a year, / in the city / where he lives, / they have an annual

festival, / in which / they burn a giant effigy of Zozobra, / the

> 동격의 리듬

King of Gloom. This great bonfire / is very exciting / for little people to see; / for months ahead / Tommy was talking about "Zorzor," / and asking / when we were going / to see him. The family, / when talking to each other, / spoke of Zozobra, / but when Tommy asked us / about Zorzor, / it seemed more courteous / to use the same word / in our reply, / which we did. Suddenly, / one day, / not long before the festival, / with no in-between practicing / that we knew of, / he began to say "Zozobra." A day or so later, / a member of the family / who had not heard him say "Zozobra" / remarked / that he would soon see Zorzor. Instantly / Tommy said, / kindly / but very firmly, / "It's not Zorzor, / it's Zozobra."

little people = kind
spoke of Zozobra: '~에 대해 말한' 것이 아님
which we did (5)
remarked = said

I can think of a comparable experience with Tommy.

관계사의 해석법

think of에 밑줄을 긋자. think of는 대부분 remember '떠오르다' 와 같다. I can think of a comparable experience는 '그러고 보니 비슷한 경험이 떠올랐다' 이다.

comparable은 환언하면 similar이다. 즉 질의 얘기와 '비교할 수 있는', 또는 질의 사례와 '유사한, 비슷한' 체험을 떠올렸다가 된다. with Tommy '토미와의 경험' 으로 이어 보면 '토미와의 일도 질의 경우와 비슷했다는 것을 떠올렸다' 라는 뜻이다.

Once a year, in the city where he lives, they have an annual festival, in which they burn a giant effigy of Zozobra, the King of Gloom.

Once a year '1년에 한 번' in the city '그 마을에서' where he lives '토미가 살고 있는 마을에서는' they have an annual festival '1년에 한 번 축제가 열린다' 라고 바로 해석하자.

festival에서 which쪽으로 화살표를 긋자. 이것이 바로 직독법이다.

in which는 '1년에 한 번 열리는 그 축제에서' 라는 뜻으로 〈문장 앞에 오는 부사〉이다. they '그 마을 사람들은' burn a giant effigy of Zozobra '거대한 조조브라의 effigy를 태운다' 에서 effigy는 '인형' 같은 것이다.

Zozobra가 무슨 말인지 모를 테지만, the King of Gloom '암흑의 대왕' 이라고 하니 염라대왕 같은 것이라고 대략적인 의미만 파악하자.

This great bonfire is very exciting for little people to see;

for~to~의 처리법

bonfire라는 단어는 스물다섯 번째 줄의 burn과 관련이 있다. '이 굉장한 불길' 은 is very exciting '매우 흥미롭다' for little people to see '작은 사람들이 보기에도' 라고 해석하자. 여기서 for는 to see의 의미상의 주어로 '~에 있어' 가 아니라 '~가 ~하는데 불구하고' 라고 해석하는 것이 가장 이해하기 쉽다.

little people은 '작은 사람' 이나 '난쟁이' 가 아닌, 사랑스러운 마음을 담고 있는 것으로 children의 변화라고 볼 수 있다.

for months ahead Tommy was talking about "Zorzor," and asking when we were going to see him.

다음 for months ahead에서 끊고 이 문장의 끝으로 보내면 Tommy was talking about "Zorzor" for months ahead인데, 일단 ahead를 빼고 for months '몇 개월 동안이나' 토미는 "Zorzor"라는 말을 했다고만 해석해도 된다.

ahead는 ahead of the festival로 '축제에 앞서, 몇 달 전부터' 라는 뜻이다. 토미는 몇 달 전 부터 Zorzor만 얘기하고 있었던 것이다.

and가 연결하는 것은 talking이 ①이고, asking이 ②이다. asking의 목적어는 when we were going to see him '언제 그를 만날 수 있을까' 이다.

The family, when talking to each other, spoke of Zozobra,

The family '가족' when talking to each other '서로 얘기를 할 때는' spoke of Zozobra '조조브라의 얘기를 했을 때' 라고 해석하자.

spoke of도 좀 전의 think of와 비슷하게 '~에 대해 얘기하다' 가 아니라 '~라는 식으로 얘기했다' 로 해석한다. 즉 조조브라라고 말했다, 조조브라라는 표현을 썼다는 것이다.

but when Tommy asked us about Zorzor, it seemed more courteous to use the same word in our reply, which we did.

but '그러나' when Tommy asked us about Zorzor '토미가 조조에 대해 물어왔을 때' it seemed more courteous '보다 courteous처럼 여겨졌다' 라고 해

석하자. 여기서 courteous는 앞의 courtesy의 형용사형이므로 환언법에 의해 kind 정도로 보면 된다.

이어지는 어구는 어린이에 대해서 '친절한 배려 같았다' to use the same word '같은 단어, 조조라는 말을 사용하는 것이~' in our reply '대답할 때는' 이라는 의미이다.

which we did에서 which의 선행사는 앞의 to use에서 reply까지이다. 이 부분에서 화살표를 그어 which 앞으로 넣는다.

어린이에게 대답할 때는 아이가 쓰는 Zorzor라는 표현을 함께 썼다는 의미이므로 문제 5번의 정답은 ①의 and we used the same word in our reply '같은 단어를 사용했다' 이다.

직독직해 tip

이것이 대입법이다. 왼쪽에서 오른쪽으로 읽어가는 직독법에서 중요한 요소이다.

Suddenly, one day, not long before the festival, with no in-between practicing that we knew of, he began to say "Zozobra."

Suddenly, one day '그런데 갑자기 어느 날' not long before the festival '축제가 얼마 남지 않았을 때' 라고 해석하고 다음의 with no in-between practicing에서 끊는다. in-between은 '사이에 낀' 이라는 의미지만 모를 경우에는 제외시켜도 상관없다.

practicing that we knew of는 '우리가 아는 연습' 이라고 일단 해석한다. that we knew of는 단순히 '우리가 알고 있는' 이 아니라 '우리가 알고 있는 한' 이라고 해석하자. 따라서 '우리가 알고 있는 한 중간에 전혀 연습을 하지 않고' he began to say "Zozobra" '조조브라라고 말했다' 가 된다.

A day or so later, a member of the family who had not heard him say "Zozobra" remarked that he would soon see Zorzor.

A day or so later '하루 정도 지난 후에' a member of the family '가족 중 누군가'라고 해석하고 who had not heard him say "Zozobra"에서 끊는다. 이것은 '토미가 조조브라라고 말하는 것을 들어본 적이 없는 사람'이라는 의미다.

사람+V+that~의 형태

그 다음은 remarked가 동사이며, a member가 주어인 SV감각이다.

remarked이든, suggested나 contended, argued, maintained, observed이든 say를 의미하는 것이 아닐까 하고 생각해보는 것이다. 여기에서도 마찬가지로 remarked는 said로 환원할 수 있다.

he would soon see Zozor에서 he는 문맥상 Tommy를 의미한다. 직접화법으로 바꿔보면 '토미, 이제 곧 조조를 볼 수 있어'라고 가족의 누군가가 말했다는 뜻이다.

직독직해 tip

사람+V+that~의 형태가 나오면 한번쯤 said that~이라고 생각해 본다.

Instantly Tommy said, kindly but very firmly, "It's not Zorzor, it's Zozobra."

이 문장은 Instantly '바로' Tommy said '토미는 말했다' kindly는 '친절하게'가 아니라 '온화하게, 부드럽게' 정도로 해석하자.

but very firmly는 뜻은 알아도 해석하려고 들면 어렵게 느껴진다. 여기서는 '딱 잘라, 단호하게' 정도가 좋다. '부드럽게, 그러나 단호하게' 이렇게 말한 것이다, "It's not Zorzor, it's Zozobra."

강조구문의 원형

여기에서의 It's의 의미는 '조조가 아니라 조조브라라고 하는 거에요'라는 뜻으로 이것은 강조 구문의 기초적인 형태이다. 따라서 여기에 that절을 연결해도 좋다. 가령 that I would see라고 연결하면, It's not Zorzor, It's Zozobra that I would see가 된다.

즉 It is~ that~ 형태로 It은 상대방에게 있어 말하지 않아도 '그것'이라고 아는 것이다.

Perhaps / it is for such reasons / that most children do not like / to hear stories / about when they were younger. Infancy / is not a blessed state to them, / but something / to be grown out of / and escaped from / as quickly as possible. To them, / their littleness, helplessness, and clumsiness / is not cute / but humiliating / and they want to be reminded of it / as little as possible. They don't mind, / once in a while, / if we don't overdo it, / our telling them / that they were very nice / when they were little, / but that is about as much / as they want to hear / about it. Whatever mistakes / they have made, / in their growing and learning, / are best forgotten.

Perhaps it is for such reasons that most children do not like to hear stories about when they were younger.

일반적인 강조 구문

Perhaps '아마도' it is for such reasons '바로 그러한 이유에서' 는 일반적인 강조 구문이다. 앞에서도 한 번 설명한 바 있지만, It is+부사구+that~의 형태인 경우는 일단 강조 구문으로 보면 된다.

왜냐하면, 일반적으로 부사구는 〈it is ~ that~〉 형식을 취하지 않는다. 그런데 보통 쓰지 않는 형식인 it is ~ that을 이용했다면 부사구를 특별히 강조한 것이다.

이어지는 어구를 살펴보면 that most children do not like to hear stories '대부분의 어린이들은 얘기를 들으려고 하지 않는다' about '~에 대한 얘기를' when they were younger '자신이 어렸을 때의 일' 이 된다.

when의 용법

밑줄 친 (6)번은 when의 용법을 묻는 질문이다.

①번을 보면 Her mind kept going back '그녀의 마음은 계속 되돌아간다' 다음의 to가 전치사이므로 전치사 다음에 오는 것은 명사적인 문구이다. 따라서 when she had her son with her '아들이 자신의 품안에 있을 때' 는 명사절이고 이 문제의 정답이다.

그에 반해, ⑥의 경우를 예를 들면, What were you talking about에서 끊으면 about의 목적어가 what이 되므로 when I came into the room '내가 방에 들어왔을 때' 는 전형적인 부사절이다.

Infancy is not a blessed state to them, but something to be grown out of and escaped from as quickly as possible.

Infancy '유아기는' is not a blessed state to them에서 blessed는 좋은 어감으로 happy라는 단어로 환언할 수 있다. '신의 축복을 입은'라고 하는 것이 원래의 해석이지만, 이러한 표현은 우리말에는 없는 표현이다.

and의 분석

but something to be grown out of에서는 something과 to be grown out of and escaped from에서 끊는다. 이 부분이 다소 어려운데 something은 명사이고 to 부정사 이하가 〈뒤에 놓인 형용사〉이다.

일단 and에 네모를 치자. 문장이 어렵다고 느껴지면 and를 먼저 분석하고 다시 보면 훨씬 쉽다. escaped from에 밑줄을 긋고 ②라고 하고 and 앞의 과거분사형은 grown out of이므로 여기에 밑줄을 긋고 ①이라고 한다. 이 두 구문을 연결시켜주는 것은 grown out of 앞의 to be이다.

해석하면 유년시절이라는 것은 '거기에서 성장해서 빠져 나와야 한다'가 되는데, grown out of '~에서 빠져 나오다'이므로 to be grown out of는 '성장해서 빠져 나와야 한다'이고 to be escaped from은 '도망 나와야 한다'라는 의미이다. 그리고 as quickly as possible은 '가능한 빨리'이다.

To them, their littleness, helplessness, and clumsiness is not cute but humiliating and they want to be reminded of it as little as possible.

little과 small

littleness는 앞에서와 마찬가지로 귀엽고 사랑스러움을 표현한 말투이다.

단순히 크기가 작은 것을 나타내는 단어는 small이며 그 반대는 large이고 little의 반대는 big이다. big과 little은 심리적인 크고 작음을 뜻한다.

To them '어린이들에게 있어' their littleness '그들의 작고 귀여움', helplessness '무력함' and clumsiness '둔함' is not cute '귀엽지 않다' 라는 의미는 어른 입장에서 보면 귀엽고 깜찍한 것이 어린아이 입장에서 보면 전혀 귀엽지 않다는 뜻이다.

but humiliating은 not A but B의 형태로 but '그런 게 아니라 오히려' humiliating '창피한' 일이라는 의미이다.

이어지는 어구는 and they want to be reminded of it '그러한 것에 접하고 싶지 않다, 지적을 받아 생각하고 싶지 않다' as little as possible '가능하다면 적게' 라고 바로 해석하자.

직독직해 tip

객관적인 크고 작음을 나타내는 large, small과의 차이를 반드시 기억해두어야 한다.

They don't mind, once in a while, if we don't overdo it, our telling them that they were very nice when they were little,

mind는 '신경 쓰다, 싫어하다' 라는 의미이므로 They don't mind '그들은 신경 쓰지 않는다, 싫어하지 않는다' once in a while '가끔' 이라고 해석한다.

if we don't overdo it에서 overdo는 '지나치다' 라는 뜻으로 중요한 단어이다. 그런데 아직까지 don't mind에서 mind의 목적어가 나오지 않았다. once부터 overdo it은 삽입 구문이기 때문이다.

don't mind X는 'X를 신경 쓰지 않는다, 싫어하지 않는다' 이다. 여기에서 X에 해당하는 것은 "our (S) telling (V) them (O)" 전체이다. 즉 '우리가 그들에게 다음과 같은 것을 말하는' 것을 특별히 싫어하지 않는다는 의미이다.

어떤 말을 해도 싫어하지 않는다는 것일까? 그것은 they were very nice when they were little '어렸을 때는 아주 착한 아이였어' 라는 말이다.

직독직해 tip

이 부분 역시 좀 까다로울 수 있지만, as little as possible에 부정적인 요소가 들어 있다.

but that is about as much as they want to hear about it.

That's it과 That's about it

but that is about as much는 어렵게 느껴질 수 있지만 '그 정도이다' 라고 파악하고 as they want to hear about it는 '그들이 그것에 대해 얘기를 듣고 싶어하는 것만큼' 라고 해석하자.

that is about as much를 자세히 알기 위해 먼저 다음의 두 가지 사항을 기억해둔다.

> That's it.
> That's about it.

That's it은 '바로 그러하다' 라는 뜻이고 That's about it은 '뭐 그 정도이다' 라는 의미로 이 두 개의 표현을 모르면 as~as를 정확히 안다고 할 수 없다.

as much as~는 '~와 같은 정도의' 라는 뜻으로 여기에서는 '그들이 말을 듣고 싶어하는 것은 그 정도이다. 그 이상은 듣고 싶어하지 않는다' 로 해석한다.

따라서 문제 7번의 정답은 ⑥ they can stand hearing that much about it, but no more이 가장 적합하다.

that much의 that은 so에 가까운 부사로서 '그 만큼, 그 정도' 라는 의미이다.

Whatever mistakes they have made, in their growing and learning, are best forgotten.

〈명사+뒤에 놓인 형용사〉에서 끊는 Whatever

Whatever mistakes '어떠한 잘못을' they have made '그들이 범해도' 에서 whatever mistakes는 명사, they have made는 〈뒤에 놓인 형용사〉이다. 그리

고 mistakes 밑에 S, 다음 줄의 are 밑에 V라고 쓴다.

in their growing and learning '성장하고, 배워 가는 도중에서' 저지른 잘못은 무엇이라도 are best forgotten '잊혀지는 것이 가장 좋은 것이다' 라는 뜻이다.

그럼 문제 8번을 풀어보자. 미리 말하면 ②와 ⑥이 정답이고, ④는 반만 정답이다.

② Adults should be thoughtful of children's feelings when dealing with their errors.
④ Children don't want to be reminded of their past when they were overwhelmed by things they had to learn.
⑥ Children see nothing amusing in the errors they make in the process of learning.

④는 overwhelmed '압도되었다' 라는 표현이 너무나 과장되어 있다. 그리고 their past를 설명하는 when 이하의 내용도 이상하다. '배워야 하는 사항에 압도되어버린 그들의 과거' 라고 되어 있는데, 때로는 즐거운 적도 있었을 테니 결코 그렇게 힘든 것만은 아니었을 것이다.

⑥의 Children see nothing amusing '재미있는 것은 아무 것도 없다' 는 본문 어디와도 일치하지 않는다. 하지만 마흔두 번째 줄에서 어린이들 자신에게는 조금도 귀엽지 않다는 것과 이 nothing amusing이 관련되어 있기 때문에 정답이 되는 것이다.

정답 및 해설

| 1장 |

문제 1 (가) ⑩ (나) ⑧ (다) ⑨ (라) ⑥ (마) ②
        (바) ① (사) ④ (아) ③ (자) ⑤ (차) ⑦

　몇 세기 동안 지중해 주변에 살고 있던 사람들은 작은 배를 저어 그들이 '세계의 한 가운데 있는 바다'로 부르던 그 바다의 끝에서 끝, 구석에서 구석까지 항해를 시작했다. 이러한 초기의 뱃사람들에게 있어 지중해의 한 쪽 끝에서 다른 쪽 끝으로의 여행은 문자 그대로 세계의 끝으로 다다르는 여행이었다. 나중에 그들이 과감히 지브롤터 해협을 지나 대서양으로 돌입하여 유럽 서해안을 돌아 북상해감에 따라 문명이 확산되어 갔다. 그리고 다시 몇 세기가 흐르는 동안 스페인이나 포르투갈, 스칸디나비아, 영국, 네덜란드, 그리고 프랑스의 뱃사람들이 유럽 서해안의 항구를 구석구석 드나들게 되었다. 지중해는 이미 '세계의 한 가운데 있는 바다'가 아니었다.

　15세기에 접어들자 사람들은 더 한층 모험을 거듭하여 아프리카의 대서양 연안을 빠짐없이 탐험하기 시작했다. 그 중에는 용감한 자도 있었는데, 아프리카 남단을 돌아오는 위험한 여행을 통해 비단이나 향신료, 이국적인 향수 등이 풍부한 극동을 향해 나아갔다. 그리고 마침내 1492년에 크리스토퍼 콜럼버스는 대담하게도 서쪽의 미지의 땅으로 나아가 동양에 다다르려고 했다.

　16세기의 보통 사람들이 갖고 있던 지리에 대한 개념은 부정확했다. 지도는 별로 많지 않았고 그마저도 정확한 것과는 거리가 멀었다. 16세기 말경에 항구 주변에 살고 있는 사람들의 대부분은 아마도 지구가 둥글다는 것을 알고 있었을 것이다. 왜냐하면 마젤란 탐험대가 이미 1519년부터 22년에 걸쳐 지구를 한 바퀴 돌았기 때문이다. 그럼에도 불구하고 대서양 저편에 어떤 나라가 있는지에 대해서는 사람들 마음속엔 여전히 혼동이 있었던 모양이다. 콜럼버스는 그곳에 살고 있는 원주민을 인디언이라고 불렀다. 이 역시 그 자신이 인도에 도착했다고 믿었기 때문이다. 당시에는 유럽과 아시아 사이에 신세계가 존재한다는 당연한 사실을 아직 모르는 사람이 많았던 것 같다.

| 2장 |

> 문제 1 (a) - ② (b) - ④ (c) - ⑤
> 문제 2 safety
> 문제 3 cheaper
> 문제 4 ③
> 문제 5 ①, ③
> 문제 6 해석의 밑줄 친 부분 참조.
> 문제 7 소비자가 안정성을 고려하지 않고 외관 좋은 차를 사는 것. (23자)

 '살 수 없는 안전차'라는 랄프 네이더의 충격적인 기사가 전하려는 것은 자동차 회사는 자동차를 설계할 때 스타일이나 스피드, 생산비용을 중시하지만, 안전성에 대한 배려는 아주 미약하다는 것이었다.

 1950년대에 연간 500만 건의 교통사고로 4만 명에 달하는 사람이 사망했다. 그러나 어느 자동차업계의 경영진에 따르면, 자동차 문에 최고의 안전장치를 장착하는 것보다 크롬 합금을 입히는 편이 10배나 더 차가 잘 팔렸기 때문에 디트로이트에서는 안전 벨트에 대한 개발보다 문을 여닫을 때 나는 소리의 조정에 더 많은 시간과 돈을 투자했다고 한다.

 <u>실제로 개발이라고 할 만한 것은 아니었다. 네이더 씨의 기사에서 언급되고 있는 안전차는 1959년에 이미 존재했다.</u> 그것은 실험적인 자동차로서 충돌시 아주 미미한 상처를 제외한 모든 부상으로부터 승객을 보호하도록 되어 있었다. 이 실험차는 충돌시 승객의 좌석 부분이 안으로 패이지 않도록 하는 강화된 몸체를 지니고 있으며 표면이 날카롭거나 단단하지 않게 내장 처리되어 있고 그 이외에도 안전성에 대한 몇 가지 장치가 돋보였다.

 대학이나 민간 기관의 연구 결과로는 이 실험차가 가진 안전상의 특징이 대량 생산으로 실현되었다면 연간 2만 명에서 3만 명의 인명이 목숨을 건졌을 것이라고 한다.

보통 교통사고와 사고사는 피할 수 없으며, 사람들이 과속을 멈추지 않는 한 자동차는 안전하지 않다는 오해들이 있다. 그러나 어느 한 조사에 따르면 사망의 원인은 운전자의 과속이 아니라 불충분한 자동차의 안전성에 있다고 한다. 조사의 결과는 설령 모든 사람이 시속 100킬로미터 이하로 운전한다고 하더라도 여전히 심각한 사고의 4분의 3은 발생할 것이라고 되어 있다.

그러나 자동차업계에서는 자동차 문의 설계를 바꾸기보다는 사고의 책임을 운전자에게 떠넘기는 편이 훨씬 수월했을 것이다. 주된 설계 목표를 스타일이 아닌 안전성에 두려면 많은 비용이 들기 때문이다. 게다가 대중은 안전차 같은 것은 바라지도 않는다는 것이 자동차 회사측의 변명이다.

이에 대해 네이더는 자동차 제조사들은 대중이 바라든 그렇지 않든 안전차를 공급해야만 한다고 주장했다. 누가 가르쳐주는 것이 아니기 때문에 대중은 안전차가 어떠해야 하는지, 어떤 안전차가 만들어질 수 있는지 알지 못한다. 따라서 이러한 상황 하에서 소비자는 때로는 자신들의 어리석음과 허영심으로부터 보호받아야 한다고 네이더는 단언했다.

| 3장 |

문제 1 ③   문제 2 ②   문제 3 ①   문제 4 ④

누구나 알고 있는 듯하고 또한 많은 사람들이 종종 잘못 사용하고 있는 유명한 격언 중에 The exception proves the rule이라는 것이 있다.

오늘날 proves이라는 단어는 주로 하나의 의미, 즉 '무엇이 옳은지를 분명하게 드러내다' 라는 뜻으로만 사용된다. 그 결과 현재 많은 사람들이 규칙이 올바르기 위해서는 무엇인가 예외가 있어야 한다고 믿고 있는 듯하다. "아, 그것이 예외이며 규칙이 옳다는 것을 증명하는 것이다", 누군가 반례를 지적하면 그들은 이렇게 말하고, 예외는 규칙이 옳다는 것의 증명이라고 제멋대로 결정지어버린다. 이는 말이 안 된다. 왜냐하면 오늘날의 제한적인 의미로 봐서 어떤 예외가 증명하는 것은 그 규칙이 모든 경우에 타당한 것이 아니라는 것밖에는 되지 않는다.

예로부터 proves라는 단어의 몇 가지 의미 중에 '시험하다' 라는 뜻이 있었다. 무엇인가를 검증한다고 표현할 경우, 그것은 다시 말해서 시험한다는 의미이다. 예를 들면 '방수 검사를 마쳤다' 라는 의미는 테스트를 거쳐 물이 통과하지 않는다는 사실을 알았다는 뜻이다. 테스트에서 어떤 시계에 물이 스며든다면 그 시계는 하나의 예외로서 배제될 것이다. 그러나 시험에 합격한 시계는 그때만큼은 신뢰할 수 있는 것이다.

사실 예외라는 것은 어떤 규칙이 옳은지의 여부를 검증하는 수단이지만 예외가 있는 규칙은 모든 경우에 적용되지 않는다. 또한 이 격언도 오늘날 종종 그렇게 생각되듯이 어떤 규칙이 타당할 수 있기 위해서는 어떤 형태의 예외가 반드시 있다고 받아들여서는 안 된다. 예외가 없어야만 비로소 규칙을 신뢰할 수 있는 것이며, 규칙을 신뢰할 수 있을 때 비로소 그 규칙을 사용할 수 있기 때문이다.

| 4장 |

문제 1   (A) – ②   (B) – ③   (C) – ⑦   (D) – ⑤   (E) – ④   (F) – ⑥   (G) – ①
문제 2   (a) – ①   (b) – ③   (c) – ⑤   (d) – ④   (e) – ②
문제 3   (i) – ②   (ii) – ③   (iii) – ⑦   (iv) – ⑤

오늘날 텔레비전은 거의 우리가 호흡하는 공기의 일부, 적어도 우리들이 접하는 풍경의 일부가 되어 버렸다. 텔레비전 없이 생활했던 시대, 즉 뉴스를 듣고 가요나 드라마를 즐기는 수단으로 라디오밖에 없었던 아주 옛날은 지금으로선 기억할 수조차 없을 정도이다. 그러나 일간신문에 광고가 실리는 것처럼 텔레비전 프로그램에도 광고라는 것이 들어 있다. 모든 것이 상업화되어가고 있는 지금, 어쩔 수 없는 현실이다. 우리로서는 광고를 그대로 받아들이든지, 아니면 적어도 텔레비전을 보지 않고 지내든지 둘 중의 하나를 선택할 수밖에 없다.

광고를 보기 위해 텔레비전을 보는 사람은 없을 것이며, 특히 취미로 영화나 야구를 보는 사람의 경우에는 더욱 광고를 보고 즐기지 않을 것이다. 대부분의 사람들에게 광고는 단지 시끄러운 것에 불과하다. 그것도 가장 보고 싶지 않은 시기인 프로그램 중간에 몇 번이고 삽입된다. 실제로 나는 종종 협찬사들의 무신경에 질려

버릴 때가 있다. 그들은 영화나 야구 등 프로그램의 시작과 마지막에 자사 제품을 광고하는 것에 만족하지 못하고, 프로그램의 한가운데, 그것도 가장 재미있을 때 굳이 광고를 넣으려고 하는 것이다. 도대체 어떤 마음으로 그러한 일을 하는 것일까? 협찬사들은 과연 시청자들의 마음을 모르는 것일까? 그저 시청자들의 마음속에 자사 제품에 대한 불필요한 반감을 심어주는 것에 불과하다는 사실을 말이다. 나아가 자사 제품을 분노의 감정과 함께 연상시키게 된다는 사실을.

| 5장 |

| 문제 1 ④ | 문제 2 ① | 문제 3 ① | 문제 4 ③ | 문제 5 ③ |
| 문제 6 ② | 문제 7 ① | 문제 8 ② | 문제 9 ④ | 문제 10 ④ |

로저는 추격자의 추격을 피해 도망가기 위해서는 날이 밝기 전에 그 헛간을 나와야 한다는 것을 알고 있었다. 아침이 되면 그 무리는 반드시 이 헛간으로 들이닥칠 것이다. 건초 속은 따뜻했고 헛간 위쪽에 있는 방에서 따뜻한 햇볕이 들어왔으며 도로에 있는 다리 위를 지나가는 자동차의 흐름도 아주 잘 보였다. 다리는 헛간의 바로 남쪽에 있었다. 그 건너편에는 볼스터 숲이 남쪽으로 솟아 있었는데 그곳이 그가 가야 할 장소였다. 곧바로 남쪽을 향해 도로를 가로질러 숲 속으로 들어가는 무모한 행동은 불가능했다. 왜냐하면 우선 몸을 감출 장소가 없었으며, 강 서쪽에 늪지가 있어 그곳을 통과하기 쉽지 않아 또 다른 위험 요소가 되기 때문이었다. 따라서 그는 남동쪽으로 달려 인도교로 간 후 거기에서 똑바로 그 반대편의 들판을 동쪽으로 가로질러 로드릭 숲 속으로 들어가리라 결심했다. 그러면 남쪽 도로에 이르는 전 과정의 일부는 몸을 감출만한 곳도 마련할 수 있었다. 밤이라고는 해도 두렁길을 건너는 일은 위험천만한 일이었다. 왜냐하면 수백 미터 이내에 사람들 눈에 띄게 될 것이기 때문이었다. 게다가 구름 한 점 없이 맑고 달이 뜬 밤이었다.

"마지막으로 도로에 뛰어드는 부분이 가장 위험해."라고 그는 중얼거렸다. 그에게 유리한 점이라고는 단 한 가지, 도로에서 그렇게 멀지 않은 곳에 높이 위치한 버려진 풍차의 꼭대기에서는 동쪽이든 서쪽이든 접근해 오는 자동차의 헤드라이트를 망볼 수 있다는 점이었다. 또한 거기서는 다리도 뚜렷하게 보였고 남쪽을 향해 무사히 숲으로 도망가기 전에 만일 추격자가 오면 헛간으로 되돌아오는 길도 분명히 보일 것이다.

로저는 심호흡을 하고 가방의 가죽 끈을 묶고는 헛간을 나섰다.

| 6장 |

> **문제 1** (가) - ⑤ (나) - ④ (다) - ⑤ (라) - ⑤
> **문제 2** one
> **문제 3** 해석의 밑줄 친 부분 참조.
> **문제 4** 4번만 O, 나머지는 X.

인간은 극히 발달의 초기 단계에서조차 어떤 능력 — 달리 마땅한 이름이 없기 때문에 임시로 '수적인 감각'이라고 부르기로 한다 — 을 가지고 있다. 이 능력에 의해 인간은 그렇게 많지 않은 물건의 집합 중에서 물건이 하나 감소했거나 증가했을 경우 금방 알지는 못해도 무엇인가 변화했다는 것을 알 수 있게 된다.

수적인 감각은 물건을 세는 것과 혼동해서는 안 된다. 수를 헤아리는 행위는 훨씬 나중이 되어서야 발생하며 상당히 복잡한 정신적인 과정을 필요로 한다. 우리가 알고 있는 한 수를 헤아리는 것은 오로지 인간에게만 한정된 특징이다. 그러나 인간의 그것과 유사한 초보적인 수준의 수적인 감각을 가진 동물도 일부 있는 듯하다. 적어도 우수한 동물학자들의 의견은 그러하며 이 가설은 많은 유력한 증거에 의해 지지를 얻고 있다.

예를 들면, 새들의 대부분이 수적인 감각이 있다. 만약에 둥지 안에 네 개의 알이 들어 있다고 가정하자. 그 중에서 한 개를 빼면 아무렇지도 않다. 그러나 두 개를 빼내면 어미 새는 대부분 둥지를 떠나버린다. 무엇인가 알 수 없는 방식으로 새는 3과 2를 구별해낼 수 있는 것이다. 그러나 결코 이 능력이 새에게만 국한되는 것은 아니다.

다른 예를 들어보면, 어떤 지주가 있었는데 자기 소유의 망보는 탑에 둥지를 튼 까마귀를 쏴서 죽이려고 결심했다. 그는 몇 번이나 그 까마귀를 기습하려고 했으나 늘 허사로 끝났다. 사람이 다가가면 까마귀는 둥지를 떠나는 것이었다. 그리고 멀리 떨어져 있는 나무에서 사람이 망보는 탑에서 나올 때까지 주의 깊게 지켜보고 있다가 사람이 나오면 둥지로 되돌아왔다. 어느 날 지주는 방법을 생각해 냈다. 두 명이 탑 안으로 들어가서 한 명은 그 안에 남고 나머지 한 명만 밖으로 나와서 그대로 가버렸다. 그러나 새는 속지 않았다. 안에 있는 남자가 밖으로 나오기까지 가까이 다가오려고 하지 않았다. 이 실험은 그 후에도 며칠에 걸쳐 계속되었으며, 사람의 수도 두 명에서 세 명, 네 명으로 늘여보았지만 뜻대로 되지 않았다. 마침내 다섯 명의 남자가 보내졌다. 앞에서와 마찬가지로 전원이 탑 안으로 들어가 한 명만 남고 나머지 네 명이 밖으로 나와 가버렸다. 그 시점에서 까마귀는 수를 알 수 없게 되었다. 4와 5를 구별하지 못한 까마귀는 둥지로 되돌아 왔다.

| 7장 |

문제 1   (A) - ⑥   (B) - ①   (C) - ②   (D) - ③   (E) - ④   (F) - ⑤
문제 2   crisis
문제 3   the presidency
문제 4   해석의 밑줄 친 부분 참조.
문제 5   ③

president라는 말은 미국의 식민지 시대에 그 기초를 두고 있다. president라는 것은 지방의 평의회 의장을 역임하고 있는 사람을 이르는 말이었다. 그것이 나중에 대륙의회의 의장이나 연방 헌법에 의해 제정된 의회의 의장을 가리키는 말이 되었다.

그러나 오늘날 이해하고 있는 의미에서의 대통령이라는 직책은 1787년 헌법제정의회에서 본격적으로 만들어진 것이다. 헌법 입안자들은 의회와는 별도로 선출된 대통령의 필요성을 절감했다. 이리하여 선출된 대통령은 행정부를 집행하는 것 외에 위기를 관리하고 전시에는 군대를 지휘하며, 국가의 상징적인 지휘자 역할까지 수행해야 했던 것이다.

이 직책의 최초의 정의는 타협의 결과로 탄생하였다. 건국의 아버지들 중에는 광범위한 권한을 가지고, 군주제에 매우 가까운 종신 대통령제를 희망하는 이들도 있었다. 그러나 한편으로는 중대한 권한이 한 사람의 개인, 하나의 직책에 집중되는 것을 우려하는 이들도 있었다. 기본적으로 미국이라는 토양에서는 군주제에 대한 걱정이 컸으며, 이것이 미국 대통령이라는 직책의 핵심을 결정해갔다. 어떤 의미에서 창설자들은 어느 정도의 권한을 대통령에게 부여해도 좋은지에 대한 확신이 없었다. 그러나 너무 권한을 제한해 버리면 그 즉시 문제가 발생할 것이라는 것을 그들은 잘 알고 있었다. 그 이유는 초대 대통령으로 확실시되던 조지 워싱턴은 특히 큰 영향력을 지닌 인물이었기 때문이다. 건국자들은 파벌이나 정당과 거리를 두고, 또한 그들의 분쟁으로부터 초연해질 수 있는 대통령직을 희망했다. 그들은 대통령은 의회가 통과시킨 법률을 집행하고, 외국 정부와 절충해서 각 주에서 내전이 발생했을 때 진압을 지원해야 한다고 결정했다. 그들은 다음과 같이 생각하고 있었다 — 즉, <u>대통령은 단 한 사람으로 상당한 영향력을 지니고, 당파를 초월해서 행동하되 일시적으로 선출된 국왕이어야 할 것</u>. 그리고, 실제 조지 워싱턴은 그 말대로 되었다.

13개 주의 대표자들은 집합적 혹은 복수의 행정관 제도도 고려해 보았으나 결국 취하했다. 또한 종신제도도 생각해 보았으나 이 역시 채용하지 않았다. 13년이라는 임기조차 심의를 거쳤으나 결국 폐지되었고 임기는 4년으로 하되 대통령은 재선할 수 있는 것으로 결정했다.

| 8장 |

> 문제 1   해석의 밑줄 친 부분 참조.
> 문제 2   strivers
> 문제 3   보통 조용하고 안정된 생활
> 문제 4   a(혹은 one) hundred million
> 문제 5   (6) - ⑨   (7) - ⑫
> 문제 6   d, h, i, n, r

60세의 사람은 약 20년간을 잠자며 보내게 된다. 그것은 상당히 긴 것처럼 보이고 엄청난 시간낭비처럼 여겨진다. 또한, 60세의 사람은 3년간 식사를 하며 보내는 셈인데, 이 역시 매우 긴 시간처럼 느껴진다. 그러나 이러한 숫자에 놀랄 필요는 없다. 나는 이러한 숫자가 정말 태만이나 탐식을 나타낸다고 생각하지 않는다.

수면을 시간 낭비라고 비난하는 것에 대한 대응은 만약에 그 사람이 20년이라는 시간을 자면서 보내지 않았다면 아마도 그보다 훨씬 나쁜 활동을 하면서 허비했을지 모른다는 점이다. 물론 이 세상에는 <u>게으른 사람도 있지만 비교적 그 수는 적다. 게으른 사람을 계산에 넣지 않는다면 사람은 자신이 본능적으로 필요로 하는 만큼의 수면을 취하고 있다고 생각한다.</u> 단, 수면을 취할 수 있다고 가정했을 때의 얘기이다. 종종 그렇지 않은 경우도 있지만.

실제로 많은 사람이 스스로 취하는 시간보다 적은 양의 수면으로 건강을 지킬 수 있다는 가능성을 부정하려는 것은 아니다. 열심히 일하는 사람 중에는 하루에 4시간 정도의 수면으로 성공한 사람도 있다. 반면 열심히 일하는 사람 중에 잠을 많이 자는 사람도 있다. 대체로 뭔가 큰일을 달성하려고 할 때 사람은 수면 시간을 줄이려고 한다.

그러나 대다수의 사람은 큰일을 달성하려고 하지 않는다. 보통의 조용하고 안정된 생활을 바라고 있고, 그이상의 것을 바라지 않는다고 해서 비난받아도 된다고 생각하지 않는다. 만약에 우리 모두 억척이가 된다면 개인 간의 전반적으로 경쟁이 더욱 치열해질 것이다. 또한 인류 전체가 서로 앞 다투어 군비를 확장하려는 국가처럼 될 것이다. 이들 국가는 하루에 1억의 돈을 방위비로 사용해도 1년에 그만큼의 돈을 방위비로 사용했을 때와 비교해볼 때, 조금도 안전해졌다고는 말할 수 없다. 수면을 줄여서 그 시간을 어떤 특별한 방식으로 쓰고 싶다는 강력한 욕구가 없는 사람에게 이 (수면이라는) 유쾌하고 무해한 안식을 포기하는 것이 어떠한 의미가 있을까? 8시에 일어나는 대신 6시에 일어나도 시간을 때우는 것 이외에 아무 할 일 없는 상태에 빠질지도 모른다. 아니, 실제로 그런 경우도 종종 있다. 살인을 저지르기보다는 차라리 잠자는 편이 낫지 않은가?

| 9장 |

문제 1 ②   문제 2 ③   문제 3 ③   문제 4 ②   문제 5 ⑤

인간이 예전에 세계 각지를 여행하며 돌아다니는 것은 그 지역의 사람들과 만나기 위해서였다. 그러나 현재 여행사의 기능은 이 만남을 방해하고 있다. 그들은 늘 무언가 새로운 방법을 생각해내서 여행자를 여행의 세계에서 떨어뜨려 놓고 있다. 예전의 여행에는 현명한 조언을 아끼지 않고 정치적 지식이 풍부한 그 지방의 개성 넘치는 숙소의 주인이 아주 친숙한 인물이었다. 지금은 그와 같은 모습은 자취를 감추었다. 지금의 경우라면 당신이 살고 있는 거리의 중심가(의 여행사)에서 표, 식사, 숙박 그리고 오락 등 관련된 일을 모두 처리할 수 있다. 행선지가 로마든, 시드니든, 싱가포르든, 서울이든 말이다.

이제 가격을 놓고 흥정하지도 않는다. 충분히 계획된 여행은 여행지에서 가격 흥정에 드는 수고를 덜어준다. 여행에서 돌아온 사람들이 팁의 관행에 대해 불만을 털어놓거나 짜증 내는 이유 중의 하나는 이 팁의 관습이 그 나라 사람과 직접 접촉할 수 있는 거의 유일한 수단이기 때문이다. 그러나 이 관습마저 이내 폐지되어 버릴지도 모른다. 국제공무여행협회의 여행계획위원회는 1958년에 팁의 관행을 표준화하고 최종적으로 모든 팁이 여행 패키지 안에 포함되는 방안을 검토했다.

팁과 마찬가지로 쇼핑도 여행자가 할 수 있는 적지 않은 활동 중의 하나이다. 쇼핑은 여행국으로부터 여행객을 차단하는 예약제라는 제도의 틈새와 같은 것이다. 여행객이 쇼핑을 가슴이 두근거릴 정도로 즐기는 것도 당연하다. 그들은 물건을 사면서 실제로 그 나라 사람과 만나고, 이국의 말로 가격을 흥정하고, 그 나라 특유의 상관습을 배우는 것이다. 한마디로 말하면 교통 표를 살 때마다, 숙박을 할 때마다, 식사를 할 때마다 예전의 여행객이 여행을 통해 경험한 스릴이나 작은 에피소드를 느끼고 있는 것이다.

| 10장 |

> 문제 1   가 - ⑤   나 - ④   다 - ②   라 - ③
> 문제 2   (1) - ④   (3) - ①   (4) - ④   (5) - ③   (7) - ④
> 문제 3   (2) - ④   (6) - ③   (8) - ②

지구의 운명은 미래에 어떻게 될 것인가? 이것은 과학자는 물론 일반 미국인들도 괴롭히는 문제이다. 파멸의 예언자 한 사람이 있다면 행복의 예언자도 한 사람이 되어 어느 쪽이라 판명하기 쉽지 않다. 그러나 시간이 흐름에 따라 몇 가지 사항이 분명해지고 있다.

우선 첫째로, 지구의 환경문제에 대해서는 간단한 해결책을 찾을 수 없다는 점이다. 과학자가 환경을 연구할 때, 그 화학 반응을 시험관 속에서 연구할 수는 없는 노릇이다. 지구는 시험관 안에 넣기에는 너무 크고 더군다나 여러 가지 면에서 통제할 수 없는(그리고 눈에 보이지 않거나 인식하지 못하는) 요인이 작용하고 있기 때문에 그와 같은 형태의 연구는 불가능하다.

두 번째로, 어떤 해결책도 여러 가지 새로운 문제를 발생시킨다. 자동차의 등장으로 말의 분비물이나 말의 사체를 노상에서 처리하지 않아도 될지는 모르지만, 그와 동시에 도시 주민들이 납중독이나 호흡기 장애를 일으킬 가능성을 증대시켰다. 또한 자동차는 토지나 에너지 자원에 막대한 악영향을 미치고 있다.

세 번째로, 그럴 듯한 해결책이 나타난다고 해도 사람들에게 그것을 이해시키는 것이 매우 어렵다는 점이다. 대부분의 생태학자들은 문제를 해결하는 데 인구 억제가 가장 중요한 열쇠라고 믿는다. 그러나 많은 경제학자는 인구 증가는 필요하다고 보며 게다가 세계의 많은 민족 사이에서는 갓난아기를 일종의 재산으로 보고 있다. 이러한 생각을 가지고 있는 사람들은 산아제한에 대한 노력을 지지하지 않을 것이다.

네 번째로, 환경에 대한 관심은 국가 내에서 끝나서는 안 된다. 지구는 우주선처럼 제한된 자원밖에는 가지고 있지 않다. 이들 자원은 회수되고, 재생 처리되고, 재사용되어야만 한다. 가령 한 나라만 엄격한 오염제한법을 통과시킨다면 법률 제한이 완화되어 있는 다른 나라로 각종 산업은 이전해 갈지도 모른다. 이것은 신흥공업국의 경제 상태를 향상시키게 되는 결과를 가져올 수도 있으나 이래서는 오염 문제를 다른 나라로 옮겨가는 것밖에는 되지 않는다. 미국 인구는 세계 인구의 6% 이하지만 세계 오염의 60% 이상을 배출하고 있다. 만약에 나머지 94%에 해당하는 국민이 미국과 마찬가지로 공업화되고 미국처럼 낭비적이 된다면 파멸의 예언자가 승리하게 될 것이다.

| 11장 |

문제 1   (1) - ③   (2) - ④
문제 2   ④
문제 3   40세를 넘긴

　아침 식사가 제공되는 간이 숙소는 영국에서는 아주 흔히 볼 수 있다. 게다가 이러한 유형의 숙소는 영국인들 사이에서뿐만 아니라, 프랑스, 독일, 그리고 멀리는 한국과 같은 외국에서 온 여행객들 사이에서도 상당히 인기가 있다.

　아침 식사가 나오는 간이 숙소에 묵는 것은 많은 이점이 있다. 우선 첫째로, 일반적인 호텔에 묵는 것보다 간이 숙소에 묵는 것이 훨씬 저렴하다. 보통 숙박을 하는 경우에 숙소가 어떤 타입이든 요금이 싸면 서비스나 식사, 방 등이 좋지 않게 마련이다. 그러나 모든 규칙에서와 마찬가지로 이 규칙에도 예외는 있다. 바로 아침 식사가 나오는 간이 숙소가 그 예외이다.

　두 번째로, 아침 식사가 나오는 간이 숙소에 묵는 사람은 누구나 호화로운 영국식 아침식사에 놀랄 것이다. 도착한 다음날, 식당으로 내려오면 호화로운 아침 식사가 기다리고 있는 것을 발견하게 된다 — 수많은 과일 주스, 계란, 베이컨, 버터와 오렌지 잼을 바른 토스트, 게다가 커피와 홍차. 그 엄청난 양만으로도 놀랄 정도이다. 그리고 믿기지 않겠지만 이 모든 것이 숙박 요금 안에 포함되어 있다. 홍차나 커피는 몇 잔이고 원하는 만큼 무료로 마실 수도 있다.

　그리고 외국인 여행자, 특히 한국 등지에서 온 사람처럼 영어 공부와 관광을 동시에 즐기고자 하는 사람에게 있어 이 간이 숙소는 칭찬을 아끼지 않을만한 제3의 이점이라고 할 수 있다. 이러한 숙소에서는 영국인과 만나는 절호가 기회가 주어진다. 물론 대부분은 어리지만 그 가운데 4, 50대 정도의 신사를 발견할지도 모른다.

　영국인은 매우 조심스러워하고 특히 모르는 사람과는 말도 하지 않는다고 여겨지지만 매우 싹싹하고 친절한 친구라는 것을 금방 알게 된다. 같은 테이블에서 식사를 할 경우라면 바로 알 수 있다. 이쪽에서 조언이나 제안을 요구하기도 전에 좋은 경치를 보려면 어디로 가면 좋은지, 혹은 어떤 교통수단을 이용하면 좋은지 등을 먼저 일러준다.

물론 간이 숙소에는 단점도 있다. 예를 들면, 샤워기가 없거나 중앙난방이나 현대식 설비를 갖추고 있지 못하다. 그러나 이러한 단점보다 앞에서 말한 장점이 훨씬 더 많기 때문에 이 정도 단점쯤은 거의 신경 쓰지 않는 것이다.

| 12장 |

문제 1 ②   문제 2 ④   문제 3 ③   문제 4 ①   문제 5 ②
문제 6 ④   문제 7 ③   문제 8 ②   문제 9 ①   문제 10 ②
문제 11 ④   문제 12 ②   문제 13 ③

유사 이래 대부분의 문명과는 대조적으로 우리는 과학의 시대에 살고 있다. 과학과 그 기술적인 응용이 현대를 지배하고 우리 생활에 침투하고 있다는 것은 잘 알려졌다. 근대과학이 시작되기 전에도 인간은 주위의 해명 불가능한 사건을 설명하려고 했다. 신화나 민습, 민간전승, 종교, 상식에 의지해서 필요한 설명을 하려고 했던 것이다. 이러한 설명 방법이 특히 복잡한 사건을 다룰 경우에는 종종 믿을 수 없음이 판명되었다는 사실은 너무도 잘 알려졌으므로 더 설명할 필요는 없을 것이다.

그러나 18, 19세기경에 일부 문학자와 사회철학자, 과학자 자신이 과학적 진보의 가능성에 몰두한 나머지 조금 더 많은 시간과 재원만 확보된다면 인간의 지식을 포함한 모든 현상을 과학적으로 검증 가능한 것으로 만들 수 있다고 주장하기에 이르렀다. 과학은 미신이나 편견, 무지, 우상숭배를 추방하고 빈곤과 질병을 극복해서 지상에 일종의 유토피아를 가져올 것이라고 그들은 믿었다. 18세기 철학자나 19세기 실증주의자들은 과학의 힘에 거의 무한의 신뢰를 두었다.

그리고 19세기에 접어들어 사회과학이 발달했을 때 이 학문이 '과학주의'라는 주술에 빠지는 경향이 발생했다. 과학주의는 자연과학의 방법이 모든 연구 분야에서 적용되어야 한다는 생각을 하고 있었다. 그 결과 몇몇 사회과학은 자연과학의 방법론을 단순히 흉내 내기에 불과했다. 과학주의는 금세기 초두에 과학적인 방법과 과학적인 테크닉과의 혼동된 모습으로 출현했다. 그 결과 테크닉 그 자체가 과학적인 입장에서 필요충분조건이 되어 버린 것이다.

13장

> **문제 1** 해석의 밑줄 친 부분 (1), (2)를 참조.
>
> **문제 2** 회복할 기미가 없는데도 기계에 의존해서 연명하려 하는데.
> 이렇게 죽음을 기다리는 것과 존엄한 죽음을 스스로 선택하는 것 중에서
> 어느 것이 바람직한가. (62자)

'한 인간의 생명은 지구보다 소중하다.'라는 표현이 있다. 우리 일상생활은 생명을 지키는 것에 바쳐지고 있다. 그러나 자연재해와 전쟁, 기아, 사고 등 (한편으로) 생명을 위협하는 것 역시 수없이 많다. 그들 중에서 특히 우리가 일상적으로 경험하는 최대의 위협은 질병이다.

인류는 오늘날까지 병과 싸우기 위해 수많은 지식을 축적해 왔다. 의학의 진보가 많은 종류의 병을 이 세상에서 근절시켰으며 인간의 수명도 연장했다. 이러한 것은 모두 기뻐할 일이다.

그러나 이러한 것이 가능해지기 위해서는 여러 가지 형태에서 그 대가를 치러야만 한다. 의료비도 그 중의 하나다.

지구보다 중요한 인간의 생명을 구하기 위해서는 의료비를 아껴서는 안 된다. 그럼에도 불구하고 의료비가 한 달에 1000만 원을 초과하는 경우가 보고되고 있다. 또한 이와 함께 다가오는 심각한 노령화 사회⁽¹⁾, 이 두 가지 점은 우리들에게 생각해야 할 여지를 제공한다.

종말 치료라는 것은 오늘날까지 많든 적든 금기시되어 왔으나 마침내 현재 각자가 자신들의 생사와 더불어 이 종말 치료라는 테마에 대해 한 번 곰곰이 생각해 봐야 할 시기가 도래했다고 믿고 있다.⁽²⁾ 월 1000만 원 이상의 의료비가 드는 환자 12명 중에 10명은 죽었다. 그러나 '바람직한 죽음'에 대해 우리 모두 생각해야 할 시기가 오고 있다.

회복될 기미가 전혀 보이지 않는 경우조차 연명을 위해 인공호흡과 같은 수단이 사용되고 있다. 의료기구에 둘러싸여 기계에 연결되어 죽음을 기다리는 것이 좋은가, 아니면 치료 가능성도 없이 수명 연장만을 위한 치료를 거부하고 생명의 존엄을 중시하는 죽음을 받아들이는 것이 좋은가?

이것은 어려운 문제이다. 해결을 서둘러서도 안 되며, 서두를 수도 없는 문제이다.

| 14장 |

문제 1	had said, have thought	문제 5	①
문제 2	children	문제 6	①
문제 3	mistake	문제 7	⑥
문제 4	⑥	문제 8	②, ⑥

우리는 대체로 다른 어른들과 있을 때 그들의 잘못을 지적하지 않으려고 한다. 그러나 어린이에 대해서 언제나 이러한 배려(또는 다른 식의 배려)를 하는 사람은 그리 많지 않다. 그러나 이러한 배려를 어린이에게도 베푸는 것이 중요하다. 왜냐하면 어린이들은 민감하고 감수성이 예민하며, 상처를 받거나 굴욕감을 느끼거나 실망하기 쉽기 때문이다. 3살짜리 질이 내게 "teached"라고 말했을 때, 나는 일부러 일정 시간이 흐른 뒤에 "taught"라는 말을 그 아이에게 알려주었다. 만약에 그 말을 바로 얘기했다면 그것은 아이에게 엄격하게 수정하는 것으로 받아들여졌을 것이다. 어린이들이 자기 스스로 고친 잘못을 이야기할 때조차 주의를 요한다. 어린이들로서는 그러한 것을 상기하고 싶지 않기 때문이다. 또다시 질의 예를 들어보자. 나와 함께 놀고 있을 때, 질이 '파란 꼬리의 파리'라는 노래를 부르기 시작했다. 그 아이가 "Jimmy crack corn, and I don't care"라고 부르고 있을 때, (매우 자상한) 아버지가 노래 도중에 끼어들어 '질이 이전에 "crack"이라고 말하는 것을 들어본 적이 없어 늘 "frack"이라고 했거든.'이라며 기쁘고 뿌듯한 마음에 말을 했다. 그로서는 기쁜 마음을 나타내기 위해 그렇게 말한 것이며, 내가 그의 입장이어도 같은 행동을 했을 것이다. 그러나 보통 때는 전혀 수줍음을 타지 않던 아이였는데, 완전히 주눅이 들어 창피해하고 있었다. 그리고 다시 노래를 불렀을 때는 "frack"이라고 하더니 이내 노래 부르는 것 자체를 싫어했다.

토미의 경우에도 비슷한 경험을 한 적이 있다. 1년에 한 번, 그 아이가 살고 있는 마을에서는 축제가 열리는데, 그때 어둠의 대왕 조조브라의 커다란 인형을 태운다. 이 거대한 불길은 어린이가 보기에도 매우 흥미로운 것이다. 축제가 시작되기 몇 개월 전부터 토미가 우리에게 조조에 대해 물어오면 대답할 때는 같은 단어를 사용하는 것이 그 아이를 배려하는 것이라고 생각해서 실제로도 그렇게 했다. 그런데 갑자기 축제가 가까워지는 어느 날, 우리가 알고 있는 한 토미는 그동안 아무런 연습도 하지 않았는데 '조조브라'라고 말하기 시작한 것이다. 하루 이틀 정도 지난 후에 토미가 '조조브라'라고 말하는 것을 듣지 못했던 가족 중 누군가가 토미에게 이제 곧 조조를 볼 수 있다고 말하자 토미는 부드럽지만 단호하게 '조조가 아니라 조조브라야.'라고 말하는 것이었다.

아마 이래서 대부분의 어린이들은 자신들이 어렸을 때의 얘기를 듣고 싶어하지 않는 것 같다. 유아기라는 것은 어린이들로서는 행복한 상태가 아니라 거기에서 가능한 빨리 자라서 빠져나오고 싶고 탈출하고 싶은 상태이다. 어린이에게 있어 자신이 작고 무기력하며 실수 투성이었다는 것은 조금도 귀엽지 않을뿐더러 굴욕적이며, 가능한 떠올리고 싶지 않은 일이다. 결코 지나쳐서는 안 되지만 가끔 우리 어른들이 '어렸을 때 아주 착한 애였어.'라고 칭찬해주는 것 정도는 괜찮지만 거기까지가 한계이고 그 이상 넘어가게 되면 그들은 듣고 싶어하지 않는다. 성장과 학습 도중에 저지른 어떠한 실수라고 잊히는 것이 그들의 입장에서는 가장 좋은 것이다.